A ESCRITA COMO EXPERIÊNCIA DE PASSAGEM

Organizadoras
Ana Costa e Doris Rinaldi

A escrita como experiência de passagem

cia. de Freud

Organizadoras

Ana Costa e Doris Rinaldi

Comissão científica

Caterina Koltay
Edson Luis André de Sousa
Miriam Debieux Rosa
Nanette Zmeri Frej
Nina Virginia de Araujo Leite
Tania Rivera

Editor

José Nazar

Imagem da capa (óleo sobre tela)

Carlos Rinaldi

Revisora

Sandra Regina Felgueiras

Editoração eletrônica

Abreu's System

CIP-BRASIL. CATALOGAÇÃO-NA-FONTE
SINDICATO NACIONAL DOS EDITORES DE LIVROS, RJ

E73

A escrita como experiência de passagem / Ana costa e Doris Rinaldi (org.). - Rio de Janeiro: Cia. de Freud, 2012.
244p.

ISBN 978-85-7724-105-7

1. Psicanálise I. Costa, Ana Maria Medeiros da. II. Rinaldi, Doris, 1950-.

12-6840.

CDD: 616.8917
CDU: 159.964.2

Agradecemos a ajuda obtida do Programa de Pós-Graduação em Psicanálise do Instituto de Psicologia da UERJ.

cia. de Freud

Endereço para Correspondência
Rua Barão de Sertório, 48 - casa
Tel.: (21) 2273-9357 • (21) 2293-5863
Rio Comprido - Rio de Janeiro
E-mail: ciadefreud@gmail.com

Sumário

Apresentação

Este livro apresenta alguns resultados dos debates que se realizam no âmbito da Rede Interuniversitária de Pesquisa "Escritas da Experiência", que reúne pesquisadores de diversos Programas de Pós-graduação no Brasil e na França. Criada em 2005, essa rede vem produzindo uma frutífera interlocução entre pesquisadores – em sua maior parte, também psicanalistas – sobre o tema da escrita em seu enlace com a psicanálise.

O tema da escrita é caro à psicanálise desde sua fundação não só pelo interesse de Freud pela literatura e pelo que ela ensina aos psicanalistas, mas principalmente pela relação que estabelece entre escrita e inscrição psíquica a partir da análise dos sonhos. Lacan, ao longo de sua obra, retomou esse tema inúmeras vezes, reconhecendo o caráter de escritura do inconsciente e explorando o conceitos de significante e letra.

Dando seguimento a uma série que se inaugurou com o livro *Escrita e psicanálise* (Costa & Rinaldi, 2007), seguido do livro *Escrita e psicanálise II* (Scotti *et alii*, 2010), o atual volume reúne parte dos trabalhos discutidos no Colóquio Internacional *L'Écriture comme experience de passage*, que se realizou em novembro de 2010 em Paris, organizado pela Unité Transversale de Recherche Psychogenèse et Psychopathologie – Universté Paris 13, em colaboração com o Programa de Pós-graduação em Psicanálise do Instituto de Psicologia da UERJ.

O eixo em torno do qual giram os textos apresentados neste livro coloca em destaque a relação entre escrita e experiência, considerada em dois sentidos: de um lado, a escrita é expressão da experiência, possibilitando a sua transmissão e, em consequência, sua transformação; de outro, em um sentido mais radical, a escrita é ela mesma tomada como experiência, como ato do sujeito através do qual ele se faz reconhecer e que conduz a deslocamentos de lugar.

Situar a relação entre escrita e experiência – nos dois sentidos destacados – implica precisar os caminhos que podem ser tecidos a partir disso e que merecem uma melhor apresentação. Em primeiro lugar, acompanhando as proposições de Lacan, a experiência pode ser situada na referência à inscrição num discurso. Ou seja, no que nos interessa aqui, ou bem como função da fala, ou bem como produção do objeto, colocada nas vertentes da arte e literatura. O tema da inscrição é bastante amplo e Lacan perseguiu-o desde o início de seu trabalho. Pode ser pensado na produção das séries significantes, abordadas desde o seminário sobre a carta roubada, em que tentava precisar o tema da repetição pela vertente do significante. Sua pergunta, especificada na retomada do esquema freudiano percepção/consciência – constante do *Seminário 2* –, dizia respeito ao que produzia memória, situada na repetição. Em 1961-1962, trabalhando o tema da identificação, propõe o traço unário como esse UM de uma inscrição discursiva, responsável por tudo o que se transmite como experiência.

Da vertente de trabalho, destacada acima, podemos indicar que a experiência está na relação à inscrição significante e ao que se transmite a partir disso. No entanto, não podemos considerá-la sem referência ao corpo, tema em que vamos encontrar as proposições lacanianas sobre os gozos. É na elaboração desse tema que Lacan enuncia a questão da escrita, situada na especificidade daquilo que não cessa de não se escrever. Como se pode perceber, a repetição aqui não se situa somente na sua face significante, abordada a partir da memória inscrita nas séries, mas no fracasso de uma inscrição. Assim, as produções inscritas na literatura, arte, ou outros campos da cultura, buscam uma escrita que possa, contingentemente, vir no lugar do que não cessa de não se escrever, permitindo o encontro de um endereçamento.

Nessa direção, os artigos aqui apresentados abordam experiências de passagem – de uma escrita a outra escrita – que implicam em mudança de posição subjetiva, assim como exploram a relação entre corpo, traço e letra, nas diversas vertentes em que o corpo se constitui a partir da inscrição significante. A relação entre fala e escrita, por sua vez, é outro tema trabalhado, no qual se ressalta que a última não se reduz a ser impressão da primeira, mas recorte de algo que escapa ao significante e, portanto, faz borda no real. Finalmente, a relação entre exílio e escrita é debatida a partir das relações entre memória e esquecimento pela qual a condição do exílio é abordada em sua dimensão estrutural, entre o familiar e o estranho.

Ana Costa e Doris Rinaldi

I. Passagens

Travessias do feminino

Doris Rinaldi

Resumo

O objetivo deste trabalho é discutir as travessias possíveis no processo de construção do feminino, através da análise da trajetória de personagens femininos em três filmes: A hora da estrela (Brasil), Leila (Irã) e Amarelo manga (Brasil). O enigma do feminino desafia os psicanalistas desde Freud. A inexistência de um símbolo específico da sexualidade feminina que garanta a identidade feminina faz com que o "tornar-se mulher" seja um processo complexo de construção. Para Lacan, "A mulher não existe", as mulheres são uma a uma ao infinito. Através da escrita cinematográfica, pretende-se analisar a trajetória de algumas destas mulheres entre a devastação, a mascarada e o sintoma do homem.

Palavras-chave: escrita; feminino; devastação; mascarada; sintoma.

Résumé

Les passages du féminin

Le but de cet article est de discuter les passages possibles dans le processus de construction de la feminité, en prenant le chemin des personnages féminins dans trois films: A hora da Estrela (Brésil), Leila (Iran) et Amarelo Manga (Brésil). Freud, dans son oeuvre, a posé des questions sur "ce que veut la femme". L'absence d'un symbole spécifique de la sexualité féminine qui assure l'identité féminine, fait du "devenir femme" un processus complexe. Pour Lacan, "La Femme n'existe pas", ce qu'il y a sont les femmes. Grâce a l' écriture du film, on essaye d'analyser la trajectoire de certains de ces femmes, parmi le ravage, la mascarade et le symptôme.

Mots-clés: écriture; féminin; ravage; mascarade; symptôme.

A escuta das histéricas introduziu Freud nos mistérios do desejo humano, levando-o a inaugurar um novo campo de saber, mas trouxe também um ponto de opacidade que se colocou ao mesmo tempo como limite a este saber e como causa de sua produção. Até o final de sua obra, Freud manteve aberta a questão sobre o desejo feminino, expressa na pergunta que dirigiu à princesa Marie Bonaparte: "O que quer a mulher, afinal?" (citado por Jones, 1958: 445).

Ao tentar analisar o Édipo feminino seguindo o modelo clássico do Édipo masculino, Freud chegou à conclusão de que, para a menina, a elaboração do Édipo é mais complexa e ela talvez nunca chegue a sair completamente deste enredo, tanto no que diz respeito à relação edípica com o pai, quanto em relação ao laço pré-edípico com a mãe. Este último fica como um resto não elaborado, cujas vicissitudes serão fundamentais para a compreensão dos destinos da feminilidade da menina. A entrada da menina no Édipo está inevitavelmente marcada pela falta de um significante que defina o sexo feminino, uma vez que o falo é o único significante do sexo. Não se trata da falta de um órgão, mas de um símbolo específico da sexualidade feminina, que marca a dessimetria do Édipo para um e outro sexo, como Freud não deixou de lembrar. Assim, a mulher, além da falta-a-ser que a caracteriza como sujeito falante, deve fazer face à falta de um significante de seu sexo que lhe garanta uma identidade.

A grande contribuição de Lacan diz respeito à descoberta de que a lógica fálica não é capaz de dar conta das particularidades da sexualidade feminina. A mulher é, em parte, submetida à castração e, em parte, não; é nesse terreno, além do falo, que o destino de sua feminilidade se decide. Em suas formulações do início da década de 1970, mais do que a falta de uma identidade feminina, interessa-o a questão do gozo feminino, a partir da divisão que o primado do falo introduz na mulher. No nível do gozo ela se duplica, pois se de um lado está referida ao gozo fálico, que é da ordem do significante, de outro ela tem relação com um gozo Outro, não complementar ao gozo fálico, mas suplementar, do qual não é possível falar (Lacan, 1972-1973/1982). É esse enigma que faz com que o sexo feminino permaneça sempre como o Outro sexo, inacessível, e por isso a mulher possa ser tomada como uma metáfora privilegiada do inconsciente, uma vez que ela tem relação justamente com o que há de inomeável no inconsciente. A verdade da mulher, como a do inconsciente, só pode ser semidita.

Neste trabalho, seguiremos os conselhos de Freud, quando recomenda que consultemos os artistas se quisermos saber mais sobre a mulher. Recorreremos a três narrativas cinematográficas, tomadas aqui como escritas do feminino, acompanhando as trajetórias de personagens femininos entre a devastação, a mascarada e o sintoma do homem. São elas: A hora da estrela, de Suzana Amaral, Leila, de Dariush Merjui e Amarelo manga, de Claudio Assis.

I. A hora da estrela (Brasil, 1985)

Macabéa é a personagem principal do filme A hora da estrela, baseado no romance do mesmo nome de Clarice Lispector[1]. Mulher magra, raquítica, unhas puídas, nariz escorrendo, tosse permanente. Nordestina perdida na cidade grande, "incompetente para a vida". Como diz Lispector, "ela vive num limbo impessoal, sem alcançar o pior nem o melhor [...]. O seu viver é ralo" (Lispector, 1988: 30). Expressão eloquente da falta de identidade que marca a posição feminina, falta essa que é reforçada por sua condição social.

Macabéa vive fora do tempo, sem passado, sem futuro, sem história. Sua relação com a linguagem é frágil a não ser pela curiosidade que lhe despertam as palavras desconhecidas ouvidas na Rádio Relógio – cultura, álgebra –, palavras soltas que trazem em si um mistério que a atrai. Não se julga infeliz por não saber o que quer dizer felicidade. Da mesma forma, sabe que se chama Macabéa, "mas não sabe o que está dentro do seu nome", espantando-se quando o namorado lhe pede para falar de si. Ausência de identificação simbólica que lhe permita tomar a palavra. Ao contrário do namorado que, como ele próprio afirma, "quanto a mim, de tanto me cha-

1 Neste primeiro comentário nos valeremos, além do filme de Suzana Amaral, do romance de Clarice Lispector, *A hora da estrela*, 15ª edição, Rio de Janeiro, Ed. Nova Fronteira, 1988.

marem, eu virei eu", em Macabéa a referência simbólica é precária, quase inexistente, o que determina a sua parca vinculação libidinal ao mundo. O que não a impede, entretanto, de amar Olímpico, apesar do namoro pálido e monossilábico e do tratamento pouco cortês que ele lhe dispensa. Cito Lispector: "Ela sabia o que era o desejo – embora não soubesse que sabia. Era assim: ficava faminta, mas não de comida, era um gosto meio doloroso que subia do baixo ventre e arrepiava o bico dos seios e os braços vazios, sem abraço. Tornava-se toda dramática e viver doía" (Lispector, 1988: 53).

Para aplacar essa dor de existir como termo sexual, ela toma aspirinas, que pede a uma companheira de trabalho. É essa colega quem lhe rouba o namorado e a leva a uma cartomante.

No encontro com a cartomante situa-se o ponto crucial do drama de Macabéa, pois, nesse momento, ela ganha um destino, uma história, lida por Madame Carlota nas cartas. A vida horrível que tivera no passado, o seu presente também horrível – a perda do emprego, do namorado – e um futuro que surge como maravilhoso, pleno de riqueza e amor. É do campo do Outro, pela palavra, que Macabéa recebe um nome, um destino, identificação simbólica que lhe possibilita situar-se enquanto sujeito desejante articulado a um objeto numa fantasia: um estrangeiro louro, rico, de olhos azuis ou verdes, ou castanhos ou negros, imagem cunhada pelos significantes do Outro, pela qual Macabéa se apaixona de imediato, numa antecipação imaginária de plenitude.

Nessa hora indicada pela cartomante – "Sua vida vai mudar a partir do momento em que sair da minha casa" –, a hora da estrela, que é também a hora de ninguém, quando vai ao encontro de seu destino maravilhoso, está o ápice do filme. Nele se articula de forma magistral o drama do desejo humano, em que a vida surge sobre um fundo de morte. Macabéa, grávida de futuro, sua vida mudada por palavras, é colhida por uma Mercedes amarela, um carro de alto luxo, o que queria dizer que já começavam a ser cumpridas as predições de Madame Carlota. "Sua queda não era nada, pensou ela, apenas um empurrão. Batera com a cabeça na quina da calçada e ficara caída, a cara mansamente voltada para a sarjeta. E da cabeça um fio de sangue inesperadamente vermelho e rico" (Lispector, 1988: 90).

Imagem onde estão condensadas morte e vida, deixando o espectador em suspenso. Será morte ou renascimento, já que só agora sua vida ganhara sentido? No escrito de Lispector, vemos a vacilação do narrador ao decidir o destino de Macabéa:

> Macabéa vai morrer? Como posso saber?... Pois há momentos em que a pessoa está precisando de uma pequena mortezinha e sem nem o saber... Quanto a mim, substituo o ato da morte por um seu símbolo. Símbolo este que pode se resumir num profundo beijo, mas não na parede áspera e sim boca-a-boca na agonia do prazer que é morte. Eu que simbolicamente morro várias vezes só para experimentar a ressurreição (Lispector, 1988: 94).

Se a morte simbólica, como castração, possibilita a experiência do desejo, é de gozo que Lispector nos fala nesse limite da agonia do prazer que é morte. Diz ela:

> Tanto estava viva que se mexeu devagar e acomodou o corpo em posição fetal [...]. Aquela relutância em ceder, mas aquela vontade do grande abraço. Ela se abraçava a si mesma com vontade do doce nada [...]. A morte que é nessa história o meu personagem predileto. Iria ela dar adeus a si mesma? E havia certa sensualidade no modo como se encolhera. Ou é porque a pré-morte se parece com a intensa ânsia sensual? É que o rosto dela lembrava um esgar de desejo (Lispector, 1988: 95).

De que gozo será que ela nos fala? Passaremos, então, à segunda narrativa.

II. Leila (Irã, 1997)

Neste fragmento, focalizarei a trajetória de um personagem feminino traçada por Dariush Merjui no filme Leila (Irã, 1977), acompanhando o destino do amor entre um homem e uma mulher em uma sociedade fortemente marcada pela tradição. A história se desenrola através de cenas repetidas: da primeira à última, uma narrativa que vai do drama à tragédia, em que a repetição traz um *real* insuportável, que manifesta a ação da pulsão de morte. Entre a Mãe e a mulher, Leila nos ensina sobre o desejo da mãe, o investimento feminino no amor, o gozo masoquista e a devastação, na repetição que confina com a morte. Nos fracassos que permeiam o filme evidencia-se a impossibilidade de satisfazer o desejo da Mãe, que não é outra coisa do que o impossível da relação sexual, que o amor busca encobrir.

No primeiro tempo do filme, a ação tem início numa refeição festiva, ao ar livre, em que é acertado o casamento de Leila. Seu irmão traz um amigo que se tornará seu marido. Tudo já está previsto no contexto dos arranjos familiares e não parece haver escolha para ela, nem tampouco para ele. Apesar disso, o amor surge como um imprevisto e a vida em comum desenvolve-se de forma apaixonada.

Neste percurso, entretanto, algo se interpõe como um sintoma, cujo sentido é o *real*, enquanto o que se coloca como obstáculo para impedir que as coisas andem bem (Lacan, 1974/1986: 24). Após algum tempo de casados, as famílias se inquietam pelo herdeiro que não chega. Essa situação preocupa principalmente a mãe do rapaz, por ser este seu único filho homem, responsável, portanto, pela continuidade do nome da família. Sintoma social, no qual estão traçados os papéis de homens e mulheres numa sociedade patriarcal fortemente hierarquizada, em que o valor de uma mulher está ligado ao filho que pode dar a um homem.

Nesse momento começa o drama de Leila: após visitas ao médico, ela constata que não poderá cumprir este papel, impossibilitada que está de gerar um filho. Seu marido, reafirmando o seu amor, sugere que adotem uma criança. Após algumas visitas a orfanatos, Leila se recusa a optar por esta solução, assumindo a impossibilidade como impotência e dizendo ao marido que isso não o atinge, uma vez que ele pode gerar um filho que seja sangue do seu sangue. Pesa sobre ela a culpa por não cumprir o seu papel social, não satisfazendo a demanda do Outro que a intima a produzir o falo enquanto potência imaginária e referência simbólica de uma determinada ordem.

O que move Leila ao assumir uma postura em que recusa o amor de seu marido, reduzindo-se à função de procriadora, numa posição marcada pelo real da privação? É sob a pressão da sogra, que ela chama de “A Mãe”, que surge como um supereu insaciável, inscrição arcaica de uma imagem materna onipotente, que Leila caminha para a maldição consentida. É “A Mãe” que insiste em lembrar-lhe o desejo inconfesso de seu filho de ter um filho, exigindo que ela consinta que ele se case com outra mulher que possa satisfazer esse desejo. A este desígnio Leila se submete, na tentativa de satisfazer o desejo da Mãe. Parecem estar soldados aí a busca de satisfação do desejo da Mãe e o desejo de ser Mãe, na medida em que este lhe dá acesso ao "tornar-se mulher".

O desejo da mãe é original e fundador, mas ao mesmo tempo destrutivo e mortal. Ele deve ser mediado pela função paterna, mas, no contexto no qual se desenvolve o filme, essa função parece enfraquecida, a partir da existência de uma tensão na sociedade iraniana entre antigos e novos valores. Os novos valores que se insinuam expressam-se na defesa de uma relação amorosa exclusiva, feita pelo marido, por suas irmãs e por seu pai. Do outro lado está a inquebrantável determinação da Mãe em atingir seu objetivo: seguindo a tradição, dar continuidade à linhagem masculina. As figuras masculinas que poderiam barrar esse caminho são, contudo, demasiadamente passivas. Parecem estar na fronteira, indecisas entre duas ordens. É a Mãe que surge, paradoxalmente, como representante da ordem tradicional masculina, que outorga aos homens o poder de ter várias mulheres, em que estas aparecem cobertas por xales, veladas, dessubjetivadas.

Nesse contexto, o supereu se manifesta como uma instância cega e repetitiva. É o "tu deves" que é, ao mesmo tempo, a lei e a sua destruição. A presença constrangedora e repetitiva da Mãe leva Leila a engajar-se na busca de uma outra mulher para o marido, numa posição que poderíamos chamar de masoquista, evidenciando o poder desse supereu arcaico. Nessa busca, a função da repetição se instala, revirando a posição de Leila de passividade para uma atividade silenciosa. Ela procura dominar a experiência da perda através de uma atividade repetitiva em que supostamente controla a situação. Após convencer o marido a escolher outra mulher que lhe possa dar um filho dentre as candidatas arranjadas pela Mãe, sucedem-se cenas que configuram um ritual no qual Leila prepara cuidadosamente a roupa do rapaz para o encontro com a candidata, seguindo-o em quase todos os passos que o levam a ela. A partir de um acordo entre eles, a escolha de outra mulher deverá necessariamente passar pela aprovação de Leila, o que preserva, de certa forma, o seu lugar junto a ele.

Podemos considerar esse como o segundo tempo do filme, em que a repetição assume a forma sintomática do *automaton* (Lacan,

1964/1979), uma vez que o ritual surge como uma formação substitutiva que vem em lugar da discórdia que passa a marcar o convívio do casal. Ironicamente, o rapaz se interessa por uma das moças apresentadas e o ritual, pela ação da pulsão de morte, desenvolve-se até o seu ponto máximo, onde vem à tona aquilo que pretende encobrir. Novo encontro é combinado com a escolhida aprovada por Leila. O casamento é acertado e Leila, levando ao ápice sua compulsão, arruma silenciosamente a casa para receber a nova mulher. Num ritual trágico, prepara, com mais esmero do que nunca, a roupa de gala que o rapaz usará na cerimônia, retirando a seguir todos os seus pertences do quarto do casal e preparando-o cuidadosamente para a noite de núpcias. Nessa tentativa de apagar-se a si mesma, apagar seu desejo, recolhe-se ao quarto dos fundos e aguarda a chegada do novo casal.

O momento em que esse entra na casa, acompanhado dos convidados para a festa do casamento, inaugura o terceiro momento do filme. Nele se observa a irrupção de um *real* insuportável, que revira novamente a posição de Leila. Diante da alegria dos convidados numa reunião festiva que relembra a primeira cena do filme, ela deixa a casa, correndo enlouquecida pela rua, refugiando-se na casa de sua família.

A cena que se segue define o final do filme, pois Leila vomita compulsivamente, fixando-se em seguida em uma mudez da qual não mais sairá. Se a cena inicial do filme foi uma refeição coletiva festiva, em que ela se submeteu a um destino previamente traçado, a repetição dessa comemoração traz à boca de cena o *real* impossível, como algo inassimilável que retorna no vômito de Leila.

Daí em diante, o filme se encaminha na direção do fracasso: fracasso do novo casamento, pois o rapaz não se conforma com a ausência de Leila, e fracasso da tentativa de satisfazer o desejo da Mãe, pois do novo enlace nasce uma menina. Em vão são as tentativas do rapaz, após separar-se da segunda esposa, de retomar a relação com Leila. Isto não é mais possível. Ela está muda e morta para a vida, evidenciando de forma radical a ação da pulsão de morte. A última cena do filme repete integralmente a primeira, nesse retorno à origem. Uma refeição coletiva, festiva, ao ar livre. Como no início, o rapaz é novamente convidado pelo irmão de Leila, mas dessa vez chega acompanhado de uma menina. Leila, sem ser vista, o observa à distância, mas não desce para a festa. Tudo está acabado para ela, que surge, nessa cena, como a imagem viva da devastação. A presença da menina, contudo, deixa a pergunta: será tempo de recomeçar? De que forma...?

O filme Leila, assim, nos ensina sobre as armadilhas que se encontram no cruzamento do desejo da mãe com o desejo da mulher. Se, para Freud, a maternidade é uma via privilegiada para a construção da feminilidade, a partir da equivalência falo-criança (Freud,1931/2006, 1932/2006), o que a história de Leila nos mostra é a divisão da mulher, uma vez que há para ela um gozo Outro, além do fálico, do qual nada se diz. A maternidade não resolve a questão da feminilidade, justamente porque a mulher é não-toda fálica. A sujeição de Leila ao desejo da mãe assume um valor de morte, sob a forma da devastação, expressa na mudez na qual ela se recolhe ao final do filme, o que a torna morta para a vida. Abolição subjetiva que é correlativa à absolutização do Outro.

Passemos ao terceiro filme.

III. Amarelo manga (Brasil, 2007)

Este filme, brasileiro como o primeiro, retoma a temática do cotidiano de personagens que vivem na periferia de uma grande cidade. Enquanto o primeiro trata de uma migrante nordestina no Rio de Janeiro, este focaliza a própria realidade do Nordeste, na qual, em meio à marginalidade e à decadência, misturam-se paixões, perversões e traições. Essa realidade aparece envolta em uma atmosfera tingida de amarelo manga. Pelo impacto que provoca no espectador, podemos dizer que o filme toca na ferida, não só na ferida social, mas na ferida de cada um de nós, ou seja, na ferida do sujeito. Essa ferida é amarelo manga.

Duas figuras de mulher polarizam a narrativa: de um lado, Lígia, a dona do bar, que abre o filme e cumpre o papel de narradora: ela se levanta da cama, coloca um vestido em cima do corpo nu e vai abrir o bar. No outro extremo está Kika, a pudica, a crente, mulher recatada, bem "coberta", que surge pela primeira vez em um culto evangélico. Quando ela está no ponto do ônibus, voltando para casa, um homem se aproxima e lhe diz, de forma agressiva: "O pudor é a forma mais inteligente de perversão".

Esse dito norteia o filme. Entre pudor e perversão, a figura da mulher é central, trazendo para a boca de cena a sexualidade feminina, que do início ao fim do filme vai encarnar essa ferida – amarelo manga. A cena em que Lígia sobe na mesa do bar e levanta o vestido, mostrando para Isaac os pelos pubianos pintados de amarelo-manga, apresenta de forma contundente o órgão sexual feminino, posto na mesa do bar, entre a oferta e a afronta, ferida exposta e, ao mesmo tempo, velada.

Kika é mulher de Wellington Kanibal, o açougueiro, que, enquanto corta a carne, diz que já matou meia dúzia, por isso o apelido. O machado e o facão na carne, o sangue derramado constituem-se como uma metáfora eloquente do corpo tomado como pura carne, passível de ser violado, seja na fala de Kanibal, seja na postura daqueles que no bar querem passar a mão na bunda de Lígia. Corpos retalhados que, no limite, para Isaac, aquele que goza com corpos mortos, devem manter-se íntegros para que ele os fure à bala, mate-os novamente, na tentativa de matar a morte, não sem antes gozar com eles, dando-lhes uma "lambida".

Isaac é o terceiro personagem de grande importância no filme. Ele circula com sua Mercedes amarela pelas ruas pobres do Recife e passa várias vezes por uma velha ponte, entre o bar e o hotel. No bar, vê Lígia e esta lhe desperta o desejo. À primeira vista Lígia parece uma prostituta, mas "ninguém dali conseguiu 'comê-la'". Após a primeira recusa de Ligia, Isaac volta ao bar para tentar agarrá-la. Ela se defende com uma garrafa, cortando-o no rosto e colocando-o para correr.

No início do filme, na abertura, Lígia, da posição de quem conta a estória, informa o espectador sobre o que ele verá, enfatizando o caráter de repetição que marca o cotidiano dos personagens. Isso se confunde com um sonho, ou melhor, um pesadelo. Diz ela: "Essa cena eu já vi, já aconteceu [...]. Vai começar o *show*: eu *espiei* isso no sonho também". Ao final do filme ela se dirige novamente ao espectador e diz: "Tudo acontece naquele dia, depois vem a noite, que é a melhor parte, mas depois vem outro dia e é sem parar".

Como no segundo filme, a repetição se apresenta em sua face de *automaton* (Lacan, 1964/1979), que determina um "sem saída" para Lígia, mulher que passa os dias servindo aos homens no bar e sendo "bolinada" por eles. É o insuportável dessa posição que ela denuncia ao dizer, repetidas vezes, que "não aguenta essa vida de merda, essa gente de merda, que vai vender o bar, mas que tem que *pagar para ver, sempre ver...*". O que é dado-a-ver? No nível da pulsão escópica, na dialética do ver e do olhar, há um ponto de opacidade, um logro, pois "jamais me olhas lá de onde te vejo, [e] inversamente, o que eu olho não é jamais o que eu quero ver" (Lacan, 1964/1979: 100). É nesse ponto de falta que se situa o sexo feminino e seu enigma.

Quase no final do filme, a visão de Lígia, pelos pubianos à mostra, toma conta de um sonho de Isaac, provocando-lhe uma angústia que o desperta e o conduz novamente ao bar. Para lá ele vai, em busca de sua identidade, representada por essa mulher. Diz ele: "quero a minha identidade, quero essa mulher todinha, todas as suas ideias". Se a mulher, como sintoma, lhe assegura a identidade de macho, Isaac, contudo, parece ir além, ao pretender apropriar-se dela completamente, ou seja, anulá-la. É nesse ponto de anulação do Outro que ele busca a sua identidade. Lacan assinala, em *Televisão*, que "se O homem quer A mulher, ele não a atinge senão encalhando no campo da perversão" (1974/1993: 66). A resposta de Lígia é colocá-lo para correr mais uma vez, gritando: "Eu sou mulher, mas até macho tem medo de mim!".

Quando novamente em seu quarto fica só, seu corpo, como o de Macabéa, treme de desejo, com os bicos do peito arrepiados, sem abraço. Como Leila, seu destino está determinado pela repetição, pois ela sustenta sua história frente aos homens como uma *expiação*. O significante *espiar* que aparece em sua fala – "eu espiei isso no sonho" – aponta, de um lado, o *já visto – déjà vu*, mas também, homofonicamente, a *expiação* que traz a questão da culpa e de sua remissão. Há uma dívida a ser paga e é preciso "pagar para ver". Expressão que nos remete a um jogo em que se paga para ver as cartas dos outros jogadores. É preciso colocar as cartas na mesa, como fez Lígia ao desnudar-se na mesa do bar, ou como a cartomante, ao dar a Macabéa um destino que passa pela morte.

É também a morte que revira a posição de Kika, a outra personagem feminina deste terceiro filme. A partir da descoberta da traição do marido, Kika arranca com a boca a orelha da amante de Kanibal. Ou seja, literalmente canibaliza a outra mulher, assumindo uma posição masculina. Em seguida, é com o gosto do sangue na boca, vagando perdida pelas ruas, que ela encontra Isaac, que a convida para entrar em sua Mercedes amarelo manga. Ela entra no carro e diz: "sou uma mulher morta por dentro". Nesse ponto, a morte surge ao mesmo tempo como castração, mas também como gozo inominável, alterando radicalmente a sua posição. Abandona a imagem de pudica e faz amor com Isaac de forma desavergonhada, montando sobre ele e enfiando-lhe um cabo de escova de cabelo no ânus. Em seguida vai ao cabeleireiro, pede para cortar o cabelo e pintar de amarelo, dizendo de forma veemente: "Arranca tudo e pinta: amarelo manga!". Aparecem conjugados aí, de um lado, o falo e, de outro, a falta e sua máscara.

Essa fala encerra o filme, sugerindo que há entre as duas personagens femininas – Lígia e Kika – um deslocamento que se realiza através do significante amarelo manga: dos pelos pubianos que velam o sexo de Lígia à assunção do desejo em Kika, com seus cabelos pintados. Da devastação à mascara inevitável que envolve a posição feminina, essa passagem parece ser feita por Isaac e sua Mercedes amarelo-manga, o que nos remete ao sentido que Lacan vai dar à função paterna ao final de seu ensino, como *Père-version*, em homofonia com *perversion* (cf. Lacan, 1975-1976/2007). É ela que viabiliza esse deslocamento em que o significante amarelo manga, nome da ferida e dos restos, transmuta-se em significante do desejo, revirando a posição feminina. Também em A hora da estrela é uma Mercedes amarela, com seu brilho fálico, que traz simultaneamente a morte e o renascimento, pois que inaugura a possibilidade do desejo.

Conclusão

O que essas escritas podem nos dizer sobre os deslocamentos do feminino? Macabéa desloca-se do "nada" em direção à miragem do Homem ideal, onde se perde. "Uma mulher só encontra O homem na psicose", diz Lacan (1974/1993: 70). Na morte ela encontra o desejo, passando "de virgem a mulher" (Lispector, 1988: 95). Leila escolhe a morte em vida, ao abolir-se como mulher. Em sua trajetória vemos o efeito desse gozo Outro que, para além da reivindicação fálica, é o núcleo da devastação que abole o sujeito (Soler, 2005: 184-186). Já Lígia e Kika nos ensinam sobre os deslocamentos que levam à assunção do feminino em sua divisão. De uma posição inicial, marcada pela histeria de Lígia, na qual a insatisfação se conjuga à reivindicação fálica, desliza-se para uma posição eminentemente fálica, expressa por Kika ao atacar a amante de seu marido. Nesse ponto, a intervenção da morte promove outro deslocamento, revirando a sua posição, fazendo-a surgir ao final do filme como uma mulher não toda fálica, ao afirmar seu desejo, desejo feminino enigmático, que, sob a máscara do significante amarelo-manga, suporta um gozo Outro, do qual nada se pode dizer.

Se a fala é insuficiente para dizer desse gozo, a escrita, como aquilo que mais se aproxima do *Real*, nos dá alguma indicação. Por isso, para finalizar, recorremos mais uma vez ao texto de Clarice Lispector, ao fim do romance *A hora da estrela*:

> Por enquanto Macabéa não passava de um vago sentimento nos paralelepípedos sujos. Eu poderia deixá-la na rua e simplesmente não acabar a história. Mas não: irei até onde o ar termina, irei até onde a grande ventania se solta uivando, irei até onde o vácuo faz uma curva, irei aonde meu fôlego me levar. Meu fôlego me leva a Deus? (Lispector, 1998: 94).

Referências bibliográficas

FREUD, S. (1931/2006). Sobre la sexualidad femenina. *Obras completas*, v. XXI. Buenos Aires: Amorrortu.

————. (1932/2006). La feminidad. *Obras completas*, v. XXII. Buenos Aires: Amorrortu.

JONES, E. (1958). *La vie et l'oeuvre de Sigmund Freud*, v. II. Paris: PUF.

LACAN, J. (1964/1979). *O seminário, livro 11: os quatro conceitos fundamentais da psicanálise*. Rio de Janeiro: Jorge Zahar.

————. (1972-1973/1982). *O seminário, livro 20: mais, ainda*. Rio de Janeiro: Jorge Zahar.

————. (1974/1986). A terceira In: *Che vuoi? Psicanálise e cultura*, *1*(0).

————. (1974/1993). *Televisão*. Rio de Janeiro: Jorge Zahar.

————. (1975-1976/2007). *O seminário, livro 23: o sinthoma*. Rio de Janeiro: Jorge Zahar.

LISPECTOR, C. (1998). *A hora da estrela*, 15ª edição. Rio de Janeiro: Nova Fronteira.

SOLER, C. (2005). *O que Lacan dizia das mulheres*. Rio de Janeiro: Jorge Zahar.

A ESCRITA DE SI E O OBJETO *a* EM FLAUBERT

Sergio Scotti

RESUMO

Flaubert teria dito: "Madame Bovary sou eu, por mim mesmo". Por outro lado, o ideal de literatura de Flaubert era o de que "O autor, em sua obra, deve ser como Deus no universo: onipresente e invisível". Queremos demonstrar então que é o objeto *a* que permanece na escrita de Flaubert, determinando seu estilo e ele mesmo, identificado à sua personagem.

Palavras-chave: escrita; estilo; objeto *a*.

RÉSUMÉ

L'écriture de soi et l'objet a chez Flaubert

Flaubert aurait dit: "Madame Bovary c'est moi, par moi-même". Par ailleurs, l'idéal de la littérature de Flaubert était le suivant: "L'auteur en son œuvre, doit être comme Dieu dans l'univers: omniprésent et invisible". Nous souhaitons donc démontrer, que c'est l'objet *a* qui se maintient dans l'écriture de Flaubert, ce qui détermine son propre style, identifié à son personnage.

Mots-clés: écriture; style; objet *a*.

Na primeira vez em que estive em Paris, em 1994, estava à procura de escritos que tratassem da relação entre *Madame Bovary* de Gustave Flaubert e a histeria, já que, após haver assistido o filme de Vincente Minelli de 1949 e lido o romance, a relação entre as duas me parecia óbvia. Encontrei muita coisa, como no Brasil, sobre uma e outra, mas, para minha surpresa, quase nada sobre a relação entre elas sob o ponto de vista da psicanálise.

De qualquer modo, resultou desse trabalho de investigação uma tese de doutorado e depois um livro[1]. Posteriormente, meu interesse por Flaubert dirigiu-se à questão do estilo, tão cara a ele mesmo ao dizer que: "O estilo está sob as palavras como dentro delas. É igualmente a alma e a carne de uma obra"[2].

A questão do estilo nos remete necessariamente à questão do próprio sujeito que está implicado na escrita, já que, como nos indica Compagnon (2001), o estilo é a marca do sujeito no discurso. No entanto, como nos lembra Lacan (1998: 11) na abertura de seus *Escritos*, se a questão do estilo passa pelo sujeito, ela passa necessariamente também pela questão do objeto que o determina.

Toda essa consideração sobre o estilo, o sujeito e o objeto nos remete também à questão da "escrita de si". Creio que a "escrita de si" pode ser entendida tanto no sentido de que a escrita, ela mesma, participa do processo de constituição do sujeito, quanto no de que no processo de escrita o sujeito, ele mesmo, se revela. O que, na verdade, pode ser entendido como as duas faces de uma mesma moeda.

Gostaria então de considerar tal possibilidade, ainda uma vez[3], no caso da escrita de um dos maiores escritores da língua francesa, Gustave Flaubert, especialmente em relação à sua obra principal, *Madame Bovary*.

Flaubert teria dito em relação a *Madame Bovary*, o texto mais famoso de sua obra, considerado o romance dos romances: "Emma Bovary sou eu, por mim mesmo". Tal afirmação pode ser considerada como uma forma de defesa, no contexto do processo por ofensa à moral pública e à religião que foi movido contra ele e seu editor, mas, por outro lado, pode ser entendida também como a afirmação de uma autoria. Mais do que isso, tal afirmação poderia ser entendida ao pé da letra: Gustave Flaubert era, efetivamente, ele mesmo, Madame Bovary. O que nos remete a uma identificação absoluta e radical entre o escritor e a personagem.

---

1 *A estrutura da histeria em Madame Bovary*, Editora Casa do Psicólogo/EDUSP, 2003.

2 Essa frase de Gustave Flaubert já é de domínio público, como todas as outras que são citadas aqui em particular e tantas outras que podem ser encontradas em qualquer biografia ou site da internet sobre Flaubert.

3 Já considerei a relação entre o estilo e o objeto *a* em Flaubert e em outro autor que é James Joyce, em diferentes artigos: "Psicanálise desejo e estilo", "Psicanálise e literatura: o objeto e o estilo em Flaubert e Joyce", publicados respectivamente nas revistas brasileiras: *Psychê*, 15 e *O Marrare*, 11.

Melhor seria se pudéssemos perguntar diretamente a Flaubert o sentido último de sua frase. No entanto, cabe nos perguntarmos: seria ele mesmo capaz de nos dizê-lo? Pelo que sabemos dos dados biográficos de Flaubert, ele não se confundia com sua personagem. O que aponta para a possibilidade de que o sentido mais provável fosse o de que "Madame Bovary" fosse tão somente um produto imaginário da criação literária de seu autor.

Mas, por outro lado, Flaubert teria dito também que: "Tudo que se inventa é verdadeiro, [...]. Minha pobre *Bovary*, provavelmente nesta mesma hora, sofre e chora numas vinte aldeias da França" (Llosa, 1979: 159). Ou seja, apesar de *Madame Bovary* ser fruto da imaginação de Flaubert, haveria um fundo de verdade em sua personagem, ou diríamos: um fundo de real.

Poderíamos considerar o mesmo em relação àquela frase de Flaubert, ou seja, de que há um fundo de verdade ou de real na afirmação de que "Madame Bovary" é Flaubert ele mesmo, por ele mesmo, para além de uma personagem fictícia criada por sua imaginação.

Na direção dessa questão que nos colocamos, há um paradoxo entre a famosa frase de Flaubert que estamos considerando e uma outra afirmação sua de que: "O autor, em sua obra, deve ser como Deus no universo: onipresente e invisível". Esse ideal de Flaubert aponta para o fato de que seu estilo de escrita buscava certa impessoalidade e neutralidade, na qual os fatos e as personagens falassem por si mesmos e o autor propriamente dito estivesse subsumido em sua própria escrita.

Tal ideal estaria então, a princípio, em contradição com aquela afirmação de autoria em que Flaubert, aparentemente, se identifica com sua personagem. A solução para esse aparente paradoxo, talvez possamos encontrá-la se nos reportarmos a Freud e a Lacan quando este e aquele tratam, respectivamente, da questão do estilo e da produção da escrita literária.

Quanto ao estilo, diz Lacan que o que o determina, mais do que o sujeito, é o objeto: "É o objeto que responde à pergunta sobre o estilo que formulamos logo de saída. A esse lugar que, para Buffon, era marcado pelo homem, chamamos de queda desse objeto, reveladora por isolá-lo, ao mesmo tempo, como causa do desejo em que o sujeito se eclipsa e como suporte do sujeito entre verdade e saber" (Lacan, 1998: 11).

Por outro lado, quando Lacan fala da produção literária referindo-se ao *Hamlet* de Shakespeare, no seu seminário ainda inédito *O desejo e sua in-*

terpretação, ele se refere à obra de arte como um corte na realidade, no qual o real do sujeito se expressa, e é sempre bom lembrar que o sujeito que interessa a Lacan e à psicanálise é sempre o sujeito do desejo inconsciente. Essa afirmação de Lacan nos dá uma indicação de que devemos procurar na obra de Flaubert esse real do sujeito que se expressa aí. O que vai ao encontro da afirmação de Flaubert de que *Madame Bovary* seria ele, por ele mesmo.

Qual seria então, o fundo de verdade na afirmação de Flaubert? Verdade que não se confunde nem com o saber que o autor tem sobre sua personagem, sobre a trama do romance, nem com seu saber sobre a *ars poética*, ou seja, aquele com que segundo Freud (1908/1973), em "O poeta e os sonhos diurnos", o artista mitiga, dissimula seus objetivos egoístas, tornando-os belos e agradáveis aos nossos próprios olhos fascinados de leitor, num prazer preliminar ao gozo da identificação com os fantasmas do próprio artista.

Reportamo-nos então aqui ao objeto que, segundo Lacan, é o que cai e eclipsa o sujeito, revelando a causa de seu desejo e suportando-o entre verdade e saber. O fundo de verdade na afirmação de Flaubert, portanto, é o de que em *Madame Bovary* podemos encontrar a causa de seu desejo, a sua "verdade" ou mesmo seu "ser", conforme nos indica Lacan no seminário sobre *O desejo e sua interpretação*: o real do sujeito, que se manifesta na obra de arte, é da ordem do ser. Lembremos novamente Flaubert: "Emma Bovary sou eu".

E qual seria esse objeto? Qual seria o objeto que causa o desejo de Flaubert e determina seu estilo? Qual o objeto que em sua queda o eclipsa, tal como ele mesmo busca em seu ideal de escritor que desaparece em sua obra, como a mão de Deus no universo?

Para respondermos a essa pergunta temos que nos voltar ao próprio texto de Flaubert. O estilo de Flaubert é marcado pelo discurso indireto livre (Llosa, 1979), no qual, muitas vezes, não sabemos se quem fala é o narrador ou a personagem, o que é reforçado por outra característica do discurso de Flaubert: as descrições. Flaubert descreve lugares, objetos, situações, circunstâncias, situações, personagens e diálogos de tal forma e com tal gênio que se produzem imagens as quais se constroem de maneira totalmente alusiva, sem nenhuma referência direta, mas que nem por isso deixam de ter enorme peso no desenrolar da história e no envolvimento do leitor com a trama e as experiências interiores de cada personagem.

Então, o objeto que se destaca nessas descrições, o objeto que em sua queda eclipsa o sujeito/autor é o olhar. O olhar que nos descreve as situações e as ações das personagens envolvidas na trama e que se torna o nosso próprio olhar, a partir do qual participamos da cena ao nos identificarmos com a fantasia do artista, como dizia Freud em "O poeta e os sonhos diurnos" (Freud, 1908/1973).

Um belo exemplo disso em *Madame Bovary* é o passeio de fiacre que ela e um de seus amantes, Léon, fazem em Rouen: vemos unicamente a descrição desse passeio através da lista dos logradouros por onde passa o veículo, sem nenhuma referência direta ao ato sexual que se desenrola no interior do mesmo, mas que nem por isso deixamos de "ver" em nossa imaginação.

No primeiro capítulo da terceira parte do livro, Flaubert (1857/1993: 260-261) descreve o encontro de Madame Bovary com aquele que será seu segundo amante, Léon, na catedral de Rouen. Léon consegue um fiacre que os levará por um passeio vertiginoso através das ruas da cidade:

> – Aonde o senhor deseja ir? Perguntou o cocheiro.
> – Onde você quiser! Disse Léon empurrando Emma para dentro da carruagem.
> E a pesada máquina pôs-se a caminho.
> Desceu a rua Grand-Pont, atravessou a praça des Arts, o cais Napoléon, a Pont Neuf e deteve-se de repente diante da estátua de Pierre Corneille.
> – Continue! Disse uma voz que saía do interior. O carro partiu novamente e, deixando-se levar pelo declive a partir da encruzilhada La Fayette, entrou a galope pela estação da estrada de ferro.
> – Não, em frente! Gritou a mesma voz.
> O fiacre saiu do portão gradeado e, tendo em breve chegado à alameda, foi trotando suavemente no meio dos grandes olmos. O cocheiro enxugou a testa, pôs o chapéu de couro entre as pernas e dirigiu a carruagem para fora das alamedas laterais, à beira d'água, perto da relva.
> Ela foi andando ao longo do rio, no caminho de sirga recoberto de calhaus ásperos e por muito tempo pelos lados de Oyssel, mais além das ilhas.
> Porém, repentinamente, lançou-se com um salto através de Quatremares, Soteville, a Grande-Chaussée, a rua d'Elbeuf e parou pela terceira vez diante do Jardin des Plantes.

> – Vá em frente! Exclamou a voz com ainda maior fúria.
>
> E retomando logo sua corrida, ela passou por Saint Sever, pelo cais dos Curandiers, pelo cais dos Meules, mais uma vez pela ponte, pela praça do Champs-de-Mars e atrás dos jardins do hospital, onde alguns velhos de casaco preto passeavam ao sol ao longo de um terraço coberto por heras verdes. Subiu novamente o bulevar Bouvreuil, percorreu o bulevar Cauchoise, em seguida todo o Mont-Riboudet até a encosta de Deville.
>
> Voltou; e então, sem direção nem destino, ela vagabundeou ao acaso. Foi vista em Saint-Pol, em Lescure, no monte Gargan, na Rouge-Mare e na praça do Gillard-bois; na rua Maladrerie, na rua Dinanderie, diante de Saint-Romain, Saint-Vivien, Saint-Maclou, Saint-Nicaise – diante da Alfândega – na Basse-Vieille-Tour, na Trois-Pipes e no cemitério monumental. De tempos em tempos, o cocheiro, em seu assento, lançava olhares desesperados às tabernas. Não compreendia que furor de locomoção levava tais indivíduos a não quererem deter-se. Procurava fazê-lo, algumas vezes, e logo ouvia atrás de si exclamações de cólera. Então fustigava ainda mais seus dois matungos cobertos de suor, mas sem preocupar-se com os solavancos, esbarrando ora aqui ora acolá, sem se preocupar, arrasado e quase chorando de sede, de cansaço e de tristeza.
>
> E no porto, em meio aos carroções e aos barris, e nas ruas, nos marcos das encruzilhadas, os burgueses esbugalhavam os olhos assombrados diante daquela coisa tão extraordinária na província, uma carruagem com os estores fechados e que aparecia assim continuamente, mais fechada do que um túmulo e sacudida como um navio (Flaubert, 1857/1993: 260-261).

O que encontramos nesse trecho e em muito outros da obra de Flaubert é um estilo que nos lembra, fazendo um paralelo com o sonho, a alusão, efeito do deslocamento, da metonímia que transfere a significação do ato sexual para a descrição da carruagem fechada como um túmulo e sacudida como um navio.

E por que o deslocamento? Porque Flaubert nos fala de seu fantasma, da cena primária (Freud, 1917/1973: 235) em que os pais copulam diante do espectador, e a descreve para nós: eles, para nosso deleite, copulam diante de nós seduzidos pela bela forma em que a cena nos é apresentada.

Portanto o objeto em Flaubert é o olhar, objeto que cai, que se revela quando o sujeito, eclipsado por sua própria escrita, isola-o de si mesmo embora nele se suporte. Não poderia haver melhor descrição do que essa do ideal de Flaubert: que a mão do escritor, na obra, desaparecesse como a mão de Deus no universo. Contudo, tal como a mão de Deus, a mão do escritor deixa seus rastros, os rastros do objeto que é a causa de seu desejo.

O objeto olhar é tão fundamental no estilo de Flaubert que ele procurará cerni-lo de forma obsessiva, colocando-se o objetivo maior de escrever sobre nada: "O que me parece belo e que gostaria de fazer é um livro sobre nada, um livro sem nada que o ligue ao mundo exterior, que se mantenha por si mesmo pela força interna de seu estilo"[4], ou seja, onde o que importa antes de tudo é o exercício do próprio estilo. Diríamos, onde o que resta é o próprio olhar.

Tal como o que resta na escrita de outro autor que é James Joyce: a voz. Em Joyce, diferente de Flaubert, especialmente em *Finnegans wake*, seu estilo não produz imagens. Joyce, subvertendo a língua inglesa, ao juntar, amalgamar as palavras, joga com elas de tal forma que o que se destaca em seu texto é a letra, o suporte material do significante. E o objeto que cai e determina seu estilo é a voz. Lacan mesmo, em seu *Seminário 23* sobre o *Sinthoma*, recomenda que se leia *Finnegans wake* em voz alta.

Embora Flaubert e Joyce sejam autores tão distintos em suas obras e seus estilos, os dois compartilham com a literatura uma relação na qual eles encontram nela seu próprio ser, escrevem a si mesmos, mesmo que não saibam ou não queiram nela se reconhecer: "*Madame Bovary* nada tem de verdadeiro. É uma história totalmente inventada: lá em nada meti nem de meus sentimentos nem de minha existência. A ilusão (se é que há uma) vem, pelo contrário, da *impersonalidade* da obra" (Llosa, 1979: 162).

Lacan destaca no *Seminário 23*, sobre o *Sinthoma*, que a escrita de Joyce funciona para ele como um nó suplementar na constituição de sua subjetividade, como uma suplência ao Nome-do-Pai, e que através dela ele cria um nome para si, o nome do autor Joyce.

---

[4] Frase de Flaubert citada na orelha do livro *Madame Bovary*. Tradução de Fúlvia M. L. Moretto, São Paulo: Nova Alexandria, 1993.

Em Flaubert, encontramos a mesma relação com "a escrita de si", se bem que não da mesma forma que em Joyce, talvez porque, diferente dele, em Flaubert não houvesse uma ausência de pai, mas uma forte presença do pai cirurgião de quem Flaubert teve que se diferenciar. De qualquer forma, a escrita enquanto forma de construção de si mesmo, de sua própria subjetividade, aparece em Flaubert e justamente em sua famosa frase: "Emma Bovary sou eu, por mim mesmo".

Creio que podemos entender então, fundamentalmente, a frase de Flaubert não como uma simples justificativa perante a sociedade ou a justiça e nem mesmo como uma suposta identificação com a personagem, embora ela até possa existir em algum nível, mas, antes de tudo, como a afirmação de uma autoria. Mais do que isso, trata-se da afirmação do ser, do real do sujeito, tal como nos indica Lacan no já citado *Seminário 6, O desejo e sua interpretação.* Talvez então pudéssemos traduzir a frase de Flaubert da seguinte forma: "Ao escrever *Madame Bovary*, me torno Flaubert, o autor Flaubert, portanto meu ser está em *Madame Bovary*".

O que gostaria de destacar aqui é que não há um sujeito Flaubert ou Joyce antes de sua escritura. Eles se realizam como tais, enquanto autores, através e pela escrita, através desse corte na realidade que é a obra de arte, pelo qual aparece o real do sujeito. Ou seja, não existe ou preexiste um sujeito anterior à obra e que a determina. O sujeito é, na verdade, resultado da própria obra, pois como vimos o que está implicado nela é um objeto que é a causa de seu desejo. Dizendo de outra forma, a obra é, na verdade, causa do sujeito. É nesse sentido que podemos entender a escrita como uma "escrita de si".

A "escrita de si", nessa acepção, indica que o si mesmo não encontra outra realização senão na escrita mesma e até mesmo para além da condição de autor. É na condição de sujeito mesmo que Flaubert encontra sua realização na escrita, "Sou um homem-pena. Sinto por meio dela, em relação a ela, e muito mais juntamente com ela".

Então, ao fim, o real do sujeito que se expressa na obra é, como indica Lacan, um objeto, o objeto *a*. Mas se o objeto *a* é justamente o objeto que falta e se esse objeto aponta para questão do ser, temos que o que se realiza na obra, mesmo assim, é a falta-a-ser do sujeito. O real do sujeito que se manifesta na obra de arte e aponta, na verdade, para sua falta, indica que a própria escrita é objeto causa de desejo.

Mas se o próprio do sujeito é sua falta-a-ser, como é que algo do real, do seu ser, se manifesta aí? Esse algo, então, é a pulsão, pois, como diz Lacan na sessão 24, de 10 de junho de 1959, de seu *Seminário 6*, o fantasma, que põe o sujeito em relação com o mundo, com os outros, está marcado por uma pulsão recalcada. O real da pulsão, inexorável, que sempre retorna igual a si mesma já que o que se recalca são somente seus representantes psíquicos através dos quais ela sempre retorna disfarçada em outros, tal como nos sonhos e na arte. Então, através do fantasma o sujeito se manifesta na obra de arte, mesmo sem o saber, na forma pela qual enfrenta sua falta-a-ser, pelo que faz com essa falta, por um *savoir faire*. No caso da obra de arte, pensamos que o artista faz alguma coisa com a falta, coisa que marca seu estilo.

Referências bibliográficas

COMPAGNON, A. (2001). *O demônio da teoria: literatura e senso comum*. Belo Horizonte: UFMG.

FLAUBERT, G. (1857/1993). *Madame Bovary*. Tradução de Fúlvia M. L. Moretto. São Paulo: Nova Alexandria.

FREUD, S. (1908/1973). El poeta y los sueños diurnos. *Obras completas de Sigmund Freud*, v. 2. Madrid: Biblioteca Nueva.

————. Vias de formación de síntomas. *Obras completas de Sigmund Freud*, v. 2. Madrid: Biblioteca Nueva.

JOYCE, J. (1939/1999). *Finnegans wake/ Finnicius revém*. Livro I (Versão de Donaldo Schüler). Porto Alegre: Ateliê Editorial.

LACAN, J. (1958-1959). *O seminário, livro 6: o desejo e sua interpretação*. Inédito.

————. (1998). Abertura desta coletânea. *Escritos*. Rio de Janeiro: Jorge Zahar.

————. (1975-1976/2007). *O seminário, livro 23: o sinthoma*. Rio de Janeiro: Jorge Zahar.

LLOSA, M. V. (1979). *A orgia perpétua: Flaubert e Madame Bovary*. Rio de Janeiro: Francisco Alves.

Clarice Lispector e a passagem de uma escrita a outra escrita

Luciana Brandão Carreira Del Nero

Resumo

Estima-se que a escritora Clarice Lispector apresenta uma especificidade de escrita cuja textualidade pode ser situada no domínio do que Jacques Lacan nomeou *lituraterra*, tocando num ponto onde se coloca uma questão crucial para a psicanálise: a maneira pela qual certos escritores, através de seu trabalho, realizam uma torção que rebate o gozo insuportável de uma ausência absoluta de significação.

Palavras-chave: Clarice Lispector; torção; escrita.

Résumé

Clarice Lispector et le passage d'une écriture à l'autre écrit

On croit que Clarice Lispector présente un mode d'écriture dont la textualité peut être située dans le domaine de ce que Jacques Lacan a appelé *Lituraterre*, en touchant à un point où se pose une question cruciale pour la psychanalyse: la façon dont certains écrivains, par leur travail, réalisent une torsion qui détourne la jouissance insupportable d'une absence essentielle de signification.

Mots-clés: Clarice Lispector; torsion; l'écriture.

Clarice Lispector considerava-se escritora brasileira, embora tivesse nascido na Ucrânia e chegado ao Brasil aos dois anos de vida, sendo ainda muito jovem quando despontou no cenário literário brasileiro.

Somente um mês teria se passado desde a publicação de *Perto do coração selvagem*, no começo de 1944, até que a imprensa especializada começasse a se manifestar a respeito da obra. Recebida de maneira surpreendentemente rápida e acolhedora, dentro em breve a escritora consagrar-se-ia como um genuíno expoente da literatura universal, com livros que seriam traduzidos para o francês, alemão, inglês, dinamarquês, espanhol, hebraico, holandês, sueco, russo, polonês, norueguês, italiano, tcheco, sueco, turco e japonês.

Será também muito rapidamente que os principais críticos literários de sua época voltar-se-iam interessados à originalidade que ali se demonstrava; algo que só tenderia a crescer. Sérgio Milliet (citado por Sá, 1979) talvez tenha elaborado o primeiro dentre os importantes documentos que avaliariam a receptividade da crítica brasileira à obra de Clarice Lispector. Em seu *O diário crítico*, ele se refere a *Perto do coração selvagem* com ares de descoberta e deslumbramento. Revelando acerca de seu primeiro contato com a autora, ele confidencia o quão "raramente tem o crítico a alegria da descoberta", pois "quando o autor é novo há sempre um minuto de curiosidade intensa", embora na maioria das vezes o crítico abra o livro "com vontade de achar bom, lê uma página, lê outra, desanima, faz nova tentativa, mas qual!". Assim, ele testemunha que "diante daquele nome estranho e até desagradável, pseudônimo sem dúvida" chegou a pensar que se trataria de um livro redigido por "mais uma dessas mocinhas que principiam 'cheias de qualidade', que se pode até elogiar de viva voz, mas que morreriam de ataque diante de uma crítica séria". Mas felizmente Sérgio Milliet lê ao acaso a página 160 daquele livro e acha-a excelente, prosseguindo com a leitura que não o decepcionaria, pois percebe que a linguagem ali estabelecida enveredava por atalhos inesperados, atingindo o poético "sem cair no hermetismo ou nos modismos modernistas". Quando então o crítico finalmente constataria: "As descobertas são raras mesmo. Pois desta feita fiz uma que me enche de satisfação" (Milliet, citado por Sá, 1979: 26).

Sensível ao que lera, Sérgio Milliet também afirmaria que a autora usou "uma linguagem pessoal, de boa carnação e musculatura, de adjetivação segura e aguda, que acompanha a originalidade e a fortaleza do pensamento, que os veste adequadamente", enfatizando a capacidade da escritora em dar vida própria às palavras, como se diante das mesmas ela não as dominasse mais, e sim o inverso (Milliet, citado por Sá, 1979: 27). Segundo ele, isso caracterizaria a poesia inerente ao seu estilo, atribuindo-lhe como uma qualidade que lhe seria própria. É nesse sentido que Sérgio

Milliet parece desejar que Clarice Lispector se inicie "em um novo gênero: o poema em prosa, no qual, lhe parece, ela poderia mover-se com mais liberdade que na ficção" (Milliet, citado por Sá, 1979: 27), pois, em face de uma certa limitação do enredo, para ele seria "pelos erros, pelas falhas, as insistências, os excessos, que Clarice Lispector prova a espontaneidade que a valoriza e faz de sua prosa uma prosa poética cheia de surpresas" (Milliet, citado por Sá, 1979: 30-31). Pouco tempo depois, por ocasião do segundo trabalho da escritora, ele endossaria o que Alceu Amoroso Lima também diria ao ler *O lustre* (1946), pois, para ambos, Clarice Lispector encontrava-se numa trágica solidão em nossas letras modernas". Seria assim que na orelha de *O lustre* Alceu Amoroso Lima afirmaria que no âmbito literário da época "ninguém escreve como Clarice Lispector. Clarice Lispector não escreve como ninguém. Só seu estilo mereceria um ensaio especial. É uma clave diferente, à qual o leitor custa a adaptar-se".

Clarice parecia estar exilada do próprio campo da literatura e, em seu livro derradeiro – *Um sopro de vida* (1977), escrito às vésperas de sua precoce morte aos 57 anos de idade, ainda incompletos –, o seu narrador nos dirá: "devo imaginar uma história ou dou largas à inspiração caótica? [...] Para escrever tenho de me colocar no vazio" (Lispector, 1977/1999: 15).

A respeito desse exílio do campo da literatura, ela também declararia numa entrevista ao Jornal *O Globo* em agosto de 1977:

> Eu não sei te explicar, mas eu sinto que estou isolada. Eu não pertenço a nenhum grupo, nenhum grupo me convidou até hoje para fazer parte dele. Realmente não me querem. Mas eu não faço questão. Que assim seja. Eu não me alimento de literatura. Meus amigos, eu os escolho em qualquer profissão, ou nenhuma profissão, e isso me garante satisfeita a necessidade gregária que a gente tem (Lispector, citada em IMS: 63).

Antônio Cândido seria mais um dentre os críticos literários que saudariam *Perto do coração selvagem*, referindo-se a ele como indicativo de "uma performance da melhor qualidade", salientando a intensidade com a qual a escritora estreante escrevia e a rara capacidade de vida interior que possuía, apesar de seus 19 anos. Enquanto crítico dos mais abalizados, para ele Clarice Lispector se aventurava num novo ritmo de ficção, conseguindo transmitir a sua interpretação pessoal do mundo por meio de uma expressividade "sutil e tensa", de tal maneira que o livro revelaria "uma tentativa impressionante para levar nossa língua canhestra a um pensamento cheio de mistério" (Cândido, 1970: 127). Vê-se que para Antônio Cândido a autora teria estabelecido, desde o inicio, uma forma muito peculiar de utilizar-se da linguagem, sendo apontada por ele como um dos poucos escritores brasileiros que se propuseram, com seriedade, os limites da linguagem como o próprio motor de seu trabalho (Sá, 1979: 36).

Se por um lado Sérgio Milliet tentava situá-la na tradição propondo a criação de um novo gênero para abarcá-la – qual seja, o "poema em prosa" –, Álvaro Lins esforçar-se-ia para "enquadrar" o seu romance de estreia em algum gênero já existente, aproximando a escritora de autores como James Joyce e Virgínia Woolf, pois, para ele, *Perto do coração selvagem* teria sido a "primeira experiência definida que se faz no Brasil do moderno romance lírico" (Lins, citado por Sá, 1979: 33). O que definiria o "moderno romance lírico", conhecido também como "romance do realismo mágico"? Bem, de acordo com Álvaro Lins esse gênero teria como principal característica o fato de a realidade ser apresentada de uma tal maneira que ela ganharia ares oníricos, um caráter de sonho, de super-realidade.

No entanto, frisemos que Álvaro Lins parte de um viés pautado na crítica de influências, o que o fez supor que o "denominador comum" entre Clarice e os dois ilustres escritores citados se desse "pelo aproveitamento do temperamento feminino utilizado em sua técnica" (Lins, citado por Sá, 1979: 33). A esse respeito, lembremos que naquele momento esse respeitado crítico se empenhava por circunscrever uma nova categoria literária, nomeada por ele como "literatura feminina", na qual cogitava situar *Perto do coração selvagem*. No seu entender, o potencial de lirismo e o narcisismo seriam as principais características inerentes ao "temperamento feminino", ambas presentes na literatura de Clarice Lispector. Ao perceber que o lirismo não exclui o realismo, o crítico pernambucano "aplica ao romance moderno uma forma de ficção que une o sentimento poético à capacidade de observação, o realismo mágico" (Lins, citado por Sá, 1979: 33).

Todavia, Álvaro Lins não estava plenamente convencido da categoria à qual relacionar a escritora, afirmando que a mesma não teria tido a plena consciência da escolha de seus meios de expressão. Devido ao fato de Clarice Lispector rejeitar a forma tradicional do romance, o crítico diria ter tido "a impressão" de que o mesmo não estaria acabado em sua estrutura, "estando incompleta a sua estrutura como obra de ficção". Para ele, a descontinuidade na composição do espaço e do tempo seriam indícios de que Clarice Lispector teria "se perdido em seu próprio labirinto, deixando o romance incompleto"; daí faltar-lhe, "como romance, tanto a criação de um ambiente mais definido e estruturado quanto a existência de personagens como seres vivos" (Lins, citado por Sá, 1979: 35). A crítica de Lins incidia no fato de a autora ter subvertido a tradicional noção "da personagem ficcional como pessoa viva, cujo referente é o homem concreto", donde ele ter sido capaz de reconhecer o valor e a originalidade da jovem estreante nas letras, ainda que fosse incapaz de conseguir situá-la num gênero.

O fato é que desde o início da carreira literária de Clarice Lispector prevaleceu essa espécie de dificuldade em situá-la na tradição, embora as recorrentes tentativas por enquadrá-la num gênero literário. Quanto a isso Clarice tinha consciência, vindo a declarar através de uma de suas crônicas publicadas no *Jornal do Brasil*, já no início dos anos setenta, a forma pela qual ela concebia os seus "ditos romances". Na crônica intitulada "O 'verdadeiro' romance", publicada em 22 de agosto de 1970, ela viria a escrever:

> Bem sei o que é o chamado verdadeiro romance. No entanto, ao lê-lo, com suas tramas de fatos e descrições, sinto-me apenas aborrecida. E quando escrevo não é o clássico romance. No entanto é romance mesmo. Só que o que me guia ao escrevê-lo é sempre um senso de pesquisa e de descoberta. Não, não de sintaxe pela sintaxe em si, mas de sintaxe o mais possível se aproximando e me aproximando do que estou pensando na hora de escrever. Aliás, pensando melhor, nunca *escolhi* linguagem. O que eu fiz, apenas, foi ir me obedecendo. Ir me obedecendo – é na verdade o que faço quando escrevo, e agora mesmo está sendo assim (Lispector, 1970/1999: 306; grifos do texto).

O que chama a atenção é que será por ocasião da retomada em novas bases destes mesmos elementos já demarcados em seu primeiro livro que, vinte anos mais tarde, ao publicar em 1964 o seu livro mais célebre, Clarice Lispector desestabilizará definitivamente a tradição literária, renovando-a totalmente, criando uma nova linha em seu cerne. Não por acaso, quando

Água viva é publicado em 1973 (1998) a autora o abre enfatizando que, naquele momento, "gênero não lhe pegava mais"; pois considerava que tal trabalho não tinha, definitivamente, um gênero definido, classificando-o apenas como "ficção".

De uma certa maneira, podemos dizer que Clarice Lispector cria um lugar para se alojar na literatura. Disto uma constatação: o livro *A paixão segundo G. H.* (1964/1998) convocará tanto os críticos literários quanto os psicanalistas ao trabalho. E, no limiar entre esses dois campos discursivos, alguns entrelaçamentos podem ser executados.

Diferentemente da "literatura feminina" proposta por Álvaro Lins, a ensaísta e crítica literária Lucia Castello Branco tece, em suas elaborações, a possibilidade de uma "escrita feminina" que não se pauta nos elementos imaginários relegados ao "temperamento feminino" tal como sustentados por Lins. Ao deslocar o significante "literatura" àquilo que é da ordem de uma "escrita", ela salienta justamente o ponto onde literatura e psicanálise tocam-se mutuamente: a letra[1].

Não sendo uma escrita empreendida necessariamente só por mulheres, Castello Branco aponta para uma lógica especial de escrita, distanciada da vertente realista do romance. Tratando-se de uma construção bastante recente na teoria literária, ela se detém menos nas questões relativas ao feminino e muito mais numa modalidade de gozo que diz respeito a uma posição discursiva feminina. Ou seja, Lúcia Castello Branco chama de "escrita feminina" toda e qualquer produção que mantenha relação com a Mulher, estabelecendo um franco diálogo com o ensino de Jacques Lacan. Para ela, a crítica brasileira manteve-se extremamente influenciada pelos trabalhos que Hélène Cixous empreendeu sobre a obra de Clarice Lispector, detendo-se por demais nas questões relativas ao universo identitário das mulheres e "terminando por produzir um olhar um tanto acostumado sobre a maravilha de um texto que, para além do feminino, articula questões fundamentais sobre a escrita" (Branco & Brandão, 2004: 188). Ironicamente, a própria Clarice Lispector recusava o conceito de "literatura

[1] A referência à letra nesse momento diz respeito ao trabalho que sobre ela Lacan desenvolve a partir do *Seminário 18* (1971) – *De um discurso que não fosse semblante.*

feminina", ridicularizando a definição de Lins desde quando ele começou a propô-la (Sá, 1979: 84).

Ao passo disso, a escritora pouco se importava com as questões relacionadas à sua literatura, chegando a testemunhar na crônica "Sentir-se útil" (publicada em 24 de fevereiro de 1968 no *Jornal do Brasil*) que a palavra "literatura" lhe "eriçava o pelo como um gato". A esse respeito, em *Um sopro de vida* o personagem *Autor* dirá:

> Escrevo muito simples e muito nu. Por isso fere [...]. Eu escrevo para nada e para ninguém. Se alguém me ler será por própria conta e autorrisco. Eu não faço literatura: eu apenas vivo ao correr do tempo. O resultado fatal de eu viver é escrever [...]. Minha vida me quer escritor e então escrevo. Não é por escolha; é íntima ordem de comando (Lispector, 1977/1999: 16-29).

Afinal, ainda que não se tratasse de um discurso feminista ou de um modelo identitário o qual as mulheres deveriam seguir, é inegável que as personagens femininas de Clarice Lispector – bem como a própria trajetória da autora, que era, antes de mais nada, uma mulher – desempenharam um importante papel num mundo que apenas começava a se abrir para certas questões mantidas às voltas com a "emancipação das mulheres". Nesse contexto, basta citarmos o fato de que, ainda nos anos sessenta, foi o impacto da obra de Clarice Lispector na França que determinou a criação da editora *Des femmes*, destinada a publicar textos produzidos exclusivamente por mulheres, "cujo objetivo era o de lutar para o advento da mulher como sujeito histórico nos campos político, cultural e social" (Fontenele, 2008: 321), sendo importante registrar que na maior parte das vezes esses textos teriam uma qualidade literária questionável, pois o principal objetivo com o surgimento daquele espaço editorial era simplesmente "dar voz às mulheres". Fruto "de uma intencionalidade política", tal manifestação por parte das feministas francesas visava uma desconstrução da linguagem literária, fazendo da linguagem um instrumento operacional da cultura, uma vez que a libertação da mulher, então em voga, estaria diretamente relacionada "ao campo pulsional ao qual a mulher estaria atada", evidenciado por um tipo de escrita "linguisticamente virgem e, portanto, livre das determinações sociais que estão presentes na escrita masculina como paradigma para a escrita humana" (Fontenele, 2008: 321). Segundo Laéria Fontenelle, o conceito lacaniano de diferença sexual foi indevidamente apropriado pelas feministas francesas, uma vez que, para Lacan, a sexuação diz respeito à modulação de gozo que toma o falo como o próprio significante do gozo, estando intimamente implicado na modelagem do corpo pulsional. Em contrapartida, as feministas às quais fazemos menção quiseram eliminar do conceito de sexuação a própria baliza que o alicerça, e com isso eliminar "a relação do sujeito ao falo, considerando-a produto de uma teoria cujo simbolismo evidenciaria a hegemonia do poder patriarcal, defendendo, com isso, uma escrita outra que prescindisse da lógica fálica" (Fontenele, 2008: 323). Ademais, inicialmente tais feministas desconsideraram que tal escrita não seria uma prerrogativa das mulheres, pois levavam em conta apenas o sexo biológico do autor real do texto. Como quer que seja, foi enquanto paradigma dessa "literatura feminina" que a escrita de Clarice Lispector renovou a discussão sobre o feminino na literatura, promovendo, apesar de não ter tido a menor intenção, um deslocamento classificatório entre os teóricos da literatura, que, em seguida, passaram a definir tal literatura por via de suas características estilísticas, admitindo que escritores também do sexo masculino aí se incluíssem. É nessa direção que os trabalhos de Lúcia Castello Branco enveredam:

> Essas características não se restringiam aos textos produzidos por mulheres: Marcel Proust também possuía essa enunciação, Guimarães Rosa em certos momentos "falava" nessa dicção; e mesmo Joyce, quando, completamente tomado pela magia e excesso da linguagem, fazia-se ouvir assim, femininamente (Branco, 1991: 213).

Partindo do pensamento de Jacques Lacan, Barthes e Derrida, eis que Lúcia Castello Branco sustenta que a escritura de Clarice Lispector amplia "seu traço em direção à escrita e não propriamente em direção à literatura" (Branco & Brandão, 2004: 181), na qual "a representação é posta em xeque e em que a imagem é tomada não mais em seu caráter de representação, mas em seu valor fonético ou de letra" (Branco & Brandão, 2004: 181). É desse modo que ela propõe que ao atravessar a representação o texto de Clarice vai desembocar na escrita; mais exatamente, na escritura, sendo então a partir daí que, "nesse lugar em que a letra – e não exatamente o significante ou a palavra – é priorizada, o texto se amplia em direção à textualidade, entendida como um vasto território: o campo dos afetos (Branco & Brandão, 2004: 182).

Ao seu modo, Lúcia Castello Branco parece nomear por "escrita feminina" uma gama de textos que, pensamos nós, dizem respeito ao que Lacan apontou em sua lição sobre *Lituraterra*, contemplada em seu *Seminário 18* (1971/2009) – *De um discurso que não fosse semblante*. Nessa guinada, se a psicanálise tem muito a aprender com o campo literário, a crítica literária, por seu turno, também encontra na psicanálise uma fonte preciosa de questionamentos aos quais se lançar. É justamente por esse motivo que na lição citada há pouco Lacan considera que "é por esse método que a psicanálise poderia justificar melhor sua intrusão na crítica literária", levando a crítica literária a se renovar efetivamente, "pelo fato da psicanálise estar aí para os textos se medirem por ela, justamente por ficar o enigma do seu lado, por ela se calar" (Lacan, 1971/2009: 108).

Acreditamos que Clarice Lispector dá mostras, através dos efeitos de sua escrita, que a partir de 1964 um *Sinthome* emerge enquanto resposta à mais arcaica das experiências, dizendo respeito a uma temporalidade na qual sequer havia furo, na vigência apenas de uma marca. Afinal Lacan propõe que a Mulher – ou seja, Deus ou o Outro-sexo – é suportada pelo *Sinthome* (Lacan, 1975-1976/2007: 98), sendo o *Sinthome*, nesses termos, a própria escrita da não-relação sexual.

É por esse motivo que o gozo místico pode ser pensado como um tipo de gozo feminino, dizendo respeito a uma modalidade de gozo que se realiza no furo, em decorrência do confronto com a mulher, que não existe. Ele advém a partir de uma experiência muito particular, não circunscrita ao gozo fálico, estando num mais além em relação ao falo. Enquanto eminentemente muda, tal experiência pode todavia ser testemunhada, quando, em face a esse furo, uma torção significante é empreendida. Enquanto posição discursiva, a posição feminina é aquela que suportará tal enunciação, uma vez que ao estar posicionado do lado mulher o falante que daí enuncia torna-se capaz de entrar em contato justamente com uma parte não remetida ao gozo fálico. Tal experiência pode ser pensada como correlata ao que se dá na operação que funda a matriz simbólica de onde o ser falante emerge, implicando uma temporalidade na qual o corpo simplesmente não existe – ele *ex-siste*, segundo Lacan –, não havendo ainda um eu, por conseguinte. Clarice Lispector nos dá mostras dessa temporalidade, testemunhando em seus escritos o que teria sido a sua entrada no campo da linguagem. (Jorge, 2005: 56). Afinal, em *Água viva* (1973/1998: 18), a narradora-escritora revelará: "vivo a cerimônia da iniciação da palavra e meus gestos são hieráticos e triangulares". Ali, ela diria estar escrevendo "a música do ar, a formação do mundo", pois "o que vai ser já é. O futuro é para a frente e para trás e para os lados, mesmo que o tempo seja abolido. O que estou escrevendo não é para se ler – é para se ser" (Lispector, 1973/1998: 34).

Disto um alerta: devido ao fato de esse gozo não estar remetido a uma referência fálica, poder-se-ia inicialmente pensar que a sua fruição estivesse às voltas, incondicionalmente, com questões estruturais típicas da psicose. Todavia o confronto mais direto com o Real também é passível de se colocar todas as vezes em que ocorre uma espécie de dessubjetivação, ou seja, uma clivagem entre o falo e o objeto. Basta lembrarmos, por exemplo, que o gozo místico é um gozo cujo referencial aponta ao objeto muitas vezes recortado da fantasia fundamental, inerente ao encontro com Deus, ou seja, ao encontro com a mulher.

Consequentemente, podemos supor que foi graças à escrita de seu *Sinthome* que Clarice Lispector pôde ter relação com o Outro sexo, nessa espécie de passagem que se opera de uma escrita a outra escrita, justamente quando o seu estilo se modifica, sofre uma torção. Lembremos afinal da existência de pelo menos dois ciclos estilísticos ao analisarmos o conjunto da obra da escritora, demarcados justamente quando em relação a tal conjunto se opera uma torção em sua narrativa; num tempo em que, supomos, um *Sinthome* se escrevia. Por qual motivo? Porque é justamente o *Sinthome* que atesta que a relação sexual não existe, lá onde há suplência da falta de um significante no campo do Outro. Por estar numa referência fora do sentido, o *Sinthome* correlaciona o sujeito com a não relação sexual justamente porque dela é o seu índice.

Contudo, ao acompanharmos Lacan torna-se importante delimitarmos uma determinada nuance a fim de precisarmos um pouco melhor o nosso objeto de estudo. Afinal, com Lacan podemos dizer que haveria ao menos dois cruciais aspectos em relação à função do *Sinthome*. Um deles toca na possibilidade de o *Sinthome* fazer suplência do significante do Nome-do-Pai, permitindo uma correção nodal em estruturas cuja configuração as levaria, não fosse o trabalho operado justamente pelo *Sinthome*, ao desencadeamento/desnodulação corolários a uma psicose desencadeada.

Entretanto a perspectiva que adotamos a respeito do *Sinthome* realça muito mais a natureza desse operador, qualquer que seja a estrutura à qual ele se relacione. Uma vez que ele é o suporte do traço unário, trabalhamos adotando-o sob o viés de ele ser, antes de mais nada, um significante funcionando como objeto – tal como Lacan propõe acerca do Nome Próprio em 1961-1962, nos idos do *Seminário 9*, sobre a identificação.

Desse modo, consideramos o *Sinthome* como sendo um significante que trabalha admitindo a conjunção entre traço unário e objeto *a*, permitindo que algumas questões sobre a autoria de uma obra e o estilo de um autor sejam abordadas de modo indissociável. Tal particularidade nos permite enfatizar o caráter literal conferido ao *Sinthome*, pois, ao operar numa zona em que traço e objeto se entrelaçam – isto é, lá onde Simbólico e Real se chocam –, é então enquanto letra de gozo que o *Sinthome* se faz matriz, tangenciando o saber justo na borda do Simbólico.

Ao nomear o inominável, o *Sinthome* é o significante que cria o Real. Lacan a ele se refere como "a flor do Simbólico", desabrochada de um traço cuja natureza o reduz a um objeto da pulsão, do qual a vida germina e o corpo soergue. Eis a potência poética do *Sinthome*: escavar um lugar, através dos artifícios da linguagem, onde depositar o objeto que da própria linguagem cai. Dito de outro modo: criar o sulco real no qual o traço de um sujeito se deposite; para depois florir, dando indícios de um nome plantado no fundamento mesmo que do ser falante se fez raiz.

Talvez algo que se dê ao sabor do que Clarice Lispector escreveu em *A legião estrangeira*, quando então diz do lugar que se escava ao preço de uma repetição: "A repetição me é agradável, e repetição acontecendo no mesmo lugar termina cavando pouco a pouco, cantilena enjoada diz alguma coisa" (Lispector, 1964/1998: 175).

Referências bibliográficas

BRANCO, L. C. (1991). Todos os sopros, o sopro. In: QUEIROZ, V. (Org). *Revista Tempo Brasileiro: Clarice e o feminino*, *5/8*, 121-144.

BRANCO, L. C. & BRANDÃO, R. S. (2004). *A mulher escrita*. Rio de Janeiro: Casa-Maria Editorial/LTC-Livros.

CALDAS, H. (2007). *Da voz à escrita: clínica psicanalítica e literatura*. Rio de Janeiro: Contra Capa.

CANDIDO, A. (1970). No raiar de Clarice Lispector. *Vários escritos* (pp. 125-131). São Paulo: Duas cidades.

COSTA, A. (2008). *Clinicando: escritas da clínica psicanalítica*. Porto Alegre: APPOA.

FONTENELE, L. B. (2008). Contribuição da psicanálise à discussão sobre o feminino na literatura. In: ALBERTI, S. (Org.). *A sexualidade na aurora do século XXI* (pp. 317-327). Rio de Janeiro: Companhia de Freud.

INSTITUTO MOREIRA SALLES. (2004). *Edição especial dos Cadernos de Literatura Brasileira – Clarice Lispector*, 17 e 18.

JORGE, M. A. C. (2005). *Lacan, o grande freudiano*. Rio de Janeiro: Jorge Zahar.

————. (1997). Clarice Lispector e o poder da palavra. In: DIDIER-WEILL, A. *Nota azul: Freud, Lacan e a arte* (pp. 105 a 115). Rio de Janeiro: Contra Capa.

————. (1988). A iniciada sem seita. In: JORGE, M. A. C. *Sexo e discurso em Freud e Lacan* (pp. 97 a 104). Rio de Janeiro: Jorge Zahar.

LACAN, J. (1961-1962). *O seminário, livro 9:* a *identificação*. Inédito.

————. (1964/1998). *O seminário, livro 11: os quatro conceitos fundamentais da psicanálise*. Rio de Janeiro: Jorge Zahar.

————. (1965-1966). *O seminário, livro 13: l'objet de la psychanalise*. Inédito.

————. (1971/2009). *O seminário, livro 18: de um discurso que não fosse semblante*. Rio de Janeiro: Jorge Zahar.

————. (1972-1973/1985). *O seminário, livro 20: mais, ainda*. Rio de Janeiro: Jorge Zahar.

————. (1975-1976/2007). *O seminário, livro 23: o sinthoma*. Rio de Janeiro: Jorge Zahar.

LINS, A. (1963). A experiência incompleta: Clarice Lispector. In: *Os mortos de sobrecasaca: ensaios e estudos (1940-1960)*. Rio de Janeiro: Civilização brasileira.

LISPECTOR, C. (1945/1999). *O lustre*. Rio de Janeiro: Rocco.

________. (1964/1998). *A paixão segundo G. H.* Rio de Janeiro: Rocco.

________. (1964/1999). *A legião estrangeira*. Rio de Janeiro: Rocco.

________. (1970/1999). *A descoberta do mundo*. Rio de Janeiro: Rocco.

________. (1973/1998). *Água viva*. Rio de Janeiro: Rocco.

________. (1977/1999). *Um sopro de vida*. Rio de Janeiro: Rocco.

MANZO, L. (1997). *Era uma vez: Eu – a não-ficção na obra de Clarice Lispector*. Curitiba: Secretaria de Estado da Cultura: The Document Company-Xerox do Brasil.

NUNES, B. (2009). *A clave do poético*. São Paulo: Companhia das Letras.

SÁ, O. (1979). *A escritura de Clarice Lispector*. Petrópolis: Vozes.

Escrita, evocação poética e transmissão

Sonia Leite

Resumo

O artigo destaca a importância da escrita literária e da evocação poética na transmissão da psicanálise. Com Freud trata-se de reconhecer que a experiência poética antecipa a invenção da psicanálise, enquanto que com Lacan, dentro da perspectiva de que o inconsciente é estruturado segundo as leis do significante, trata-se de sublinhar que é necessário um *saber-fazer* com *lalíngua*, resgatando-a do esquecimento originário.

Palavras-chave: transmissão; literatura; inconsciente.

Résumé

Écrit, évocation poétique et la transmission

L'article détache l'importance de l'écriture littéraire et de l'évocation poétique dans la transmission de la psychanalyse. Avec Freud il s'agit de reconnaître que l'expérience poétique anticipe l'invention de la psychanalyse; tandis qu'avec Lacan, dans la perspective dont l'inconscient est structuré selon les lois du signifiant, il s'agit de souligner que c'est nécessaire un *savoir-faire* avec *lalangue*, en sauvant ce de l'oubli originaire.

Mots-clés: transmission; litterature; Inconscient.

> *Não tenho uma palavra a dizer. Por que não me calo, então? Mas se eu não forçar a palavra, a mudez me engolfará para sempre em ondas. A palavra e a forma serão a tábua onde boiarei sobre vagalhões de mudez*
>
> Lispector, 1964: 16

Era ainda adolescente, quando chegou às minhas mãos o livro de Clarice Lispector denominado *A paixão segundo G. H.* Na primeira folha, uma frase já indicava o turbilhão que viria a seguir: "eu ficaria contente se meu livro fosse lido apenas por pessoas de alma já formada" (Lispector, 1964/1979: 5). Tal recomendação, longe de me desanimar, impulsionou-me mais ainda a realizar essa leitura, pois acreditava tratar-se de uma história sobre a paixão amorosa, naquele sentido que todo jovem, prioritariamente, se interessa. Mas, para minha surpresa, pouco a pouco percebi tratar-se de outro tipo de paixão que nunca, até então, havia se explicitado para mim.

Lispector relata o encontro de uma mulher com o enigma da existência. Encontro que é encenado quando esta se vê sozinha, num quarto vazio, diante de uma barata.

G. H., a única personagem desse misterioso livro, progressivamente se despe dos envoltórios pessoais, conduzindo o leitor a um processo inexorável de destituição subjetiva. Anuncia: "perdi minha montagem humana [...]. É tão difícil perder-se. É tão difícil que provavelmente arrumarei depressa um modo de me achar [...] eu nunca antes havia deixado me levar, a menos que soubesse para quê. Mas acabei por me defrontar com um grau de vida tão primeiro que estava próximo do inanimado" (Lispector, 1964/1979: 8).

Cada página do livro é um verdadeiro mergulho no indizível, uma tentativa de encontro com uma origem, viagem angustiante do humano ao inumano. G. H. confessa: "a escrita é uma tentativa de criar aquilo que me aconteceu [...] só porque viver não é relatável. Viver não é vivível" (Lispector, 1964/1979: 17).

Naquele momento, a maior parte do que li não fez, propriamente, um sentido, mas teve, porém, o efeito de provocar uma espécie de *sideração*. Embalada no ritmo e na melodia desses escritos, fui, subitamente, conduzida a um estranho território, tecido pela desconstrução de mim mesma.

Como indica Coutinho Jorge (2010), o texto de Clarice Lispector se caracteriza por ser, eminentemente, uma experiência do despertar, pois retira a pessoa do sono homeostático da fantasia conduzindo-a ao encontro do real.

O fato é que ao longo da leitura desse enigmático texto descobri outra forma de paixão, aquela que conduz o sujeito ao encontro da própria matéria-prima do *vir-a-ser*. E foi essa descoberta que despertou a *vocação*, no sentido de um *chamado*, que me conduziu em direção à psicanálise.

Mas o que evocam os textos literários e o que d'*isso* nos reporta à psicanálise?

São diversas as indicações, na obra de Freud, de que o saber que é comunicado em seus trabalhos já estaria presente no dizer poético. Em vários momentos, Freud não se furta a recorrer a algumas passagens de importantes obras literárias, especialmente aquelas vinculadas ao romantismo alemão, para expressar questões fundamentais da existência humana. Principalmente ao introduzir as formações do inconsciente, o que ressalta é a capacidade dos poetas de evocar em seus ouvintes o que denomina "a mais profunda e eterna natureza do homem" (Freud, 1900/1977: 262). Essas indicações assumem toda a sua importância quando, em "A questão da análise leiga" (Freud, 1926/1977), destaca a literatura como uma exigência fundamental para a formação dos analistas e a *universitas litterarum* como o lugar ideal para sua instituição.

O suíço Walter Muschg (citado por Campos, 1990), teórico da literatura, destaca a capacidade literária de Freud, cuja segurança rítmica e sonora se manifesta já nos títulos de seus trabalhos, criando uma verdadeira tensão antitética no leitor. É essa capacidade freudiana de se debruçar com ouvido sutilíssimo sobre a trama do som e do sentido que Lacan resgatará, elevando-a a sua extrema potência.

Saliento, no artigo freudiano "Escritores criativos e devaneios" (1908 [1907]/1977), uma questão especialmente importante para se pensar o tema da transmissão na psicanálise. Trata-se da seguinte consideração: "Nós, leigos, sempre sentimos uma intensa curiosidade [...] em saber de que fontes esse estranho ser, o escritor criativo, retira seu material, e como consegue impressionar-nos com o mesmo e despertar emoções das quais talvez nem nos julgássemos capazes" (Freud,1908/1977: 149). Mais adiante expressa um verdadeiro anseio: "Se ao menos pudéssemos descobrir em nós mesmos ou em nossos semelhantes uma atividade afim à criação literária!". Freud apresenta, dessa maneira, duas questões ligadas à criação poética: a da *fonte* criativa e a do *despertar* que a evocação poética pode promover.

Lacan, ao retomar o percurso freudiano, evidenciará nos textos canônicos sobre as formações do inconsciente a primazia das leis da linguagem, fornecendo, assim, os instrumentos necessários para o avanço das interrogações freudianas, embora, mais ao final de sua obra, tenha se interessado mais pela *letra* do que propriamente pela *literatura* (Rinaldi, 2010).

Em fins da década de 1950, uma das principais preocupações de Lacan é a questão da institucionalização da psicanálise e a constatação da perda do chamado *movimento* psicanalítico (Leite, 2006). E é dentro de uma perspectiva de resgate da práxis original, em sua dependência às leis do significante, que recolocará, simultaneamente, a questão do ensino da psicanálise.

No texto "A instância da letra" (Lacan, 1957/1998), ao estabelecer os fundamentos da linguagem, tendo em vista a perspectiva de um deslizamento incessante do significado sob o significante, define um programa capaz de dar consistência ao campo psicanalítico. O que se revela é que, ao se servir da língua, o sujeito pode expressar algo completamente diferente do que ela diz, sustentando-se nas leis do significante, em suas duas vertentes: a metáfora e a metonímia. Como considera, "basta escutar a poesia [...] para que nela se faça ouvir uma polifonia e para que o discurso revele alinhar-se nas diversas pautas de uma partitura" (Lacan, 1957/1998: 507).

É essa polifonia que revela o poeta Ferreira Gullar, na poesia Barulho*:*

Todo poema é feito de ar apenas:

A mão do poeta
Não rasga a madeira
Não fere
    O metal
    A pedra
Não tinge de azul
Os dedos

Quando escreve manhã
Ou brisa
Ou blusa
    De mulher
O poema
É sem matéria palpável
        Tudo
         O que há nele
         É barulho
             Quando rumoreja
              Ao sopro da leitura

(Gullar, 1987/1991: 340)

É de *palavra em palavra*, como afirma Lacan (1957-1958/1999), que a metonímia revela a insistência do desejo na cadeia significante, mesmo que seja apenas um *modo de brigar*, como cantou em letra Haroldo Barbosa[1]. Enquanto que a metáfora, ao substituir *uma palavra por outra*, é centelha criadora que se coloca no ponto exato em que o sentido se produz no não-senso. Transpondo a barra que mantinha a separação entre significante e significado, a metáfora indica que é na substituição significante que se produz o engendramento do sentido, apontando a conaturalidade desse mecanismo com a criação poética. Trata-se de duas vertentes verdadeiramente articuladas, pois a metonímia é a estrutura fundamental em que se pode produzir esse algo novo e criativo que é a metáfora. Como afirma Lacan em 1958, no *Seminário 6*, a transmissão do termo e da função do desejo na poesia é algo que reencontraremos *après-coup*, à medida que avança a investigação psicanalítica, pois se trata do fato de que a situação do desejo está profundamente marcada, unida a uma certa relação do sujeito ao significante.

Destaca-se especialmente, nessa instância, a importância de um ensino que não se distancie demais da fala, ou seja, da enunciação, ato que, em si mesmo, promoveria o efeito de formação que ele aí deseja colocar em

1 Jornalista, humorista e compositor brasileiro, autor de diversas composições, dentre elas De conversa em conversa, composta em 1947: "De conversa em conversa você vai arranjando um modo de brigar, de palavra em palavra você está querendo é nos separar [...]".

relevo. Este efeito é a heteronomia radical, cuja hiância foi mostrada pela descoberta freudiana, ao colocar em destaque a *surpresa* em sua dimensão fundamental, ou seja, como possibilidade de encontro com algo originário.

Não estariam aqui os indícios de uma resposta à pergunta freudiana? Despertar para esse originário esquecido revela, então, esse ponto de junção onde o significante tanto pode produzir novos sentidos, como conduzir ao lugar do total desaparecimento destes. É a musicalidade do escrito, mais do que o sentido, que, ao colocar em cena as leis do significante, retoma, simultaneamente, um para além que comemora o renascimento do sujeito.

A partir da década de 1970, Lacan colocará cada vez mais em destaque a presença do que é impossível de ser dito, considerando que a linguagem é apenas o que o discurso científico elabora para dar conta daquilo que denomina *lalangue* (ou *lalíngua*, como traduziu o poeta Haroldo de Campos). Idiomaterno. Lalação. *Lallare*, verbo latino onomatopeico que significa *cantar para fazer dormir as crianças.* Essa palavra dá conta da ascendência da linguagem sobre o corpo. Coalescência da realidade sexual e da linguagem. *Lalíngua* nos "afecta" com efeitos que são afetos.

A linguagem, diz Lacan, é feito de *lalíngua*, mas o inconsciente é um *saber-fazer* com *lalíngua*, resgatando-a do esquecimento originário. Quando se afirma que o inconsciente é estruturado como uma linguagem é porque os efeitos de *lalíngua* já estão presentes e vão muito além de tudo o que é possível enunciar. É esse impossível que alguns poetas e escritores nos levam a vislumbrar: "Tudo caminha no sentido de despregar o sentido que amarra o sujeito nas vivências cotidianas e despejá-lo no real da matéria viva, da vida bruta, do núcleo da vida" (Coutinho Jorge, 2010: 145). É o que realiza o poeta Manoel de Barros (2002) no seu *Livro sobre nada*, quando afirma: "O que não sei fazer desmancho em frases/Eu fiz o nada aparecer. [...]/Perder o nada é um empobrecimento" (Barros, 2002: 63). Ou ainda, no seu *Livro das ignorãças* (2000), ao cantar os deslimites das palavras: "Insetos cegam meu sol. Há um azul em abuso de beleza [...]. Sou puxado por ventos e palavras" (Barros, 2000: 39).

O que se impõe é o fato de que é a divisão originária do sujeito que estabelece a força da linguística, ou melhor, faz da *linguisteria* elucubração sobre *lalíngua*. O *poeta* "se produz por ser [...] devorado pelos versos/vermes que encontram entre si seu arranjo" (Lacan, 1970/2003: 402), considera Lacan doze anos mais tarde, em Radiofonia. E afirma categórico: não basta enunciar que Freud se antecipa à linguística, "mas o inconsciente é a própria condição da linguística" (Lacan, 1970/2003: 403), porém não da linguagem, visto que a "linguagem é a condição do inconsciente" (Lacan, 1970/2003: 404).

A evocação poética produz efeitos de transmissão à medida que articula, simultaneamente, o mais íntimo e o mais exterior. A leitura de determinadas produções literárias tem, assim, tal efeito contagiante que é como se escutássemos uma música e perdêssemos os limites entre o *ouvir* e *ser ouvido*.

O que se destaca, aqui, é que a transmissão da psicanálise não se confunde com o ensino da teoria psicanalítica. Ou seja, pode haver ensino da teoria sem transmissão da psicanálise. Para haver transmissão é preciso que se tome uma posição capaz de se deixar afetar pelo real da experiência. Ao afirmar que o ensino se faz *um a um* pelas vias da transferência de trabalho, Lacan ressalta a premência de uma transferência para com o trabalho do inconsciente. Para que isso se efetive é preciso a existência de um emissor, uma voz, em cuja ação de evocar encontre um receptor que a receba, tornando-se, ele próprio, invocante (Didier-Weill,1998).

Nesse sentido, retomar a voz dos escritores e poetas é um caminho de reencontro com um ato inaugural que atualiza a experiência do inconsciente em seus limites com o impossível.

Como disse Jorge Luís Borges (2000: 125), ao declamar em espanhol um soneto para uma plateia de língua inglesa, "o sentido não importa – o que importa é uma certa música, um certo modo de dizer as coisas".

Referências bibliográficas

BARROS, M. de. (2000). *Livro das ignorãças*. Rio de Janeiro: Record.

————. (2002). *Livro sobre nada*. Rio de Janeiro: Record.

BORGES, J. L. (2000). *Esse ofício do verso*. São Paulo: Companhia das Letras.

CAMPOS, H. (1990). *O afreudisíaco Lacan na galáxia de lalíngua (Freud, Lacan, a escritura)*. Salvador: Fundação Casa de Jorge Amado.

COUTINHO JORGE, M. A. (2010). G. H. e a destituição subjetiva. In: *Escrita e Psicanálise II* (pp. 145-147). Curitiba: Editora CRV.

DIDIER-WEILL, A. (1998). *Lacan e a clínica psicanalítica.* Rio de Janeiro: Contracapa.

FREUD, S. (1900/1977). A interpretação dos sonhos. *Edição standard brasileira das obras psicológicas completas de Sigmund Freud.* Rio de Janeiro: Imago.

————. (1908 [1907]/1977). Escritores criativos e devaneios. *Edição standard brasileira das obras psicológicas completas de Sigmund Freud,* v. 9. Rio de Janeiro: Imago.

————. (1926/1977). A questão da análise leiga, v. 20. *Edição standard brasileira das obras psicológicas completas de Sigmund Freud.* Rio de Janeiro: Imago.

GULLAR, F. (1991). *Toda poesia.* Rio de Janeiro: José Olympio.

LACAN, J. (1957/1998). A instância da letra no inconsciente ou a razão desde Freud. *Escritos.* Rio de Janeiro: Jorge Zahar.

————. (1957-1958/1999). *O seminário, livro 5: formações do inconsciente.* Rio de Janeiro: Jorge Zahar.

————. (1958-1959). *Séminaire, livre VI: Le désir et son interprétation.* Paris Association Freudienne Internationale. (Publication hors commerce).

————. (1970/2003). Radiofonia. *Outros escritos. Rio de Janeiro: Jorge Zahar.*

LEITE, S. (2006). O psicanalista amador e os três desejos – Sobre o desejo do analista. In: COUTINHO JORGE, M. A. (Org.). *Lacan e a formação do psicanalista* (pp. 153-164). Rio de Janeiro: Contracapa.

LISPECTOR, C. (1964/1979). *A paixão segundo G. H.* Rio de Janeiro: Nova Fronteira.

RINALDI, D. (2010). A marca do traço na escrita do sujeito. In: *Escrita e psicanálise II* (pp. 63-67). Curitiba: Editora CRV.

A sublimação como experiência de passagem

Ivanir Barp Garcia

A escrita nada mais é que uma tentativa de capturar a voz humana no voo.
Três tristes tigres, Guillermo Cabrera Infante

Resumo

O presente trabalho visa destacar a frutífera problemática da sublimação. Freud nos ensinou que ela se inclui na vida como um destino pulsional. Lacan traça diferentes trilhas que vão além dessa concepção freudiana. Primeiramente, define-a como um processo que "eleva o objeto à dignidade da Coisa", considera-a notavelmente como "um fruto típico da situação analítica", sendo a repetição da falta sua estrutura fundamental. Por último, alinha a sublimação com a passagem ao ato esclarecido. Situada neste terreno, a sublimação marca um tempo da situação analítica e abre para o sujeito advertido uma experiência de passagem ao ato esclarecido para a escritura inventiva do *sinthome*, como alternativa do *parlêtre.*

Palavras-chave: sublimação; passagem ao ato esclarecido; psicanálise.

Résumé

La sublimation comme expérience de passage

Cet article a pour but de mettre en évidence le problème de la sublimation. Freud nous a appris que celle-là fait partie de la vie en tant que destin pulsionnel. En ce qui concerne à la sublimation Lacan trace des différentes voies qui vont au-delà de la conception freudienne. Tout d'abord, il la définit comme un processus que "soulève l'objet à la dignité de la Chose" en la considérant remarquablement "un fruit tipique de la situation analytique" et la rendant une répétiton du manque de leur structure fondamentale. Plus tard, Lacan est aligne la sublimation avec le passage à l'acte (éclairé). Située dans ce domaine, la sublimation marque un temps de la situation analytique et ouvre au sujet averti une expérience de passage de l'acte (éclairé) à l'écriture inventive du sinthome comme une alternative du *parlêtre*.

Mots-clés: sublimation; passage à l'acte éclairé; psychanalyse.

Sublimamos com as pulsões, Freud apontou firmemente em seus enunciados teóricos. O que Lacan edificou sobre isso, e pelas melhores razões, é que: "um fruto típico da situação analítica, enquanto tal, é a sublimação" (Lacan, 1966-1967: aula de 22/2/1967). Nela, ao contrário do que ocorre no sintoma, a pulsão vai buscar, em seu turbilhonar constante, outras ancoragens, sem inibição, sem repressão.

Por certo, essa afirmação aponta para a incidência do trabalho analítico no processo de abertura da fronteira "censora que caracteriza a *Verdrängung* [repressão]", esta que consagra o "princípio que cria obstáculos à emergência do trabalho" (Lacan, 1968-1969/2008: 209), razão pela qual, afirma Lacan, "o sujeito, como neurótico, está destinado, precisamente, ao fracasso da sublimação" (Lacan, 1968-1969/2008: 253). É precisamente porque o gozo do neurótico privilegia o gozo opaco do sintoma, sustentando o sujeito suposto saber, que "ele é incapaz de sublimar" (Lacan, 1968-1969/2008: 341). Contrariamente, "a sublimação é própria daquele que sabe contornar aquilo a que se reduz o sujeito suposto saber" (Lacan, 1968-1969/2008: 341).

Recordemos mais uma vez que no *Seminário 7, A ética da psicanálise*, Lacan define a sublimação como o processo que "eleva o objeto à dignidade da Coisa" (Lacan, 1959-1960/1998: 140). O exemplo, já clássico, utilizado por ele é do oleiro que com suas mãos cria, por repetição, as paredes do vaso, o vazio interior. Criação concebida por Lacan como *ex nihilo,* desde e a partir do nada introduzido pela ação do significante, como aquela atribuída a Deus em que, segundo o mito bíblico, nomear e criar eram a mesma coisa. *Fiat lux*!, "Faça-se a luz!", e a luz se fez. O mesmo ocorre com o templo que abriga entre seus muros vazios o espaço do sagrado. No campo poético A Dama se apresenta como um objeto desumano, esvaziado, distante daquele que languesce para alcançá-la. O gozo que aí acompanha não pode ser explicado senão pela "anatomia do vacúolo", sendo que "o objeto *a* é o que faz cócegas no interior de *das Ding*" (Lacan, 1968-1969/2008: 227), desse vazio no centro da cadeia significante, lugar buscado e temido, próximo e abismal.

Alguns anos mais tarde, no *Seminário 14, A lógica do fantasma*, Lacan coloca em destaque "o que resulta como estrutura da função sublimatória: primeiro, que, ao contrário do ato sexual que parte da dimensão do falo, é da falta que ela parte e, com a ajuda dessa falta, constrói sua obra, que é sempre a reprodução e repetição da falta" (Lacan, 1966-1967: aula de 8/3/1967). Dessa maneira, em toda obra da sublimação realizada – o que não implica forçosamente nenhuma criação artística – o vazio terá um papel determinante. Pontuamos que "é somente retrabalhando a falta de modo infinitamente repetido" (Lacan, 1966-1967: aula de 8/3/1967) que um novo fruto específico, uma nova obra, poderá se relançar, uma e outra vez. É isso que fará seu limite inventivo.

No afluxo abundante dessa função operatória, "A sublimação é o termo que permite inscrever a base e a conjunção do que está no assento subjetivo, enquanto a repetição é sua estrutura fundamental". Não obstante, "ela comporta essa dimensão essencial sobre a qual impera [...] a maior obscuridade e que se chama: satisfação (Lacan, 1966-1967: aula de 22/2/1967), a *Befriedingung*, segundo Freud afirmou. Todavia, Lacan destaca que o termo *Friede*, presente em *Befriedingung*, no sentido comum, é a paz (Lacan, 1966-1967: aula de 22/2/1967). Então, se a paz parece estar presente na satisfação, a que se atribuiria a inquietante obscuridade? Onde estará a origem da evidência dessa opacidade subjetiva? Ele avança dizendo: "a sublimação, lugar que até o presente foi deixado baldio ou coberto por garatujas vulgares, é, contudo, o que nos permitirá compreender do que se trata nessa opacidade subjetiva que Freud articula como satisfação da repetição, na qual tentamos articular a ação analítica" (Lacan, 1966-1967: aula de 22/2/1967). Aqui intervém a questão de saber o que é a satisfação da repetição. Então, Lacan elucida: "Primeiramente, a sublimação é *Zielgehemmt*" (uma inibição do fim pulsional). Entretanto, *Ziel*, o fim pulsional, se distingue de *Zweck* (finalidade) tal como *aim* (trajeto) se distancia de *goal* (meta). Ou seja, "a *Zweckmässigkeit*, a finalidade sexual, de forma alguma se torna inibida na sublimação" (Lacan, 1966-1967: aula de 22/2/1967). Dito sem equívocos por Freud e lido por Lacan: "a satisfação é reencontrada sem nenhum deslocamento, repressão, defesa ou transformação", apesar de que o objeto da "santa pulsão" genital, este sim, "pode sem nenhum inconveniente encontrar-se totalmente inibido, ausente" (Lacan, 1966-1967: aula de 22/2/1967). Daí que R. Harari afirma: "há presença da inibição no ato, mas não na sublimação" porque "uma coisa é a inibição da pulsão e outra muito distinta é a operância da sublimação" (Harari, 2001: 275).

Quanto ao objeto, Lacan define estruturalmente que "É na medida em que alguma coisa, algum objeto, pode vir a tomar o lugar que toma o (– φ), a castração imaginária, no ato sexual como tal que a sublimação pode subsistir, outorgando a isso exatamente a mesma ordem da *Befriedingung* dada no ato sexual" (Lacan, 1966-1967: aula de 22/2/1967). Trata-se, portanto, de "algum objeto" que, não sendo especial, pode ser qualquer Coisa. Conjugando essa afirmação com o que Lacan chama inventivamente de terceira forma de negação, o "não sem" (Lacan, 1967-1968: aula de 28/2/1968), R. Harari propõe para a sublimação o seguinte aforismo: "'*a*' não sem (– φ)" (Harari, 2001: 277), castração imaginária, sendo que o objeto *a* é tão somente "algum objeto" cadente, não cristalizado e que por isso se relança, permitindo assim sua parcial renúncia. Daí que a sublimação não é sem a dimensão do fantasma já que a punção (◊), da fórmula do fantasma ($◊a), implica tanto a incrustação como a desincrustração em suas operações de conjunção, disjunção, maior que, menor que[1].

Destacamos agora o que diz Lacan no *Seminário 15, O ato psicanalítico.* Ocupado com o tema de fim de análise, ele apresenta uma original definição que chamou de *sujeito advertido* e a coloca em correspondência com o que chamou, também inventivamente, de *passagem ao ato esclarecido*. Nesse contexto, afirma: "não há psicanalisado, há um havendo sido psicanalisando [...] donde só resulta um sujeito advertido de que ele não poderia se pensar como constituinte de toda ação" (Lacan, 1967-1968: aula de 20/3/1968). De que ficaria advertido o sujeito? Disso "que é da tarefa psicanalisante, ao término da qual o sujeito é advertido desta divisão constitutiva", ou seja, de que o pensar não pode antecipar, nem prever aquilo que há de lhe acontecer

1 E. Feinsilber. Comunicação oral. Buenos Aires, 17/09/2009.

em seu ser, graças a sua ação. "Após o que, algo se abre para ele que não se pode chamar de outra forma, nem diferentemente, do que passagem ao ato [...] esclarecido" (Lacan, 1967-1968: aula de 13/3/1968). E, como não há nenhum sujeito existente, esse novo sujeito, "havendo sido psicanalisando", só poderá ser concebido como um fruto caído do percurso da análise. Isso só é possível porque "Ele só é julgável em relação a um ato que se trata de construir, onde, reiterando-se a castração, ele se instaura como passagem ao ato [esclarecido] da mesma forma que seu complemento, o trabalho psicanalítico mesmo, reitera-se, anulando-se como sublimação" (Lacan, 1967-1968: aula de 20/3/1968). Com efeito, é somente reiterando, retrabalhando a falta como ponto de partida e de chegada, sem jamais reencontrar o ponto mítico de início, que uma nova circunstância poderá se instaurar na dimensão da cura analítica, capaz de "torcer o rumo da posição subjetiva" (Harari, 2001: 278). Dessa maneira, a passagem ao ato esclarecido é o que permitiria avançar até o *LOM* (Lacan, 2003), o sujeito não dividido, o *Um* desabonado do inconsciente, o *sinthome*, como alternativa do *parlêtre.*

Essas noções nos permitem considerar que a sublimação enquanto um fruto específico cadente, tributária da castração e da lógica falo-criacionista, marca um tempo da situação analítica e abre para o sujeito advertido uma experiência de passagem ao ato esclarecido para a escritura inventiva do *sinthome,* como alternativa do *parlêtre.*

Referências bibliográficas

HARARI. R. (2001). *O que acontece no ato analítico? A experiência da psicanálise.* Rio de Janeiro: Companhia de Freud.

INFANTE, G. C. (1964). *Três tristes tigres.* Barcelona: Editorial Seix Barral.

LACAN, J. (1959-1960/1998). *O seminário, livro 7: a ética da psicanálise.* Rio de Janeiro: Jorge Zahar.

———. (1966-1967). *O seminário, livro 14: a lógica do fantasma.* Inédito.

———. (1967-1968). *O seminário, livro 15: o ato psicanalítico.* Inédito.

———. (1968-1969/2008). *O seminário, livro 16: de um Outro ao outro.* Rio de Janeiro: Jorge Zahar.

———. (2003). Joyce, o Sintoma. *Outros escritos.* Rio de Janeiro: Jorge Zahar.

II. Corpo, traço e letra

Rasura e angústia: a função do velamento do corpo

Ana Costa

Resumo

Neste trabalho abordamos as relações entre escrita, angústia e a função fálica. Essas relações dizem respeito a, por um lado, a produção do velamento que permite uma erótica. Por outro, situam condições limites, na busca de produzir cortes no corpo como busca de produção de um furo – uma borda. Buscamos, também, situar uma aproximação entre alguns atos do lado da psicose e produções da arte.

Palavras-chave: escrita; rasura; angústia.

Résumé

Effacement et angoisse: la fonction du voilement du corps

Dans cette article nous abordons les relations entre écriture, angoisse et la fonction phallique. Ces relations sont, d'une part, la production d'une voilement qui permette l'érotique. D'autre part, situe des conditions limites, ou sont situées la recherche de produire des coupes dans le corps, comme une recherche pour la production d'un trou – une bord. Nous cherchons aussi un rapprochement entre certains actes de la psychose et les productions des arts.

Mots-clés: écriture; effacement; angoisse.

Mesmo quando estamos nus, nosso corpo é recoberto pela linguagem. Isso é o que permite o erotismo, que nos seja garantida uma função de véu, sempre construindo uma erótica. Nesse sentido, é o véu que garante nossas diferentes circulações discursivas e as possibilidades dos jogos amorosos. Quando essa função do velamento não acontece, o real provoca angústia. Em diferentes situações desse acontecimento o sujeito por vezes busca alguma forma de produzir rasura.

A rasura tem relação com a escritura, como uma tentativa de inscrição de algo que resiste – questão assinalada por Lacan. Desta interessa-me abordar que função cumpre a angústia nesses momentos. Desde já, deixo indicadas as maneiras mais corriqueiras de sua expressão: seja quando a rasura é produzida fora, externada em algum objeto, como expressões para o suporte do olhar, ou mesmo no seu contraponto, na produção de cortes no próprio corpo. Neste último caso lidamos com o olhar na sua face extremada, ou seja, na busca que o sujeito empreende de produzir uma borda, um recorte, ou mesmo uma tentativa de contenção.

No seminário que trabalha sobre a angústia, encontramos uma colocação de Lacan (1962-1963/2005) situando o olhar como um objeto. O que significa essa afirmação? Passa-se por uma infinidade de variações para constituir essa condição "minimalista" do olhar como objeto. Primeiro, podemos situar a busca pelo olhar do outro, como reconhecimento, como erótica, como amparo... Depois, podemos reconhecer que, nessa busca, algo ultrapassa em muito o suporte que esse olhar que encontramos pode nos dar. Ou seja, podemos perceber que, para além desse outro que banca algo do que buscamos, o olhar é um traço que remete a alhures, inscritível discursivamente num Outro de linguagem que nos constitui e que precisamos *ver*, corporificado de alguma maneira.

O corpo é, aí, amparado por um traço inscrito no lugar do olhar. Podemos encontrar nessa dinâmica tanto o exercício da pulsão escópica, quanto um referente de linguagem – um significante. Assim, vemos sustentada uma amarração de diferentes registros. Aqui, o olhar pode permanecer esse vazio efemeramente realizado em alguma imagem evanescente, que logo escapa, situando-se sempre alhures, aquém ou além. No entanto, quando essa montagem acontece, sempre é possível jogar com um véu que recobre o vazio, tal como o batom dos lábios que segura nas bordas o vazio da goela.

A borda: esse recorte do objeto olhar, jogo erótico que situa até onde é possível debruçar-se sem ser tragado. A borda permite que o olhar que se perde, correlativo da produção do insabido, do enigma que muitas vezes é jogado na paixão, seja revertido para o lúdico e para a face prazerosa do gozo. O que situa essa face diz respeito sempre a um enigma, a um sujeito suposto jogado nos significantes que o determinam. A borda e o enigma dão relevância à produção de um sujeito, na medida em que o objeto olhar mostra sua face de falta. Essa face sempre traz a suposição de um sujeito, situando neste uma causa de desejo. É a referência linguageira que cria essa ilusão, veiculada por significantes.

Mas temos também a face das sombras, que trazem – como menciona Lacan (1972-1973/1985) no seminário *Mais, ainda* – a compacidade da falta. Lacan enuncia nesse seminário que não há nada mais compacto que uma falta. O que significa que não é nas bordas e no jogo da erótica que se mantém o funcionamento da pulsão escópica e sim na sua face de excesso: quando o que seria o furo aparece sem mediação, sem referência, compacto.

A angústia das sombras atualiza o risco de que as bordas se percam e o sem limite rasgue o corpo. Ali, nenhuma luz, nenhuma ideia, nenhuma suposição de sujeito para suportar um traço de olhar – o que equivaleria a um olhar suposto alhures. Nessas condições, sujeito e corpo estão reduzidos, na sua condição minimalista, ao objeto olhar: qualquer dimensão imaginária, aqui, se torna excessiva. A angústia é – como definiu Lacan (1962-1963/2005) – a expressão de que a falta pode vir a faltar.

Luz e sombra compõem, na nossa linguagem, uma multiplicidade de sentidos. Situar um ponto de luz significa não somente nomear "é isso", mas também poder dizer "eu sei". As derivações de seus usos expressam tanto construções de nossas percepções, quanto ideias, conceitos e teorias – desde a filosofia até a arte. A arte como experiência também desenvolve uma maneira de forçar os limites de nossa *building* corporal, dessa percepção das sombras que ameaçam os limites do corpo.

No seminário *Os quatro conceitos fundamentais da psicanálise*, nos capítulos sobre o olhar, Lacan (1964/1985) propõe que há um "dar a ver" antes mesmo daquilo que é visto. Ou seja, ele sublinha essa face de captura que o olhar exerce, na qual nos situamos primeiro como um objeto a ser olhado. Por essa razão, em nossa relação com as coisas algo sempre fica cindido entre o que se mostra e o que se vê, compondo essa organização mais complexa que se denomina *olhar*. Esse "dar a ver" Lacan denomina de mancha, na medida em que sua função é completamente elidida de nossa consciência.

A função da mancha expressa nossa inextricável condição de corpo e nela sustentamos a possibilidade da construção do olhar. É preciso que um ponto do real seja rasurado, como uma mancha, para que o olhar se constitua, compondo secundariamente sua face de enigma, face essa com a qual podemos criar, na separação de um fascínio primeiro que levaria à paralisia e à morte. É sempre buscando essa face elidida que produzimos diferentes formas de rasura, tentando recortar um real excessivo. Situamos, dessa forma, um apoio para o que é elidido naquilo que vemos.

Muitas produções – tanto artísticas, como literárias – buscam expressar essa condição de uma rasura. Uma passagem do romance de Marguerite Duras, *O deslumbramento de Lol V. Stein* (Duras, 1986), se impõe como exemplo da função da mancha: aquela em que a vasta cabeleira negra da personagem Tatiana produz moldura, como forma de mostrar seu corpo nu. Nesse romance a autora desdobra diferentes expressões da personagem Lol na sua captura, num particular submetimento ao olhar. Essa captura já está nomeada no título do romance: *ravissement*. Lembro aqui, também, uma poesia de Ana Cristina César, poetisa brasileira, denominada Como rasurar a paisagem:

A fotografia é um tempo morto
Fictício retorno à simetria
Secreto desejo de poema
Censura impossível
Do poeta

Nesta, a poetisa apresenta a fotografia como uma rasura. Sua poesia nos diz suficientemente da fixidez de uma temporalidade do instante que figura a captura vida/morte como realização impossível e, na sua expressão, "secreto desejo de poema".

Clínica e arte entretecem familiaridades inusitadas. Trago o exemplo de um encontro entre uma produção da psicose – relativa à rasura – e uma produção artística. No caso de psicose, um homem entregava-se sem descanso à produção do que denominou "bombas de efeito moral"[1]. Tratava-se da atividade de recolher folhas de revistas (jornais, livros) e riscar todas as palavras impressas, com movimentos circulares ritmados, submergindo-as na tinta da caneta. Sua expressão – que envolve outros gestos que não trabalharei aqui – não parece distanciar-se tanto do campo da arte, das *performances*.

[1] Esse caso foi atendido em ambulatório por Andrea Masagão e ficcionalizado por Marcelo Masagão em "Otávio e as letras".

Encontramos artistas com produções semelhantes. Vemos expressões de rasura na exposição da obra de Waly Salomão denominada *Babilaques*[2]. No entanto, nestas últimas reconhecemos a pertença a uma discursividade que faz laço social, o que não é o caso das expressões de rasura que se esgotam na repetição de atos sem que um endereço possa ser configurado.

Podemos indagar-nos de que busca se trata nessa forma de expressão, no exemplo do psicótico que rasurava palavras. Para tanto, não é suficiente basear-nos tão somente na produção de seus atos, sendo necessário considerar também a relação com a fala. Esta se apresentava prenhe de estereotipias. Podem-se reconhecer estas estereotipias, que não deixam de trazer grande interesse, nas expressões: "bombas de efeito moral" – expressão que vem da repressão policial, principalmente da repressão com bombas de gás a um movimento popular. Foi bastante usada no Brasil na época da ditadura para abafar as revoltas populares.

Retorna, aqui, catada por esse personagem do lixo social constituinte de sua queda, de seu desuso. Outra de suas expressões é "loura platinada". São expressões "catadas" do lixo cultural, desligadas de seus sentidos corriqueiros, situando-se do lado de estereotipias esvaziadas de sujeito. Essas estereotipias interpelam esse personagem, então ele risca as palavras dos textos, tentando anulá-las, numa espécie de incorporação da estereotipia, que insiste, tentando fazer laço com alguma coisa. São palavras esvaziadas, mas que – enquanto buracos sem borda – tornam-se absolutas e interpelativas. Na psicose, mais que nada, é a interpelação que se impõe nas palavras. São palavras "sociais", digamos assim, dessubjetivadas. Palavras de um código sem sujeito e que perdeu, também, o contexto de um ritual social.

Nesse exemplo em que estou me detendo, é na interpelação que encontramos a relação com a angústia, ao mesmo tempo que ali pode ser situada a face de resto do objeto *a*. Podemos considerar – no contexto desse sujeito – "loura platinada" e "bombas de efeito moral" como expressões de resto, palavras em queda, fora da circulação. Nesse sentido, a atração

---

2 Série produzida pelo poeta, letrista e produtor cultural baiano Waly Salomão (1943-2003) nos anos 1970, entre Rio, Salvador e Nova York, "Babilaques" é composta por 90 fotografias de seus cadernos de criação. Estes eram abertos em uma certa página escolhida pelo artista e fotografados em diversos ambientes inusitados, também determinados pelo poeta. As fotografias voltaram a ser expostas no Rio de Janeiro e em São Paulo em 2008.

pelo lixo – *a letter, a litter*, que Joyce[3] soube tão bem tratar – tem uma conotação bem particular, diferente da conotação que adquire em expressões artísticas. Podemos pensar que se a queda das palavras interpela é na medida em que nelas não se inscreve a dimensão da perda. A neurose aceita perder na medida em que o acontecimento se situa na repetição de uma perda originária. Na psicose é como se essa perda não tivesse registro, não compondo memória de repetição.

O que estou trabalhando como perda situa-se dentro da proposição lacaniana – tratada no Seminário *A angústia* (1962-1963/2005) – que diferencia "todo" e "parcial", diferença necessária na produção de nossos registros, inclusive da memória. Por um giro na nossa forma de pensar, Lacan propõe que nossa representação do "todo" – que se apresenta nas diferentes expressões fálicas – deriva de uma parcialidade, de um recorte de zonas, orifícios, que compõem um mapeamento do corpo. É daí que se instala a dimensão de uma perda originária, que é necessária e se situa como condição de possibilidade das representações. Nas referências lacanianas denominamos "desnaturação" pela linguagem isso que Freud denominou de "recalcamento originário".

No sentido em que o estou tratando, "todo" não se confunde com absoluto. Na cultura, essas duas dimensões sempre tiveram registros sociais: o todo implica numa identificação a um traço, que permite ao sujeito a pertença a um grupo, situando-o numa dimensão imaginária de "ser alguma coisa". Já o absoluto faz parte disso que não se tem registro – morte, relação sexual – sendo que as religiões, literatura, artes, inscrevem nesse lugar suas produções. Como bem descreve Lacan, ali se situa a dimensão do sacrifício: uma libra de carne, como na peça de Shakespeare *O mercador de Veneza* (1978). Ou seja, nessa dimensão do encontro de um litoral corpo-linguagem, em que a perda é da ordem da violência de um ato originário, que incide no corpo do sujeito.

A partir dessas considerações, podemos retomar o encontro de nosso sujeito com o lixo social das palavras. As palavras constituem lixo na medida em que elas "decaem", perdem o paraíso, porque são faladas e adquirem

[3] Lacan utiliza-se da aproximação que Joyce faz entre a letra literária e o lixo para apresentar a face de resto do objeto *a*, ali colocado como uma face do Real, o resto do qual se faz literatura.

um corpo. Se damos corpo às palavras é somente porque o grande Outro do código e o corpo são, para nós, esburacados. Como tornar minha essa palavra que me foi ensinada sem que meu corpo seja engolido por ela? Essa pergunta veicula o que significaria um Outro absoluto do código.

É com isso que se confronta a psicose: uma palavra absoluta desfaz as bordas do corpo e instaura uma determinada dimensão da angústia, que implica a necessidade da produção de um ato, uma ruptura. Assim, o incessante rasurar das palavras, de nosso exemplo, busca sua desmaterialização: seu isolamento sígnico, tornando-as palavras sem corpo. A rasura, ali, incidia sobre o corpo da palavra. Na expressão do sujeito em questão: na sua insistência fazer, da matéria, essência. Era assim que ele podia expressar o que era para ele a interpelação de uma palavra absoluta, que equivale a um corpo sem limites – ou seja, sem bordas.

A sustentação de nosso corpo deriva dessa constituição de suas bordas: os orifícios – tal como os são os olhos, ouvidos, boca – por onde se exercitam nossas pulsões. Lacan, no *Seminário 20* (Lacan, 1972-1973/1985), utiliza-se da expressão *amuro* para abordar a relação entre o exercício pulsional e toda uma busca exteriorizada como sexualidade, numa implicação com o Outro. Ou seja, o que situa essa estreita relação entre corpo e busca de representação, que joga a pulsionalidade na referência a uma gramática. Isso faz com que o corpo seja o alvo de uma escrita nunca evidenciada e sempre aberta à leitura e à decifração. O muro do corpo sempre coloca, em alguma medida, o fracasso de uma inscrição originária. Sempre tentamos circunscrevê-la ou bem numa imagem, ou bem em cada ato: aquele que, enfim, constituiria a inscrição última/primeira, um ato enfim bem-sucedido.

Qual a importância da relação entre corpo e inscrição? Em que ela expressa a função da queixa? Poder-se-ia dizer: é sua base e fundamento. Sem inscrição não há nossa referência mais ordinária: não há memória. Também nesse sentido, que nossa indagação sobre o ser se confunde com a procura da leitura de uma marca no corpo. No fim das contas, a memória por vezes vem como retorno de uma percepção. Em torno desta última – brecha sempre aberta na linguagem – é por onde transbordam metonimicamente as imagens.

Com essas indicações, retomo o que mencionei no início de meu trabalho, em que referi o outro extremo na produção da rasura: aquela que incide diretamente sobre o corpo, na produção de cortes: ranhuras autoinfligidas na pele em momentos de crise de angústia. Essas passagens ao ato acontecem tanto numa psicose já constituída, quanto na crise adolescente. Indico apenas uma peculiaridade de alguns casos de púberes, ou mesmo adolescentes, na produção dessas rasuras. Por um lado, pode-se dizer que a simples produção do corte pode trazer alívio a uma angústia que extravasa. Produz-se, ali, o furo num corpo que ameaça desbordar-se. O sangue que escorre, nessa imisção interior/exterior, provoca o mesmo fascínio que contém um sacrifício que se positiva numa imagem. Mas não se trata somente disso.

Chamo atenção para um paradoxo, que penso ensinar-nos bastante em alguns casos de púberes e que diz respeito à relação com um olhar materno. Acontece, em alguns casos, de as mães não verem essas marcas que, no mínimo, parecem dirigir-se a elas. No entanto, não se trata de endereçamento, trata-se, antes, da produção de um ponto cego. Que esse olhar caia, que esse corpo se desprenda, que um não saber se instale. É essa ânsia que parece mover esses atos de rasura que, como dizia, trazem em si um paradoxo, porque se esgotam na sua mesma produção, na medida em que não sustentam por muito tempo a produção de um furo na onividência do grande Outro.

Referências bibliográficas

DURAS, M. (1986). *O deslumbramento de Lol V. Stein.* Rio de Janeiro: Nova Fronteira.

LACAN, J. (1962-1963/2005). *O seminário, livro 10: a angústia.* Rio de Janeiro: Jorge Zahar.

———. (1964/1985). *O seminário, livro 11: os quatro conceitos fundamentais da psicanálise.* Rio de Janeiro: Jorge Zahar.

———. (1972-1973/1985). *O seminário, livro 20: mais, ainda.* Rio de Janeiro: Jorge Zahar.

———. (1965/2003). Homenagem a Marguerite Duras pelo arrebatamento de Lol V. Stein. *Outros escritos.* Rio de Janeiro: Jorge Zahar.

SHAKESPEARE, W. (1978). *O mercador de Veneza.* São Paulo: Abril Cultural.

As incidências do corpo na psicanálise

Claudia Escórcio do Amaral Pitanga

Resumo

Este trabalho tem por objetivo apresentar algumas articulações sobre o corpo na perspectiva psicanalítica, em contraponto ao corpo da ciência médica. Através de dois recortes clínicos extraídos de uma instituição de reabilitação física, propõe-se tratar o corpo na sua dimensão significante, distinguindo-o do discurso da ciência que destitui o sujeito, reduzindo o corpo a objeto da ação técnica.

Palavras-chave: sujeito; corpo; protetização[1].

Résumé

Les retombées du corps en psychanalyse

L'objectif de ce travail est de présenter quelques considérations sur le corps sous la perspective psychanalytique, en contrepoint au corps dans les sciences médicales. Il propose, à travers deux cas cliniques extrais d'une institution de réhabilitation physique, de traiter le corps sous la dimension du signifiant, le distinguant du discours de la science qui destitue le sujet, réduisant le corps à objet de l'action technique.

Mots-clés: sujet; corps; prothétisation[2].

Neste trabalho, temos por objetivo apresentar, através de dois recortes clínicos, algumas articulações sobre o corpo na perspectiva psicana-

[1] Protetização é o processo de adaptação ao uso de prótese em pacientes que tiveram membros amputados.

[2] La prothétisation est le processus d'adaptation de la prothèse par le patient ayant subi une amputation de membre.

lítica, fazendo um contraponto ao modo como o corpo é abordado pela ciência médica.

Contextualizo o meu trabalho na experiência clínica desenvolvida em uma instituição de reabilitação física, a qual recebe a demanda de pacientes com sequelas motoras de várias origens e diagnósticos que têm em comum o fato da modificação ou mesmo a perda no nível corporal. Essa instituição também recebe pacientes amputados para serem readaptados como também, em alguns casos, serem protetizados.

Na escuta clínica do sujeito que teve o seu corpo atingido em sua materialidade, destaca-se que a amputação é um acontecimento que tem uma incidência traumática, fazendo uma exigência de trabalho psíquico que cada um, na sua particularidade, vai responder como é possível, lançando mão de seus recursos subjetivos.

Somando-se às circunstâncias que causaram essas mudanças, seja por acidente ou por doença, um ponto de grande destaque é a emergência de uma angústia pelo estranhamento causado pela vivência do corpo modificado, mas principalmente por ter sido atingida a imagem que o sujeito até então acalentava e que o representava para ele mesmo.

É um acontecimento da ordem do real que solicita do sujeito uma resposta que coloca em jogo os significantes que o determinam, como também a possibilidade de, pelo simbólico, fazer alguma significação possível como defesa contra a crueza do corpo marcado.

Essas questões foram suscitadas pelo trabalho intensivo com pacientes amputados. Por isso, exemplificamos com dois casos diversos de pacientes que sofreram amputação de membro inferior. No primeiro caso trata-se de uma criança que perdeu a perna em virtude de um atropelamento e, no segundo caso, de uma mulher que teve a sua perna amputada em uma cirurgia para correção de problemas do joelho.

O primeiro caso diz respeito a uma intervenção pontual que teve um encaminhamento em que foi possível ao sujeito, ainda que criança, lançar mão de recursos simbólicos para a sua experiência, além de colocar em cheque a concepção de "infância" para os diferentes discursos presentes na instituição. Através do segundo caso, problematiza-se como a incidência da amputação efetuou um corte na relação especular e o desencadeamento de uma psicose em um sujeito, como tentativa de resposta ao enigma oferecido pelo real. Porém em ambos estão presentes a questão do discurso psicanalítico e a sua radical distinção com relação aos discursos médico e pedagógico que atravessam o corpo do sujeito que está em tratamento de reabilitação.

Caso 1

O Setor de Psicologia foi chamado pelo Serviço Social da instituição para intervir em um determinado caso de um menino de sete anos chamado Daniel que havia perdido a perna direita em um atropelamento. O caso foi relatado pela fisioterapeuta pediátrica, uma vez que ele estava na instituição para ser protetizado. Toda a problemática se resumia no fato de Daniel não se submeter às exigências da fisioterapia, como, por exemplo, a preparação do coto[3] com o enfaixamento[4]. A queixa da fisioterapeuta era que ele era rebelde e não se submetia ao que era pedido.

A situação era ainda mais complexa, pois Daniel vivia com a avó e a mãe, que tinha problemas com drogas, já havia perdido os outros filhos para a adoção. Essa avó tinha receio de que lhe tirassem também esse neto, pela possibilidade de acharem que ela não estava cuidando bem dele. Para ela, o sucesso no processo de reabilitação era essencial para evidenciar que ela estava cuidando bem dele. Ela o obrigava a fazer o enfaixamento e ele fugia dela. Eles viviam em uma área rural e Daniel dava a faixa, que tem alto custo, aos porcos. Nesse quadro, a fisioterapeuta, por não conseguir fazer o seu trabalho, ameaçava dar alta à criança.

Ao tomar conhecimento do caso a psicanalista buscou um primeiro esclarecimento de ordem técnica relativo ao momento da protetização: se teria que ser feita naquela época ou se poderia ser feita mais tarde. Talvez já adulto ele pudesse optar pela prótese e aí sim, consciente da sua escolha, submeter-se aos procedimentos necessários. A resposta foi positiva, pois não havia uma urgência em fazer a protetização naquele momento. Neste ponto uma reflexão se fez necessária: de quem era a demanda de colocar uma prótese em Daniel? Da avó? Da fisioterapeuta? Da instituição?

3 Parte do membro onde se encaixa a prótese.

4 Procedimento com a faixa elástica para modelar o coto.

Até então estavam presentes a assistente social, a fisioterapeuta, a psicanalista e a avó. A psicanalista pediu então que Daniel entrasse para uma conversa. Entrou na sala um menino hábil com a sua muleta. Depois das apresentações foi dito pela psicanalista que tinha uma novidade para lhe contar: ele não era obrigado a estar ali, a colocar a faixa e a fazer os exercícios para colocar a prótese. Foi esclarecido que ele tinha uma escolha, uma decisão muito séria a fazer. Ele tinha duas opções, na primeira ele poderia escolher colocar uma prótese mais tarde, ou mesmo nem optar por isso, uma vez que ele se virava muito bem com a sua muleta; na segunda, se quisesse colocar agora teria que fazer o que a fisioterapeuta estava lhe pedindo para que fosse possível usar a prótese. Se optasse por isso, iria ser responsável pela faixa e os horários, e a sua avó não mais correria atrás dele. Nesse momento ele diz à psicanalista: "tia, a faixa coça, faz calor"; ela admite que de fato a faixa incomoda, mas, mesmo assim, ele segue perguntando sobre o processo. A fisioterapeuta mais calma pôde ir explicando a ele o que havia sido dito outras vezes, mas de outro modo. Ele então com ar solene disse que tinha decidido colocar uma "perninha". Foi feito um acordo também com a avó e a fisioterapeuta, que ele não mais seria obrigado a fazer nenhum daqueles procedimentos, mas que ele se comprometeria. A psicanalista pediu então que ele assinasse o compromisso firmado. Na realidade foi utilizado o papel que as famílias assinam como comprovante de comparecimento às orientações familiares. Ele assinou com ar importante e saiu.

Meses depois, em contato com a fisioterapeuta, tivemos a notícia de que Daniel fez uma ótima adaptação à prótese e teve alta.

Caso 2

Trata-se de uma mulher em torno de 60 anos que foi encaminhada ao centro de reabilitação para ingressar no "Programa de protetização" após amputação de membro inferior.

As circunstâncias da amputação foram relatadas por ela e pela família. Ela havia sido indicada pelo ortopedista para uma cirurgia de joelho, porém, pela gravidade das condições em que a sua perna se encontrava no momento da realização da cirurgia, foi decidido pela amputação, sendo solicitada a autorização para a família que se encontrava presente no hospital.

A paciente, que estava sedada, não participou nem acompanhou essa mudança de conduta médica. Mais tarde, quando acordou da anestesia, nem os médicos e tampouco as filhas comunicaram o fato à paciente: assim, ela foi descobrindo sozinha que haviam retirado a sua perna.

A paciente é viúva com filhos e vivia com uma das filhas, genro e netos. Antes da amputação ajudava nos afazeres domésticos e no cuidado dos netos. A sua fala denotava coerência, mas apresentava uma perplexidade e uma queixa sobre um possível erro médico.

Durante o processo realizado no setor de fisioterapia para o preparo do coto, a paciente inicia uma fala em que pergunta: "quando vou ter a minha perna de volta?". Não usa o termo prótese ou perna somente, mas sim "a minha perna". A questão não se refere exatamente a usar este termo "perna" em lugar de prótese, pois isso é relativamente comum, mas à insistência e ao modo como o dizia. Não era apenas uma perna, mas a sua perna que havia sido tirada. Esse aspecto chamou atenção, pois havia no seu discurso uma reivindicação de uma restituição. Havia uma impossibilidade de se ver sem a perna e de tomar em conta a perda, pois teria a sua perna que lhe tiraram de volta. Pergunta-se então: como seria possível para esse sujeito se enlutar de algo que poderia ter de volta?

Outro aspecto relevante eram as chamadas "dores fantasmas", muito comuns em pacientes amputados: são sensações sinestésicas do membro retirado como dor, coceiras, dando a sensação de que o membro ainda está ali. Essa sensação é perturbadora para os pacientes em geral e, para essa paciente significava mais um aspecto que reforçava a dificuldade de fazer o luto com relação a essa perda. Tinha dificuldade de falar da perda em si, em lugar disso fazia planos para quando tivesse a perna de volta.

Um fator importante que vale ser ressaltado é que as próteses na rede do Sistema Único de Saúde – SUS –, atualmente, não são feitas com a função de disfarçar a falta daquele membro como eram feitas antigamente, mas sim para dar funcionalidade de movimentos, ou melhor, elas não são feitas para parecer uma perna.

A iminência do encontro da paciente com a prótese estava prestes a ocorrer, pois as medidas estavam sendo tiradas. Quando recebesse a prótese ainda teria um período de treinamento e de adaptação com a mesma.

Em reunião de equipe se discutiam as possibilidades de protetização da paciente e, pelos motivos apresentados, o Setor de psicologia desaconselhou naquele momento a protetização, Ainda assim, como ela tinha os requisitos físicos, o processo foi continuado. A paciente começou então a experimentar a prótese para fazer os ajustes, mas, quando viu a prótese e não "a perna", desencadeou um quadro em que havia a presença mais evidente de fenômenos elementares que se traduziam em vozes ameaçadoras e, posteriormente, na formulação de um o delírio propriamente dito.

O delírio consistia na certeza de que entram na sua casa, pulando a janela, ora para roubar-lhe a perna, ora para roubar a ela própria. Posteriormente, seu quadro clínico que era estável complicou-se e ela foi internada. No dia em que havia sido liberada para retornar para casa, fez um enfarto ainda no hospital e faleceu.

Esses breves recortes clínicos exemplificam de maneira *princeps* a distinção com relação ao discurso da ciência médica e o discurso psicanalítico ao abordar a questão do corpo. Quanto ao discurso da ciência, o campo da reabilitação física é representativo no sentido de evidenciar os efeitos da associação da medicina à ciência e à tecnologia, que tem ação na mitigação do sofrimento humano, particularmente o segundo tipo de sofrimento do sujeito moderno citado por Freud no "Mal-estar da civilização", a fragilidade dos corpos.

A protetização de membros é oferecida pelo SUS à população, contando com uma tecnologia que tem como objetivo devolver a funcionalidade aos corpos. Os pacientes adquirem a condição de consumidores dessa tecnologia que inclui órteses, próteses e requer adaptações diversas. O corpo aqui contextualizado é o corpo biológico, o corpo objeto, entregue às intervenções médicas que detêm um saber sobre esse corpo, um corpo destituído de sujeito.

Porém há uma não coincidência entre aquilo que é endereçado aos médicos e aquilo que o sujeito deseja. Há uma falha entre demanda e desejo no que diz respeito à relação do sujeito com a sua doença. O sujeito fica excluído do processo, mas pode surgir justamente atrapalhando o desempenho de uma equipe, pois pode se opor a usufruir dessa tecnologia. Há uma problemática relacionada ao efeito do progresso da ciência sobre a relação da medicina com o corpo, uma vez que a dicotomia cartesiana deixa de fora a dimensão do gozo do corpo, como foi desenvolvido por Lacan em "O lugar da psicanálise na medicina" (Lacan, 1966/2001).

Em segundo lugar podemos considerar a tensão entre os discursos pedagógico e psicanalítico com relação à infância como observado no primeiro caso. O primeiro está presente no âmbito institucional, na perspectiva de que a criança deve "aprender habilidades" para se adaptar às suas novas condições. Há um empuxo adaptativo e de conformidade a padrões estabelecidos pela sociedade. Especificamente com relação à criança, esta é concebida como alguém que não é agente do seu próprio tratamento, nem mesmo quando está em jogo o seu próprio corpo. O pedido subjacente da equipe ao Setor de Psicologia no caso apresentado era justamente fazer calar a rebeldia da criança, para torná-la colaborativa e em conformidade com os ideais institucionais. Qual seria a distinção entre esse discurso e o discurso psicanalítico? Qual seria a criança que a perspectiva psicanalítica introduz, especialmente em relação ao corpo – uma vez que a introdução do discurso psicanalítico, nesse caso, fez operar outra dimensão distinta daquela esperada pela equipe.

O tempo da infância para a psicanálise como tempo lógico é perpassado pelas primeiras experiências da ordem de uma realidade sexual pela incidência da pulsão, no limite entre o somático e o psíquico, como estabeleceu Freud. O corpo é atravessado pela linguagem, demarcando efeitos que terão incidência na relação do sujeito com o seu corpo. A identificação a uma imagem anunciada por Lacan no seu escrito "O estádio do espelho como formador da função do eu" traz uma consistência imaginária, fazendo do corpo a morada do eu (Lacan, 1949/1998). Porém essa imagem é recortada pelos significantes do campo do Outro que se inscrevem na carne, promovendo a entrada em um discurso, ordenando a função do corpo e de cada órgão para cada ser falante. O efeito da entrada da significação fálica produz uma perda de gozo que passa a ser fálico, se direcionando às zonas erógenas. O corpo na perspectiva psicanalítica deve, portanto, ser tomado por "outro corpo", o corpo do simbólico, tendo como referência o efeito da linguagem conferindo ao corpo uma existência.

No entanto, há algo do corpo que escapa ao simbólico, irredutível à apreensão da representação. A faceta real do corpo oferece ao sujeito, de modo contundente, a vivência de estranheza com relação ao corpo próprio, sendo este fonte de angústia como também de gozo.

A vivência do corpo mutilado suscita o modo como esse corpo foi tomado pelo significante, exigindo uma representação. Os modos de resposta a essa exigência são colocados de modos diferenciados na neurose e na psicose, uma vez que são modos diferentes de relação do sujeito com o corpo próprio. Na neurose, o corpo é marcado por significantes que encarnam no corpo e, pela conversão histérica, pode-se chegar a uma significação simbólica. Nesse caso o corpo representa o Outro. Na psicose, o corpo é o lugar do Outro sem qualquer medição, em que o gozo não tem medição fálica, o que resulta em uma série de manifestações corporais e delírios que perpassam o corpo. Assim, está em jogo o que para um sujeito representa a perda de um membro, pois esta remete à experiência do corpo despedaçado, estado primitivo correlato ao autoerotismo.

No primeiro caso, sabendo-se que se trata de uma criança e como tal se encontra em uma posição de inconstituição subjetiva frente à irresolução da angústia de castração, mas ainda assim está inserida na lei do desejo, há uma aposta no sentido de que há um sujeito a advir, que pode se responsabilizar. Desse modo, podemos inferir uma leitura da "rebeldia" de Daniel endereçada à avó e à equipe tomada com o estatuto de um sintoma frente à experiência traumática vivenciada por ele. A resposta da psicanalista à demanda da equipe, por sua vez, poderia ser o ingresso do paciente no Setor de Psicologia, com o risco de fazer calar a rebeldia da criança, única manifestação do sujeito em causa frente à experiência traumática de amputação, engessando a sua subjetividade. Escutando a rebeldia de Daniel como um sintoma no sentido psicanalítico, pôde-se dar lugar à fala do sujeito e pôr em causa o desejo e, por sua vez, o gozo.

A relação do homem com o seu corpo é de tal magnitude que, como diz Lacan em "A terceira" (1977/2008), temos medo do nosso corpo, e a angústia é proveniente do sentimento que surge da suspeita de que nos reduzimos ao nosso corpo. A angústia é assim, o medo do medo. Será por isso então que "o sujeito é tão enfeudado a sua imagem?", pergunta Lacan (Lacan, 1974/2008: 9). O homem se agarra a sua imagem pela suspeita da sua redução ao corpo.

No *Seminário O sinthoma*, Lacan (Lacan, 1975-1976/2007) também segue com essa questão. Nas suas palavras: "O amor-próprio é o princípio da imaginação. O falasser adora seu corpo, porque crê que o tem. Na realidade, ele não o tem, mas seu corpo é a sua única consistência, consistência mental, é claro, pois seu corpo sai fora a todo instante" (Lacan, 1975-1976/2007: 64).

A relação imaginária, ou seja, a relação do eu e do outro do espelho, é balizada pela adoração, mas também pela sua contrapartida, o desprezo. O corpo que é adorado é "outro corpo", estrangeiro, que pela vivência do real do corpo "sai fora a todo instante" por ameaçar a correspondência com a imagem. O amor-próprio como raiz do imaginário vela a precariedade material do corpo.

Evidencia-se a violência da vivência provocada pela perda real de uma parte do corpo, e podemos evocar a fantasia do corpo despedaçado, mas, ainda assim, deve ser considerada a singularidade dessa experiência para cada sujeito. Pode-se dizer que é posta em questão a representação que o sujeito tem de si em termos significantes. A imagem idealizada de si, que é ilusória, é posta em questão pela mudança real do corpo.

Recorrendo à topologia do nó borromeano, coloca-se em jogo o modo particular de enodamento dos registros psíquicos, real, simbólico e imaginário, no modo sintomático do sujeito de se colocar na economia de gozo. Assim, essa experiência enquanto acontecimento do real pode produzir um desenodamento do nó e efeitos como tentativas de restituição de algum enodamento. Por esse motivo interroga-se o que está em jogo quando o sujeito, ao olhar-se no espelho, não encontra os traços pelos quais é determinado.

No segundo recorte apresentado podemos considerar que a amputação promoveu uma ruptura na relação em par com outro semelhante e, não havendo mais o suporte do imaginário, são convocados os significantes primordiais da existência, em especial o Nome-do-Pai. O sujeito irá se sustentar, então, unicamente com o suporte da inscrição do significante no inconsciente. Frente a esse apelo, esse significante primordial deve advir:

caso isso não ocorra em virtude da foraclusão, o que vem em seguida é uma cascata de significantes para suprir um vazio insuportável. O delírio ocorre como tentativa de responder ao enigma provocado pelo acontecimento.

Segundo Philippe Julien, "O imaginário que servia de suporte e de ponto de referência na pré-psicose falha um dia" (Julien, 2002: 51). Essa falha do imaginário veio a coincidir com uma segunda falha que é do simbólico. Através do recurso simbólico o trabalho de luto poderia ocorrer pelo ancoramento do significante. No período que se pode chamar de pré-psicose a sustentação do sujeito se dava pelo imaginário e, esta sendo atingida, promoveu um desenodamento dos registros.

Podemos dizer que com o corte, efeito da amputação no inconsciente, revelou-se a falha no simbólico e o modo de enodamento particular dos registros real, simbólico e imaginário em que havia uma prevalência do imaginário.

As circunstâncias da amputação, quando não houve possibilidade de alguma escolha do sujeito com relação à amputação, como também o silêncio após a cirurgia tornaram o fato não nomeável para ele, essa nomeação não sendo possível nem mesmo pelo oferecimento de uma escuta por alguma palavra que fizesse alguma mediação que pudesse ainda pelo imaginário fazer uma suplência. Podemos dizer também que nem mesmo o delírio foi efetivo no sentido de tornar o mundo possível para ela. Esse caso, portanto, se destacou pelo fracasso de uma tentativa de intervenção e pelo seu desfecho dramático.

Os casos apresentados exemplificam os modos singulares de incidências que perpassam o corpo do sujeito. No primeiro caso se apresenta a incidência de uma organização fálica e, no segundo, há falta de um significante primordial frente à solicitação do real da amputação, o que faz eclodir uma psicose.

Podemos então considerar que, a respeito do sujeito falante, o corpo em questão é aquele suportado por uma realidade psíquica que, como consequência da incorporação do corpo do simbólico, porta a marca do traço que ordena os significantes.

Podemos dizer também que o que faz suporte à existência para o sujeito falante está para além do seu ser no sentido de sua identificação ao corpo imaginário, mas sustentado pelos efeitos da negativização da carne pelos signos, que separa corpo e gozo.

O *motérialisme* é o termo utilizado por Lacan na "Conferência em Genebra sobre o sintoma" (Lacan, 1975/1998: 10) para designar a tomada do inconsciente, no sentido de que é pelo efeito da linguagem que se institui o sintoma como o modo de gozo do sujeito. O sintoma, desse modo, como via de sustentação do sujeito, traz no seu bojo uma dimensão de verdade.

Destacam-se, contudo, as incidências particulares da própria linguagem e dos reviramentos que diferenciam a neurose da psicose, pela presença e pela ausência do traço unário, singularizando a relação do sujeito com o seu corpo próprio.

Referências bibliográficas

JULIEN, P. (2002). *Psicose, perversão, neurose: a leitura de Jacques Lacan.* Rio de Janeiro: Companhia de Freud.

LACAN, J. (1949/1998). O estádio do espelho como formação da função do eu. *Escritos.* Rio de Janeiro: Jorge Zahar.

———. (1955-1956/1985). *O seminário, livro 3: as psicoses.* Rio de Janeiro: Jorge Zahar.

———. (1955-1956/1998). De uma questão preliminar a todo tratamento possível da psicose. *Escritos.* Rio de Janeiro: Jorge Zahar.

———. (1966/2001). O lugar da psicanálise na medicina. *Opção Lacaniana – Revista Brasileira Internacional de Psicanálise, 32,* 8-14. São Paulo: Edições Eólia.

———. (1970/2003). Radiofonia. *Outros escritos.* Rio de Janeiro: Jorge Zahar.

———. (1974). A terceira. 7º Congresso da École Freudienne de Paris. <www.freud-lacan.com/articles.php?url_article/31/10/2008>.

———. (1975/1998). Conferência em Genebra sobre o sintoma. *Opção lacaniana – Revista Brasileira Internacional de Psicanálise, 23,* 6-16. São Paulo: Eólia.

———. (1975-1976/2007). *O seminário, livro 23: o sinthoma.* Rio de Janeiro: Jorge Zahar.

O encontro com o real da música e uma escrita nova para o sujeito

Renata Mattos de Azevedo

Resumo

A música, o ruído e o silêncio. A voz. O inesperado. Escuta e escrita. Um encontro com o real possibilitado pelas tramas enigmáticas de uma peça musical que, beirando o limite do inefável, mesmo do suportável – estranhamente familiar –, causa o sujeito a se reescrever para além do já conhecido, do já ouvido. Uma aposta clínica de que a música pode nos fazer vislumbrar a possibilidade da criação de um novo, com entusiasmo.

Palavras-chave: real; música; sujeito.

Résumé

La rencontre avec le réel de la musique et une écriture nouvelle pour le sujet

La musique, le bruit et le silence. La voix. L'inespéré. L'écoute et l'écriture. Une rencontre avec le réel rendu possible par les trames énigmatiques d'une pièce musicale qui, en touchant l'ineffable, même le limite du supportable – étrangement familier –, cause le sujet à se réécrire au-delà du déjà connu. Un pari clinique de que la musique peut nous faire apercevoir la possibilité de la création d'un nouveau, avec enthousiasme.

Mots-clés: réel; musique; sujet.

Eu não tenho nada a dizer. E eu digo.
John Cage

E a música? – desafiou.
A música – o velho traçou com o dedo uma pausa no ar – é a expressão mais completa do que estou dizendo. Ou do que não estou dizendo, pois é preciso ouvir apenas o que não se diz. Quem tiver ouvidos para ouvir, ouça. Eu ia chegar nela. A música também é silêncio. Bach sabia disso, Mozart também. Beethoven só soube quando ficou surdo. O ar não é silencioso? O vento não faz barulho? E que é o vento senão ar? A música é o silêncio em movimento.
– O mesmo com as palavras.
– Não senhor: as palavras estão em quem fala e em quem escuta. O silêncio fica entre os dois, intocado, um silêncio enorme, intransponível. Ao passo que a música está nela mesma, isto é, no que resta além de nós. E o resto é silêncio.
Fernando Sabino

Estou em uma sala de péssima acústica – o mundo. Vozes e mais vozes se confundem – o humano. Tentamos costurá-las com as palavras – a literatura.
José Castello

Talvez a psicanálise, de uma maneira próxima e longe do compositor John Cage, não tenha nada a dizer e ela o diz. Insisto nesse nada do aforismo cageano. O que é esse nada, esse vazio, esse furo? Esse nada que se transmite mesmo sem que se tenha intenção. O assim chamado silêncio, como Cage bem mostrou, não pode ser articulado ao nada. Sim, pois não se trata de pensar o silêncio como uma demonstração do vazio da linguagem. Como sabem músicos e psicanalistas, o silêncio é parte mesmo do sistema linguístico. "There is no such thing as silence". Não existe tal coisa como o silêncio, diz Cage. Por outro lado, o silêncio "grávido de sons" (Cage, 1969: 98) faz uma mostração. Ele mostra, como o grito, a força do real. O trabalho do músico é o de contornar com os materiais sonoro-musicais esse vazio, esse nada, esse furo, esse mais além de qualquer significante e de qualquer sentido. Ao fazer isso, ele dá a escutar o real da voz ao ouvinte. O real "puro", o contínuo sem ação da escansão, é a morte, a voz das sereias, o olhar da Medusa, a imagem sem movimento, a voz em uma única nota... A arte impõe um movimento inédito face ao real contínuo, furando-o. O real, como a pulsão de morte desligada da pulsão de vida, é um grito incessante. Na construção de um objeto de investimento pulsional a partir da criação musical, o simbólico fura o real e, em ressonância, se fura, o que dará um ritmo singular àquilo que pode ser escutado do contínuo.

O real está lá. Sempre. Escute! O real grita. Mas, se falamos, não o escutamos o tempo todo. Não há som que tenha medo do silêncio, diz Cage (1969: 98). O silêncio já é uma invocação à escrita daquilo que escutamos. Escuta – escrita – novo – criação. São os pontos que orientarão o que me proponho a pensar em voz alta. Real – simbólico – imaginário, mas em seus enodamentos. A música e a pulsação da vida. Tal movimento de pulsação do contínuo pode ser escutado, eventualmente, graças ao efeito de um corte no espaço e no tempo através da experiência musical. Ao escutar esse movimento o músico dá/cria a possibilidade para o outro de, novamente, também escutá-lo pela via de uma escrita que o ritma e o faz pulsar.

Escute a música moderna... Escute a música contemporânea... Entre as notas musicais desses movimentos, há igualmente o barulho, a dissonância, uma imprevisibilidade que muitas vezes parece quase impossível de ser apreciada ou mesmo escutada... No campo das artes, a passagem da música tonal para a música atonal, no fim do século XIX e início do século XX, fez surgir um alargamento do registro da sonoridade e, fundamentalmente, uma desconstrução e reconstrução da linguagem musical. Se escutarmos as obras de Debussy[1], por exemplo, as inquietudes do homem moderno podem ser sentidas. As experimentações feitas pelos compositores desse período anterior ao pós-tonalismo tornaram audíveis que é sobre a linguagem musical, a partir dela e de uma escrita ainda não realizada e que se realiza nesse ato de criação, que a estrutura da linguagem, pela via da voz e da invocação, pode tocar seus limites, explodir e se recriar.

A recriação musical do pós-tonalismo, feita inicialmente por Schönberg – que abandonou os princípios da hierarquização das notas musicais e da necessidade da tonalidade, da regularidade rítmica e temporal, recons-

[1] Claude Debussy, compositor francês (1862-1918) do movimento impressionista.

truindo a escrita e a escuta das obras –, coloca uma questão sobre os limites da representação. Em Schönberg, se torna mais evidente que as artes permitem um encontro com o real e que elas convocam o sujeito por uma dimensão ética. Tal questão pode se tornar uma questão clínica: quais são os limites para o sujeito falante, em um processo de análise, em responder, com sua voz singular, às exigências e enigmas que o Outro, a partir da pulsão, lhe propõe? Como se pode escutar, na clínica, os impasses da fala do sujeito enquanto uma tentativa de reescritura pela linguagem que permite ao sujeito se reposicionar face ao desejo e ao gozo?

A música pós-tonal pode nos mostrar um movimento de ir mais além da linguagem, em direção ao real, que seria uma resposta a ele em ressonância, não necessariamente em consonância, e tendo uma posição singular que, tocando os limites do sujeito, o abre a um laço para com o Outro e o outro. Essa resposta se daria por efeito de invocação da voz (radicalizada na música pós-tonal, especialmente em Cage) nos encontros entre o sujeito e isso que do real insiste. Podemos pensar essa ética/estética/poética posta em cena por essa música como a abertura para uma possibilidade de musicar a vida[2]. A música poderia, assim, nos ajudar a refletir sobre uma escrita pulsional a partir dos encontros com pedaços do real que podem criar um movimento de não se deixar silenciar nem se ensurdecer face ao desejo do Outro. Ou, dito de outra forma, um movimento de se fazer ouvir e, igualmente, de escutar isso que do contínuo convoca a, mais uma vez, uma inscrição possível frente ao impossível.

A música de Cage, incluindo o acaso, o aleatório, o ruído e sons não incorporados pela linguagem musical "tradicional", lembra ao sujeito que o acaso é encontrar não o real "em si", mas o que do real se deixa ritmar, já que o real não se escreve; ele causa escrita/escritura. Os passos da pulsão invocante dão uma escritura possível dos "não" do real (o que não cessa de não ser escrito). Há em Cage uma dimensão de encantamento/maravilhamento e de entusiasmo pelos sons da vida cotidiana. Se Schönberg mudou radicalmente a estrutura e a escrita composicional da música no ato de dar a cada nota um mesmo valor, abolindo hierarquias entre elas e fazendo da obra um

---

[2] Fazendo um paralelo à proposição de Alain Didier-Weill que diz que o sujeito pode dançar a vida. Alain Didier-Weill, 2010, p. 56.

significante novo a ser assim escutado somente *a posteriori*, Cage vai ainda mais longe. Sua escrita é causada pela força musical dos sons comuns, dos sons mais banais, e pela pulsação constante e quase caótica da vida.

Ao propor a criação a partir desses pontos, a aparente distância entre arte e vida é ultrapassada; a arte é sentida novamente como um processo que inclui a parte pulsante e real da vida, invocando o desejo pela via estética e também política. Uma escrita causada pelo mais além do sistema linguístico convencional cria novos parâmetros, como os propostos por Schönberg com seu atonalismo, seu serialismo e seu dodecafonismo, evidenciando que cada peça é um processo único e com uma estrutura interna própria. Uma escritura causada pelas possibilidades de despertar o real, que recria a escuta de sons mais além da representação imagética, da memória e das imagens de si mesmo, de um já escutado: essa é a proposição cageana.

"I want something that I don't know yet[3]". Eu quero algo que ainda não conheço, diz Cage. A questão de uma escrita nova da música nesses dois compositores, a partir de abordagens diferentes, toca um ponto em comum: a ruptura com sistemas composicionais de uma tradição específica, a música tonal, assim como a desconstrução da linguagem musical a cada processo de escritura e de escuta. Na música moderna, mais fortemente na de Debussy, já há alguns traços desse movimento: não apenas pela exploração da tonalidade e da dissonância, mas pela inclusão de outros sistemas de escrita e de pensamento, como os modos medievais e a música oriental. O ato inaugurado por Schönberg, que tornou possível as escritas plurais do pós-tonalismo, escandaliza os ouvidos ocidentais ao propor uma outra possibilidade de fazer música sem recorrer à tonalidade e a suas regras, tão caras, habituais e difundidas entre nós. Nada de tonalidade nem de tom, nada de tensão e resolução, nada de notas às vezes, nada de motivos harmônicos, nada de hierarquia entre as notas que dá uma estrutura comum a obras diferentes, nada de instrumentos tradicionais em alguns momentos, nada de instrumentos ou de fontes sonoras nos casos mais radicais...

Porém não se trata de uma negação da linguagem musical ou da linguagem propriamente dita. Como nos compositores do tonalismo e mes-

---

[3] John Cage em entrevista apresentada no documentário Écoute, dirigido por Miroslav Sebestik em 1992 e produzido por JBA Production, La Sept e Centre Georges Pompidou.

mo antes, no modalismo, a busca é a mesma: criar pela linguagem peças musicais que visam se aproximar e mostrar o mais além da linguagem. É sempre, e ainda, pela linguagem que os músicos pós-tonais criam com o musical, e não apenas com uma sistematização linguística musical de um regime guiado pela ideia do tom e de um retorno a essa nota. Os processos musicais a partir de Schönberg constituem, a cada vez, outras sistematizações, sem um fechamento da ideia e da representação que orientaria a peça, deixando, assim, mais aberto o enigma de onde a música pôde surgir. Talvez, nesse caso, de uma forma mais radical, há um "momento de concluir" não sintético que seria vivido pelo ouvinte a partir da ressonância causada por esse encontro com o real que a música transmite. Talvez isso se dê mais além da nota azul, mas não sem ela: uma nota azul que não está lá desde o início, mas que se revela para explodir no fim, silenciosamente. Uma nota azul que, negativamente, se anuncia ao fim, invocando uma escuta outra e, de tempos em tempos, também uma escritura de um novo para o sujeito. Um novo que não seria um já escutado, mas um nunca ouvido, que se produziria nesse encontro singular entre as articulações do real, do simbólico e do imaginário em ação na música e estruturante no sujeito.

O pós-tonalismo nos lembra, nos convoca a não mais esquecer isso que está presente em toda música e em toda arte: a abertura aos efeitos do real. Uma abertura, portanto, por se deixar ser tocado pelos pedaços de real que podem ressoar, no caso da música, no vazio do objeto voz, chamando a uma escritura, uma reescritura, com o que resta em nós. Uma escritura que se faz de restos, do *litter*, da *litura*, que é causada por um inaudito que pode surgir desse encontro transmitido pelos processos musicais. Uma escrita pelo litoral que se faz a partir de uma escuta.

Na música pós-tonal, a escuta de uma poética e de uma estética particulares exige do ouvinte, mais intensamente, um desprendimento de si, um esvaziamento das identificações imaginárias ligadas ao eu, como propõe Safatle (2006) a propósito da música de Cage, para que o imaginário possa ter uma função outra face à mostração radical do real e ao esgarçamento do simbólico. A interrogação que surge é sobre a dimensão do corpo e do gozo a partir desse processo de esvaziamento e da possibilidade de escritura pulsional nova que buscará tentar escrever o irrepresentável. O imaginário pode ter uma função que dá consistência necessária ao sujeito a partir da possibilidade que a voz lhe oferece de fazer "transitar a *homofonia* inerente aos discurso" (Lew, 1989: 160). Tal homofonia não é apenas ligada à equivocidade do simbólico, mas também ao enigma real de *lalangue*, invocando o escrito. "A nuvem da linguagem [...] faz escritura", nos diz Lacan (Lacan, 1975: 152; tradução nossa). Ele nos diz ainda que "a linguagem é o que tentamos saber quanto à função de *lalangue*" (Lacan, 1975: 152).

É preciso, então, refletir sobre uma escrita a partir dos efeitos de *lalangue*, dos efeitos da letra. Uma escrita *a posteriori* que pode ser despertada pelas ressonâncias no vazio da voz em um sujeito e em uma música mais próxima do real, que nos daria a escutar talvez mais a dimensão de letra do que a de significante. As questões sobre a música pós-tonal me fazem pensar nos limites da linguagem e no abismo em que o sujeito pode ser lançado ao escutar esse tipo de música (e que se mostra como risco em toda música). Dito de outra forma, o que me faz aqui trabalhar é sobre "isso que da linguagem convoca o litoral ao literal" (Lacan, 2007: 118). Trata-se de um apelo ético, poético, estético... de criação... que pode ser escutado a partir da música... ou na clínica... e nos atos dos sujeitos em uma tentativa de responder ao real.

Desde o momento de estruturação do sujeito, o aspecto de musicalidade da linguagem se faz presente, assim como também o está na criação e na escuta musical. O sujeito nasce em um ponto em que o significante (simbólico) escreve no real do corpo um possível, um começo, uma marca que invoca uma nota e uma letra: os dois aspectos da linguagem – a musicalidade (continuidade) e a palavra (descontinuidade em movimento). Esse ponto, que inscreve e cria um vazio no sujeito, no *parlêtre*, está (e estará) sempre em pulsação. Se o real grita caoticamente, é possível cantar e musicar a vida com a criação de notas singulares na partitura dada pelo campo do Outro, e esses seriam efeitos do movimento desejante e de uma escrita pela pulsão invocante face aos encontros com pedaços do real. É preciso cantar e musicar o grito e a queda da voz.

Os pedaços de real que o sujeito encontra (e que se explodem) no pós-tonalismo lhe dizem que, ainda que estejamos novamente face a face com uma musicalidade caótica, que parece, em um primeiro momento, "sem lei", o recurso da linguagem está lá. A "obra" musical pós-tonal pode parecer mais real, mais imprevisível, mais caótica, mais contínua e sincrônica, entretanto, como todas as obras artísticas, ela é real, simbólica e imaginária; ela é uma escrita feita a partir de um gesto do músico sobre o muro da linguagem, com seus mofos, fissuras e ravinamentos – efeitos do encontro entre o muro, o sujeito e o mais além do muro.

Pensar esse mais além do muro da linguagem é incluir os aspectos que, estando em torno no sistema das línguas, se excluem da linguagem, tornando-a assim possível: o grito, o silêncio, o ruído... O além do muro grita. É o muro que impõe o silêncio. Se o sujeito fala, é devido a uma surdez constitutiva e estrutural que lhe permite não escutar o tempo todo a voz gritante do Outro[4] (o ponto surdo proposto por Vivès (2005)). Podemos supor que é mesmo em razão das ressonâncias da "falação" e dos gritos do real sobre o muro que as fissuras são feitas. Desse modo, as obras musicais poderiam dar novamente uma voz ao real, fazendo com que um nunca ouvido possa ser contornado e, assim, escutado e evidenciado pela música. De uma maneira mais radical e numa medida mais acentuada, a música pós-tonal nos faz reescutar o grito do real, imposto silencioso para que o sujeito pudesse surgir como falante.

Para escrever a pulsação temporal, é preciso escutar a invocação da voz e a continuidade do grito feito silencioso do real contínuo. É a pulsação da escrita do sujeito que corta essa continuidade perpétua, que talha a atemporalidade do real e que, nesse encontro, cria o furo ressonante entre o real, o sujeito, a palavra, o simbólico e o imaginário. É o furo da queda da Coisa desde sempre perdida que faz com que cada objeto porte em si uma "coisidade[5]", um vazio. O furo da queda do objeto *a* marca um início, um começo do sujeito, do desejo e do movimento pulsional. Esse furo instaura uma perda de gozo, que não poderá jamais ser recuperada. É o furo em torno do qual um traço, o traço unário, pode ser criado, estabelecendo a possibilidade de articular a letra e os significantes da cadeia significante. É o furo a partir do qual o sujeito pode musicar sua vida, respondendo com os vestígios de *lalangue* nele depositados bem como com os significantes

---

[4] Büchner (citado por Assoun, 1995: 5) pode nos ajudar a refletir sobre a ideia do silêncio real que grita constantemente e em continuidade quando ele fala de uma "voz que grita" e de um "silêncio [...] que se confunde com os rumores do mundo".

[5] Como bem mostra Proença (2010) a propósito da criação artística e dos escritos de Giacometti.

que o determinam face ao Outro de uma maneira singular e desejante. Tal resposta torna possível que o sujeito não se esqueça de sua ligação para com o Outro e também da coisidade que há nos objetos, nos sujeitos e nas coisas do mundo.

A escuta pode ser pensada como um modo de relação para com o mundo, ou, dito de outra forma, para com os outros e, principalmente, o Outro. No momento da escuta musical, o sujeito pode se aproximar de um ritmo que não é o seu próprio, mas que lhe permite escutar, em um espaço vivo, alguns traços de seu movimento de abertura e de fechamento do inconsciente. A música tem o poder de retirar o sujeito de uma surdez quanto ao seu próprio desejo, apelando a recriar a língua e a linguagem pelos seus atos (atos de fala, podemos dizer, mesmo se é uma palavra cantada) com seu corpo. É preciso lembrar que é a partir do encontro entre a linguagem e o *infans*, sustentado pela voz materna, que o significante irá inscrever uma marca original que cria o sujeito. É apenas pela chuva de significantes que o sujeito, em ressonância, pode surgir ao fazer uma escolha forçada de sua estrutura como resposta ao desejo do Outro (e ao real que ele porta). A concepção de ressonância entre o significante e o real como proposta por Didier-Weill (2010), enquanto pulsação anterior ao significante, inaugura a atemporalidade do inconsciente e seus ritmos de abertura e de fechamento e se mostra bem produtiva para pensar *tiquê* e *automaton* na articulação entre o inaudito que pode ser posto em cena pela obra musical. Didier-Weill revaloriza o *fiat trou* (Lacan, 1976-1977: aula de 8/2/1977) de Lacan, que remonta a Freud e aos atos de *Bejahung* e de *Ausstossung*, os quais criam em simultaneidade o real, o simbólico e o sujeito. *Fiat tr*oui que se faz a partir do não e que institui o muro da linguagem e o mais além do muro.

Se há uma chuva de significantes e, mais, uma chuva de *lalangue*, podemos admitir que o corpo é um guarda-chuva, algo que, simultaneamente, protege e guarda, retém. O corpo (e talvez mesmo a dimensão real do imaginário) testemunha os efeitos do real no sujeito quando do encontro com o simbólico e com o imaginário feito de um modo borromeano. O corpo é ressonância/efeito da lalação que demanda ao sujeito falar e igualmente cantar. Face ao real, falar não é suficiente: é preciso cantar, dançar, musicar, poetizar, ir além do dito, contornar o inaudito, o jamais dito, passar de uma pulsação contínua e impossível de simbolizar a um ritmo sustentado pela linguagem (como uma "paráfrase" disso que se escuta do encontro com o real – uma transcrição possível do que é impossível de dizer).

É interessante evocar o que apresenta Assoun (1995: 31-32) sobre o "momento do Belo", ao qual podemos recorrer para pensar os efeitos desses encontros com o real, que poderiam dar um entusiasmo, tal como proposto por Didier-Weill (2010), graças à via estética – ou mesmo graças ao efeito estético do gozo. Esse momento seria um "momento de 'des-simbolização' pontual que coloca o sujeito [...] ao pé do muro do real" (Assoun, 1995: 31-32). Podemos, assim, pensar que há um processo de destituição subjetiva posto em cena, ou melhor, em música, por esse encontro, esse momento real que a música pode criar em diferentes gradações (e minha hipótese é a de que na música pós-tonal esse grau é maior). A música pode dar o entusiasmo, que faz com que o sujeito possa ir mais além de um "renouveau", um reconhecido, do seu sintoma. A possibilidade de musicar a vida passa pelo entusiasmo bem como pela estetização dos atos do sujeito.

Esse entusiasmo pode ser pensado como um caminho para o trabalho analítico, como indicado por Didier-Weill a partir do mito de Dionísio:

> Trata-se, para nós psicanalistas, de dizer em que o movimento suscitado no homem por Dionísio, o entusiasmo (o endeusamento), é o tipo mesmo de movimento que faz o processo analítico. Lacan foi assim conduzido a reconhecer essa dívida a Dionísio quando ele escreveu a seus colegas italianos: "Um analista que não conhece o entusiasmo não dará todas as suas chances à psicanálise" (Didier-Weill, 2010: 49).

Quando o sujeito é confrontado ao real, por acaso, de surpresa, a dimensão disruptiva desse momento efêmero, pontual, mas intenso, por vezes excessivo, pode ganhar uma via distinta da angústia. Por exemplo, fenômenos de vertigem face ao real que convocam (ou são convocados por) uma experiência estética de gozo a partir da arte (e do *savoir-y-faire* com o objeto). A angústia que poderia surgir no sujeito pode ser transformada em entusiasmo. A destituição subjetiva que se opera lá[6] é simultaneamente contornada

[6] Que remonta ao momento de origem do sujeito e que é já um segundo tempo em relação à arte, um tempo de resposta que vem após um primeiro tempo do encontro que invoca o sujeito, despertando-o.

e pode permitir a inauguração de uma nova posição do sujeito, ou, dito de outra forma, de uma abertura e de uma escuta do que não cessa de não ser escrito (e também de gritar), respondendo a isso através de uma escrita possível e singular. Desse modo, os encontros com pedaços de real criam uma possibilidade de o sujeito sair da repetição do mesmo para se dirigir a um radicalmente novo, como o pensamento de Didier-Weill (2010) evidencia.

Trata-se de, novamente, se fazer uma origem, um recomeço, assim como de uma escuta de um inaudito que permite, a partir do real, uma escritura pulsional de algo novo para o sujeito. Podemos dizer que há um paradoxo do real: o que não cessa de não ser escrito (continuidade da voz que grita e que é puro caos) exige uma escrita, não sem entusiasmo, que retira o sujeito da estabilidade e da unidade imaginária, reescrevendo o simbólico. Reescrever – ler/reler/escrever/reescrever: novo e "renouveau" (novamente/renovado). Da repetição ("renoveau" – novamente) à criação (novo). Com a linguagem para ir mais além dela mesma. Ou, como diz Beethoven (citado por Massin & Massin, 1997: 64): "No mundo da arte, como em tudo que diz respeito à criação, o objetivo é a liberdade e a força de ir sempre mais além".

Referências bibliográficas

ASSOUN, P.-L. (1995). *Leçons psychanalytiques sur le regard et la voix*. Tome 2 – Figures: Du symptôme à l'amour. Paris: Anthropos.

CAGE, J. (1969). *A year from monday – New lectures and writings by John Cage*. New England: Wesleyan University Press.

DIDIER-WEILL, A. (2010). *Un mystère plus lointain que l'inconscient*. Paris: Aubier.

LACAN, J. (1975). *Le séminaire, livre XX, Encore*. Paris: Éditions du Seuil.

————. (1976-1977). *L'insu que sait de l'une bévue s'aile a mourre*. Inédito.

————. (2007). *Le séminaire, livre XVIII – D'un discours qui ne serait pas du semblant*. Paris: Éditions du Seuil.

LEW, R. (1989). Le nœud vocal (Les modalités de la voix comme écrit). In: LEW, R. & SAUVAGNAT, F. (orgs.). *La voix, Actes du Colloque d'Ivry* (pp. 151-161). Paris: La Lysimaque.

MASSIN, J. & MASSIN, B. (1997). *História da música ocidental.* Rio de Janeiro: Nova Fronteira.

PROENÇA, P. (2010). *Em torno de Alberto Giacometti: arte, ética e psicanálise.* Rio de Janeiro: Companhia de Freud.

SAFATLE, V. (2006). Destitution subjective et dissolution du moi dans l'œuvre de John Cage. In: DELAPLACE, J. & MOLL, O (dir.). *Filigrane – Musique, Esthétique, Sciences, Société, 6*: musique et inconscient (pp. 161-182). Paris: Éditions Delatour France.

VIVÈS, J.-M. (2005). Pour introduire la question du point sourd. In: *Psychologie clinique* – La voix dans la rencontre clinique. Nouvelle série, *19*, 9-20. Paris: L'Harmattan.

Letras poéticas

Maritza de Magalhães Garcia

Resumo

A poesia de Arnaldo Antunes nos ensina sobre a materialidade da palavra, com a qual o campo da psicanálise também lida. Tanto na psicanálise como na poesia de Antunes, o que se destaca do sentido é entendido como um elemento de edição, como um corte no mosaico de fragmentos da linguagem, que se corporifica na palavra. O conceito de *lalíngua* de Jacques Lacan põe em movimento o que é da ordem da escrita na fala e aponta para um modo diferente de fazer poesia.

Palavras-chave: psicanálise; materialidade da palavra; poesia.

Résumé

Lettres poétiques

La poésie d'Arnaldo Antunes nous enseigne à propos de la matérialité du mot, ce avec quoi le champ de la psychanalyse a aussi affaire. Aussi bien en psychanalyse que dans la poésie d'Arnaldo Antunes, ce qui se détache du sens est compris comme élément d'édition, comme une coupure dans la mosaïque de fragments du langage qui prend corps dans le parole. Le concept de lalangue de Jacques Lacan met en mouvement ce qui est de l'ordre de l'ecriture dans la parole e indique une autre façon de faire de la poésie.

Mots-clés: psychanalyse; matérialité du mot; poésie.

Arnaldo Antunes, trabalhador da palavra

Arnaldo Antunes é um dos mais influentes artistas brasileiros contemporâneos, autor de um intenso trabalho presente na poesia, na música, na *performance*, nas artes plásticas e no videografismo.

De um modo geral, Antunes é apresentado como poeta, *videomaker*, cantor e compositor, mas ele mesmo se apresenta como alguém que tem "dificuldade com a ideia de especialização": "Eu vivo nesse lugar da indefinição", diz (DVD Roda Viva com Arnaldo Antunes, 2000).

Antunes considera que, em todo o processo de criação artística que experimenta, o que importa mesmo é o trabalho com a palavra. O trabalho com a palavra é a intersecção entre esses códigos de linguagem por onde ele circula: a palavra para ser lida, escutada, vista e contaminada pelo silêncio que a reveste.

Antunes é de uma geração posterior à do Modernismo, da Tropicália, da Poesia Concreta, do Cinema Novo e cresceu num meio cultural em que a mistura de linguagens já havia sido conquistada por tais movimentos vanguardistas brasileiros.

O aspecto vanguardista da poesia concreta, apesar do furor polêmico que causa, funciona, na obra de Antunes, como núcleo de um processo de autorização e abertura de um leque de possibilidades artísticas antes pouquíssimo ou nada convencionais.

Trata-se de um *a priori* metodológico do qual Antunes parte com naturalidade, apesar de suas influências artísticas abarcarem um universo amplo e bastante diversificado.

Edição e imprevisto

Para descrever o modo como compõe um poema, Antunes fala de um exercício no qual a palavra é "a matéria-prima para um retrabalho de montagem e de eliminação":

> Acho que trabalho mais por subtração que por adição. Faço e depois elimino muito. Normalmente, trabalho com muitos rascunhos. Trabalho e retra-

balho. Trabalho o retrabalhado. Gosto de trabalhar no computador e no papel, escrever a mão, corrigir no computador, imprimir e de novo corrigir a mão. Tenho uma necessidade de ver materialmente o poema. Não fico trabalhando mentalmente e depois a coisa vem pronta. Eu preciso de todas as alternativas que me vêm à cabeça sobre aquele assunto para ir escolhendo. É um trabalho material mesmo (Revista Cult, novembro de 1997: 10).

Nesse trabalho com a materialidade da palavra, no exercício de tirar, pôr, montar, colocar em posições diferentes, ir e voltar ao papel ou ao computador surge um outro aspecto que é o lugar que a surpresa, o imprevisto, tem no método de Antunes. O imprevisto é ferramenta central no processo de trabalho do autor e surge do trabalho com a edição. É mais ou menos assim que acontece:

> A ideia já vem com palavras. Eu não penso uma coisa e depois penso em como dizê-la. Vou pensando nas várias formas de dizê-la até chegar na mais precisa. [...] E, às vezes, nesse processo, chego a outro sentido, outra coisa que não queria dizer inicialmente, mas que se ergue, imprevista, muito mais interessante do que aquelas ideias de que parti (Revista Cult, novembro de 1997: 10).

A psicanálise de Jacques Lacan e a poesia de Arnaldo Antunes não se confundem em seus propósitos, mas têm em comum o trabalho com o que há de material na palavra.

O psicanalista maneja com as palavras e seus intervalos, com a ressonância e o silêncio da pulsão, com a palavra imprevista, ou mesmo com o que não silencia na psicose e se materializa no próprio corpo.

O conceito de letra na psicanálise. Mais afirmativo que dramático

A poesia de Antunes nos ensina sobre essa materialidade com a qual o campo da psicanálise também lida. O descascamento da palavra revela o que pode fazer parte da vida e o que vai para o lixo como resto, a relação entre o simbólico e o real, entre o significante e a letra.

O gesto artístico de Antunes é sempre mais afirmativo do que dramático. Nesse ponto, Lacan e seu conceito de letra estão lado a lado com Antunes.

Não é à-toa que, ao falar da escolha do lugar que o conto de Edgar Allan Poe – A carta roubada – ocupa em seu ensino, lugar de abertura de sua coletânea de *Escritos*, Lacan justifica que se trata de um conto "muito particular, por não poder entrar na lista ordenada das situações dramáticas" (Lacan, 1971/2009: 107).

Lacan refere-se ao fato de que Poe não faz uso do conteúdo da carta como recurso dramático na construção do conto, o que faz ressaltar da narrativa o poder e o brilho do efeito que ela exerce nas personagens envolvidas, independentes do drama que ela pode trazer em seu interior.

Tanto na poesia de Antunes como em Lacan, não é o drama que é importante e sim o que se destaca do texto. Quando um sujeito relata um sonho ao psicanalista, o que se põe em relevo é mais o jogo de palavras que o sustenta, ou uma palavra que salta solta entre outras, que a ideia que o analisante constrói sobre o tema.

Isso que se destaca do sentido pode ser entendido como um elemento de edição, como um corte no mosaico de fragmentos da linguagem, que incide sobre o que se corporifica na palavra.

O CORPO DA PALAVRA

H2O mem
Antunes, 2001

Neste poema, Antunes parte de um modo bem diferente de dar corpo à palavra. Ossos se transformam em letras, são ossos que escrevem palavras.

H2O, símbolo científico da água, material constituinte do corpo humano, representa entre 45 a 75% do peso corporal. Ossos e água são matérias do corpo. Se ficarmos apenas com esse ponto de referência, estamos no campo somático.

Com a introdução da linguagem, da palavra, passamos ao plano psíquico, propriamente humano. Entre o psíquico e o somático, estamos no campo da pulsão de Freud e do real de Lacan.

Se procurarmos no poema acima a substituição característica da metáfora, que, na psicanálise lacaniana, identificaria o lugar do sujeito, não encontramos muitas pistas. Contudo, é possível identificar um elemento a mais, o 2 de *H2O mem*, que não seria necessário para que se escrevesse a palavra homem, nem para compor a representação pictográfica dos ossos-palavras de Antunes.

Poderíamos entender esse a mais como um ponto que aproxima o poema da metáfora, que traz um (+) de significação, ao menos no que diz respeito à fórmula da água, que, sem dúvida está incluída no poema como um símbolo, substituindo a palavra água.

Porém, se abstrairmos o H2O como uma fórmula e o captarmos como uma escrita sem compromisso com o sentido, esbarraremos na incidência do real, já que H é uma letra silenciosa na palavra homem. O agá não altera a sonoridade da palavra, mas também não se faz ausente.

A voz em água e osso

O H2 poderia, portanto, ser entendido como um modo de escrever a pulsão, ou como letras "repetidas em silêncio", conforme Schreber assinala (Schreber, 1903/1995: 69). A pulsão é como o agá que se vê por trás da fórmula da água no poema de Antunes, em que um traço referido à linguagem, ou a uma letra, se repete em silêncio, mas não faz sentido.

O agá do poema de Antunes traz a ideia de uma ressonância que não é semântica, ou que não podemos referir diretamente aos termos que Lacan buscou na linguística de Saussure.

Se privilegiarmos a vertente da voz como objeto, ou seja, desatrelada da via metafórica, do efeito de sentido que produz o sujeito do inconsciente, estamos mais próximos do campo da alucinação.

Essa voz é uma produção sonora que se despe de sua presença como significante e se apresenta em carne e osso (o poema de Antunes a apresenta como água e osso), isto é, com seu corpo, o corpo entendido como uma caixa de ressonância para a emissão da voz (Lacan, 1962-1963/2005: 273). Essa acepção da voz está, ao mesmo tempo, aquém e além do plano do sujeito, embora não se desvincule da cadeia significante.

Se tomarmos as ressonâncias assemânticas que se reconhecem nos pássaros de Schreber e no H do poema *H2O mem*, de Antunes, o significante aí se revela como uma voz que se transforma em letra. É isso que se descortina a partir das considerações de Lacan sobre a letra: a letra abre o significante para o real.

No real da voz, temos sopros, balbucios e coisas do tipo, feitas de estilhaços de palavras e de puro som, caminhos por onde "os significantes se põem a falar, a cantar sozinhos" (Lacan, 1955-1956/1998: 331). Estamos no campo que Lacan considera como o da língua materna, o campo dessa materialidade sonora que é, propriamente, o do real.

Lalíngua, uma invenção que marca um novo modo de fazer poesia

O osso do que seria a língua materna para Lacan está apontado no conceito de *lalíngua*. O fenômeno essencial que Lacan chamou de *lalíngua* não serve à comunicação, não serve ao sentido, nem a nada, volta-se para o gozo, ou seja, para o que diz respeito ao pulsional na língua (Lacan, 1972-1973/1985: 11). Lacan assinala que a linguagem serve para a comunicação, mas *lalíngua* serve para uma coisa completamente diferente (Lacan, 1972-1973/1985: 188).

Claro está que o que parece servir à psicanálise não é o puro gozo, mas o gozo incorporado no significante (Lacan, 1972-1973/1985: 35). Apesar de que, com ele, não haja grande coisa a fazer; se o gozo incorporado no significante é direcionado à fala, temos uma outra forma de verificar a palavra, ou o significante, na clínica.

Temos, com *lalíngua*, uma recondução da experiência psicanalítica à linguagem e à fala como seus fundamentos. Recondução que interessa à técnica. A homofonia, por exemplo, fala da presença de *lalíngua*, que joga com a sonoridade do significante, mas que, ao invés de condensar o sentido, como na metáfora, inventa um nome que conserva o gozo, o que deixa essa invenção, em sua essência, pouco ou nada coletivizável. (Lacan, 1972/2003: 452).

Praticamente alheia à língua, *lalíngua* pode ser entendida como o lugar por onde os significantes em sua radical diferença, portanto em sua face real de letra, podem passar à língua. Para Lacan, é nesse *motérialisme* (condensação de *mot* – palavra – e *materialisme* – materialismo) que reside a tomada do inconsciente (Lacan, 1975/1991: 125).

O que se anuncia em Lacan é que há um saber diferente a partir de *lalíngua*: "A linguagem é feita de *lalíngua*. É uma elucubração de saber sobre *lalíngua*. Mas o inconsciente é um saber, um *savoir-faire* com *lalíngua*. E o que se sabe fazer com *lalíngua* ultrapassa em muito o de que podemos dar conta a título de linguagem" (Lacan, 1972-1973/1985: 190).

Podemos concluir que o que permaneceu escrito com a letra tipográfica das recordações terá de ser reinventado em análise, com a letra caligráfica de *lalíngua*, essa língua dentro da língua *Unbewusst* (inconsciente em alemão) que Lacan traduz por *Une-bévue* (um equívoco) e que consiste na habilidade de servir-se de uma palavra por uma via bastante diferente daquela para a qual ela foi criada para designar.

Podemos concluir, ainda, que a letra de Lacan põe em movimento o que é da ordem da escrita na fala e que isso aponta para um modo diferente de *fazer* poesia – ou de *faire-Dichtung* (*Dichtung* = poesia em alemão), em ressonância com a *Verdichtung* de Freud que Lacan retoma como a essência poética do inconsciente.

Para concluir retornaremos à escrita na *lalíngua* de Antunes:

the and
Antunes, 2005

Referências bibliográficas

ANTUNES, A. (2001). *Tudos*. São Paulo: Iluminuras.

————. (2005). *2 ou + corpos no mesmo espaço*. São Paulo: Perspectiva.

FERRAZ, H. A. A. (1997). *Cult – Revista Brasileira de Literatura, 4*, 6-13.

LACAN, J. (1955-1956/1998). *O seminário, livro 3: as psicoses*. Rio de Janeiro: Jorge Zahar.

————. (1962-1963/2005). *O seminário, livro 10: a angústia*. Rio de Janeiro: Jorge Zahar.

————. (1971/2009). *O seminário, livro 18: de um discurso que não fosse semblante*. Rio de Janeiro: Jorge Zahar.

————. (1972/2003). O aturdito. *Outros escritos*. Rio de Janeiro: Jorge Zahar.

————. (1972-1973/1985). *O seminário, livro 20: mais, ainda*. Rio de Janeiro: Jorge Zahar.

————. (1975/1991). Conferencia en Ginebra sobre el síntoma. *Intervenciones y textos 2*. Argentina: Manantial.

RODA VIVA. (2000). DVD com Arnaldo Antunes. TV Cultura. 85 minutos.

SCHREBER, D. P. (1903/1995). *Memórias de um doente dos nervos*. Rio de Janeiro: Paz e Terra.

A letra no ensino de Lacan e a escrita de RSI

Ana Laura Prates Pacheco e Sonia Alberti

Resumo

O artigo aponta as consequências para a clínica psicanalítica da elevação da letra a conceito no ensino de Jacques Lacan a partir do *Seminário 9, A identificação* (1961-1962). Questiona-se a relação entre a letra e o significante e em que medida a primazia da linguagem ficaria comprometida com a valorização da letra como o que faz litoral entre Simbólico e Real. A conclusão é favorável a uma clínica borromeana, na qual a letra permite sustentar as consistências RSI como uma escrita.

Palavras-chave: letra; escrita; RSI.

Résumé

La lettre dans l'enseignement de Lacan et l'écriture de RSI.

L'article évoque les conséquences pour la clinique psychanalytique de l'élévation de la lettre à concept dans l'enseignement de Jacques Lacan à partir du *Séminaire 9, L'identification.* On interroge la relation entre la lettre et le signifiant et dans quelle mesure la primauté du langage serait compromise par la mise en valeur de la lettre en tant que ce qui fait la borde entre le Symbolique et le Réel. La conclusion est favorable à une clinique borroméenne, dans laquelle la lettre permet de soutenir les consistances RSI comme une écriture.

Mots-clés: lettre; écriture; RSI.

I. Introdução e contextualização

Em nossas pesquisas mais recentes a respeito das formalizações propostas para a clínica psicanalítica nos últimos dez anos do ensino de Jacques Lacan – através, sobretudo, do recurso à lógica paraconsistente e à topologia –, temos nos deparado de modo sistemático com os conceitos de letra e de escrita como operadores fundamentais que permitem o enodamento dos registros do imaginário, do simbólico e do real.

Podemos mencionar como mais significativas: a formulação da fantasia como escrita do impossível (*Seminário 14*, *A lógica da fantasia*, 1966-1967), a conceituação de letra como aquilo que faz litoral entre o simbólico e o imaginário (*Seminário 18*, *De um discurso que não fosse semblante*, 1971), a posição sexual como inscrição num modo de gozo a partir das "fórmulas da sexuação" (*Seminário 20*, *Mais, ainda*, 1972-1973) e a proposta do Sinthoma como escrita do quarto nó que amarra os três registros (*Seminário 23*, *O sinthoma*, 1975-1976).

Com efeito, é notadamente a partir do *Seminário 20*, *Mais, ainda* que Lacan avança na articulação do registro do real com a escrita (cf. Soler, 2009). As consequências – tanto no aspecto clínico, quanto na dimensão da formalização e da transmissão da psicanálise – dessa valorização do registro real no último ensino de Lacan é solidária da valorização do conceito de escrita. Para acompanhar a mudança de ênfase do registro do simbólico e do significante em direção ao real, retomemos, na história do ensino de Lacan, a importância do significante e da letra. Desdobremos os vários aspectos que são necessariamente atingidos pela elevação da dimensão da escrita à dignidade de conceito na psicanálise lacaniana, para discuti-los brevemente.

É consenso entre diversos comentadores que Jacques Lacan inicia seu projeto de "retorno a Freud", na década de 1950, fortemente influenciado pela linguística de Saussure e Jakobson e pela antropologia estrutural de Lévi-Strauss. Daí talvez a principal consequência para a psicanálise de orientação lacaniana: "o inconsciente é estruturado como uma linguagem". Dessa definição, Lacan propõe que a psicanálise trata de um sujeito que é puro efeito da cadeia significante, assujeitado estruturalmente ao Outro (A), que tem, como uma de suas definições: o "tesouro dos significantes".

É a partir dessa premissa que os principais operadores clínicos da psicanálise freudiana são retomados e reinterpretados: o processo primário é entendido a partir das leis da linguagem; o sintoma tem um sentido metafórico; o desejo, constituído a partir de uma metáfora, é metonímico; a identificação imaginária é suportada pelo traço simbólico vindo do Outro; a fantasia é uma montagem gramatical; a relação de objeto é construída a partir da falta de um significante etc.

Ora, talvez a principal consequência desse resgate da psicanálise a partir da materialidade do significante – resgate daquilo que fizera a psicanálise refém de um viés biologicista em sua extração inglesa e norte-americana – seja uma releitura do complexo de Édipo como estrutural. Tal leitura implica a redução do Édipo freudiano a quatro operadores: o *infans*, o desejo do Outro, o Nome-do-Pai e o falo. À proposta de que o mito de Édipo revela a estrutura universal do sujeito em sua relação com o Outro acompanha um modo de compreender a sexualidade humana como fundamentalmente simbólica, já que seu operador universal – o falo – é definido agora como o significante do desejo.

Muito embora os primeiros dez anos do "retorno a Freud" promovido por Jacques Lacan tenham gerado uma divisão de águas no que diz respeito à política do tratamento psicanalítico – com correspondentes consequências importantes em nível estratégico e tático –, ele não chegou a fazer Escola. Com efeito, Lacan continuava propondo o final da análise como "rochedo da castração" (Freud, 1937/1981), ainda que, em seu entendimento, o rochedo não fosse da ordem da diferença anatômica, mas sim da irredutibilidade do significante que impunha uma impossibilidade de acesso complementar aos objetos do desejo. De qualquer forma, a submissão à dívida simbólica com o Pai (ainda que reduzido a um nome) implicava que o sujeito, ao longo de uma análise, aceitasse sua "falta a ser" estrutural que o constituía como sujeito desejante a partir da assunção da falta.

Acusado por alguns de negligenciar os aspectos econômicos da obra freudiana e, por outros, de produzir uma clínica da resignação ou mesmo uma teleologia negativa, com apologia da falta, Lacan inicia os próximos dez anos de seu ensino com um conceito que ele mesmo considera – nesse caso com modéstia – sua única criação na psicanálise. Ora, com a criação do conceito do objeto *a* como resto da operação significante de causação do sujeito, entretanto fora da cadeia e mesmo do campo da linguagem, Lacan inaugura finalmente um projeto que "faz Escola".

No segundo retorno a Freud, inaugurado por Lacan em *O seminário, livro 10: a angústia* (1962-1963), o sujeito neurótico é aquele que tem na castração seu bem mais precioso, já que ele a escolheu ao ceder o objeto no instante de separar-se do Outro. Ora, o que o neurótico cria em sua fantasia é um Outro que demanda sua castração, ou seja, o coloca como objeto, promovendo sua dessubjetivação e a anulação de seu desejo. A partir da formulação da angústia como afeto mediano entre gozo e desejo, afeto que não engana e que é produzido pela "falta da falta", Lacan promove uma reformulação clínica que permite pensá-la não mais apenas pela via da falta, mas fundamentalmente pela via do excesso, já que o objeto *a* "causa do desejo" é uma criação do sujeito positivada na fantasia. É justamente a partir desse momento de seu ensino que o conceito de escrita começa paulatinamente a ganhar força teórica e clínica no ensino de Jacques Lacan.

É verdade que desde o início Lacan tratou da questão da letra. Podemos tomar como os mais significativos os textos "A instância da letra no inconsciente e a razão desde Freud" (1957), "O seminário sobre a 'Carta Roubada'" (1956) – com o qual Lacan abre seus *Escritos* – e "A juventude de Gide" (1953). Nesses textos, entretanto, a letra aparece como "carta" – explorando o duplicidade de sentido da palavra *lettre* em francês – que, ao circular, constitui-se como análoga à irredutibilidade do significante que não pode significar a si mesmo e, por isso, sempre exige um outro significante, o que produziria um deslizamento infindável de sentido na cadeia, não fosse a pequena margem deixada pelo advento de um sujeito que introduz nesse "programa" um "algo de si".

II. A questão da relação entre significante e letra

Poderíamos propor que o debate entre significante e letra, fala e escrita se introduz quando Lacan debate a questão da anterioridade ou não do significante em relação à letra, ou seja, em *O Seminário, livro 9: a identificação*. Na lição de 20 de dezembro de 1961, Lacan recomenda que se leia o livro de James Février *A história da escrita* e comenta:

> [...] O homem, desde que é homem, tem uma missão vocal como falante. Por outro lado, há algo que é da ordem daqueles traços de que lhes contei a emoção admirativa que tive, ao encontrá-los marcados num certo alinhamento sobre algumas costelas de antílope. Há no material pré-histórico uma infinidade de manifestações de traçados que não têm outro caráter senão serem, como esse traço, significantes e nada mais. Fala-se de ideograma ou ideografismo, o que quer isso dizer? (Lacan, 1961-1962/2003: 90).

Lacan observa que isso se dá como uma transmutação de imagem em traço:

> O que vemos sempre cada vez que se pode fazer intervir esta etiqueta de ideograma é algo que se apresenta como, de fato, muito próximo de uma imagem, mas que se torna ideograma na medida em que perde, em que se apaga cada vez mais este caráter de imagem [...], nada mais da sua origem é reconhecível. [...] Pois são, de fato, traços que saem de algo que, em sua essência, é apagado, usemos a palavra que nos vem aqui forçosamente ao espírito, recalcada, ou mesmo rejeitada. O que fica é algo da ordem daquele traço unário enquanto funciona como distintivo, enquanto pode, no momento, desempenhar o papel de marca (Lacan, 1961-1962/2003: 91).

Mais adiante, Lacan (1962/2003) é explícito ao analisar a relação entre a escrita e o significante: "A escrita como material, como bagagem, esperava para ser fonetizada, e é na medida em que ela é vocalizada, fonetizada como outros objetos, que a escrita aprende, se posso dizer assim, a funcionar como escrita" (Lacan, 1961-1962/2003: 93).

Se inicialmente a letra e o significante são praticamente dois nomes da mesma coisa, como observa Elia (2006: 130), aquela sendo mais o suporte material deste, a partir do seminário sobre a identificação explicita-se a transmutação da imagem em *letra tributária da passagem da imagem pelo significante*. Mas já aqui essas imagens são apagadas: "sempre marcas apagadas, rasuradas, que se transformam em escrita na medida em que são apropriadas pela linguagem" (Rinaldi, 2006: 276). Entretanto, como sabemos, inicia-se aqui também a formulação de que essa passagem deixa um resto de objeto não significantizado a que Lacan chamará, no ano seguinte de seu ensino, de objeto *a*.

Os anos que se seguem a essa proposição são aqueles em que iremos acompanhar as consequências do projeto lacaniano de construir uma clínica para além do rochedo da castração. As implicações mais notáveis são: 1) a elaboração das operações de causação do sujeito a partir da lógica formal; 2) as reformulações sobre a fantasia, agora examinada não como montagem gramatical e pulsional, mas como uma lógica ("a escrita do impossível"); 3) a sofisticação do conceito de objeto *a*, inicialmente caracterizado como "causa do desejo" e paulatinamente adquirindo a força de objeto "mais-de-gozar" homólogo ao conceito marxiano de "mais-valia"; 4) as reformulações no campo do gozo não mais como falta, mas como excesso, e 5) as reformulações notáveis dos conceitos de saber e Outro (A), apresentadas no *Seminário 16 De um Outro ao outro* (1968-1969).

Esses avanços e desdobramentos são acompanhados de uma profunda revisão da proposta de formação dos analistas, com a criação do conceito de Escola e uma colocação em ato de uma prática institucional inédita. A ideia de que o ato analítico possa promover a passagem dos impasses da fantasia ao passe encontra seu correspondente institucional, como sabemos, na proposição do passe como dispositivo apto a recolher a singularidade dessa passagem que não pode ser experimentada apenas no nível do significante.

A imposição de formalizar esse algo que, embora não seja da ordem da linguagem, é da ordem da estrutura leva Lacan à escrita dos quatro discursos como tratamentos do impossível no laço social. Passemos, entretanto, para *O Seminário, livro 18: de um discurso que não fosse semblante* (1971/2009), no qual Lacan volta explicitamente à questão da relação do significante com a letra, sublinhando a anterioridade estrutural da fala em relação à escrita, mas observando, correlativamente, que não há chance de se examinar hoje a questão sem essa última:

> O escrito não é primeiro, e sim segundo, em relação a toda função de linguagem, e [...], no entanto, sem o escrito não há nenhuma possibilidade de voltar a questionar o que resulta, em primeiro lugar, do efeito de linguagem como tal, ou, dito de outra maneira, da ordem simbólica. [...] O próprio

> escrito, na medida em que se distingue da linguagem, está aí para nos mostrar que, se é do escrito que se interroga a linguagem, é justamente porque o escrito não é linguagem, mas só se constrói, só se fabrica por sua referência à linguagem (Lacan, 1971/2009: 59).

Ou ainda:

> Nada do que escrevi, com a ajuda de letras, sobre as formulações do inconsciente, para resgatá-las daquilo que Freud as enuncia mais simplesmente como fatos de linguagem, nada permite confundir, como se tem feito, a letra com o significante. O que escrevi com a ajuda de letras sobre as formulações do inconsciente não autoriza a fazer da letra um significante, e a lhe atribuir, ainda por cima, uma primazia em relação ao significante (Lacan, 1971/2009: 110).

Lacan está tocando aqui em seu antigo desacordo com Derrida a respeito do estatuto da escrita. De fato, é Derrida quem retoma o mito platônico apresentado no *Fedro* em seu livro *A farmácia de Platão* (1972/2005), no qual realiza uma crítica à tradição platônica ocidental que preconizaria, segundo seu argumento, a irredutibilidade do significante e sua primazia em relação à escrita. Pode-se perceber a presença constante de Lacan como referência oculta nesse livro. Tomando como eixo uma análise minuciosa da escrita como *Pharmakón* (a um só tempo veneno e remédio), Derrida inverte, entretanto, seu sinal, apontando positividades exatamente ali onde Platão encontrava seus inconvenientes. Por exemplo, na "ausência de pai" na escritura. O que importa, para nossos fins, é acompanharmos qual a posição de Lacan e suas consequências para a clínica.

Ora, como observa Alberti (2006: 18), em *O Seminário, livro 18: de um discurso que não fosse semblante* a letra passa a veicular de um lado a "possibilidade da escrita, de outro, o encontro com o rabisco de nenhum traço anterior, a possibilidade de reproduzir a metade sem par – o objeto *a* do qual o sujeito subsiste". Com efeito, ainda nesse mesmo Seminário, na lição sobre *Lituraterra*, Lacan definirá a letra como o litoral entre o gozo e o saber, o que passa a dar à letra uma autonomia na teoria, autonomia em relação ao significante.

Surgem então novas questões: a ênfase no registro do Real que se julgou depreender a partir do momento em que Lacan proferiu o campo lacaniano – ou seja, os anos de 1969-1970 – e enfatizou a dimensão da escrita e da letra significaria uma renúncia se sua tese *princeps* a respeito da primazia do significante? Teria Lacan, em seu último ensino, deposto as armas e reconhecido a vitória de seus críticos?

No caso de uma resposta afirmativa a essa questão, estariam colocadas as bases para uma "nova clínica lacaniana", uma "segunda clínica" ou uma "clínica do Real"? Como justificar o que teria sido, nesse caso, um abandono por parte de Lacan de um projeto para a psicanálise declarado ainda no "Seminário sobre a carta roubada" e defendido de forma obstinada durante vinte anos de ensino e transmissão?

Em caso negativo, como formalizar a inclusão da dimensão da letra no escopo teórico da psicanálise lacaniana sem renunciar à primazia do significante? A esperança que Lacan deposita na lógica e na topologia seria, nesse caso, uma tentativa de articular aquilo que é da ordem de um: "não sem o significante, mas 'não todo' significante"? Poderíamos propor uma "clínica borromeana" que não prometesse o acesso ao Real impossível, mas sim a possibilidade de "tocar o Real" a partir da escrita, como propõe Lacan em *O seminário 23: o sinthoma*?

Questões importantes que não poderemos responder todas nesse curto espaço que nos resta aqui, mas, pelo menos, tentemos avançar!

II. A ênfase no registro do Real e sua relação com a escrita e a letra

Para avançarmos nessas questões, verifiquemos, inicialmente, em que consistiria, exatamente, a ênfase no registro do Real no último ensino de Lacan. Bastante oportuno retomarmos esse aspecto, até porque Lacan a desmente de certa forma, ele mesmo, em *O seminário, livro 21: os não tolos erram*. Do que se trata, então, nessa mudança de ênfase? Mantenhamo-nos no registro desse mesmo Seminário, e nos encontramos com a reiterada observação de que "o três é o Real", o que implica, necessariamente, que a estrutura triádica do nó borromeano – introduzido nesse Seminário –, que toma cada um dos elos do nó como consistência *per se*, é baseada no real já pelo fato de ela ser triádica. Todo esse seminário introduz as questões com as quais Lacan se haveria a partir do momento em que o três é o Real. Senão vejamos: no início de seu ensino, Lacan havia estabelecido que a referência simbólica que distingue o sujeito do desejo que o singulariza é dada pelo terceiro, o Pai. *Terceiro* que barra a relação com a mãe. Mais de uma década depois, precisamente em *O seminário, livro 17: o avesso da psicanálise*, Lacan reordena o estatuto do pai já não tanto simbólico, mas justamente como Pai Real.

Com o *Seminário 21*, já não é tanto o Pai o ordenador e, sim, o real e as três consistências. que são absolutamente equivalentes e distinguem-se *exclusivamente* pelas *letras* que nelas inscrevemos: R S I. Já não pelo simbólico que as nomeia e sim pelo real que as distingue e singulariza, as três consistências são identificadas por letras que Lacan não equivale a significantes, mas ao real enquanto aquilo que não engana.

E aqui precisamos introduzir as consequências dessa equivalência para o plano da verdade. Se, no nível do simbólico, quando falamos a verdade sempre estamos mentindo, se nesse nível a única forma de dizer a verdade é dizer "minto", no nível do real não há engano possível porque "é isso" no acontecimento de um dizer. O que, no entanto, já não tem relação com a questão da verdade senão lógica, "é isso" quer dizer: "é verdadeiro" logicamente no acontecimento de um dizer.

Observa-se, assim, a partir do *Seminário 21*, uma substituição do conceito de verdade pelo de verdadeiro – que ficará patente no *Seminário 23 O sinthoma*. É, com efeito, nesse Seminário e nos seguintes que, por sua vez, a distinção entre o verdadeiro e o real, e sua relação com a escrita, se faz presente com força e rigor teórico e clínico. Lacan afirma aqui que "o real encontra-se nos emaranhados do verdadeiro" (Lacan, 1975-1976/2007: 83), mas acrescenta, entretanto, que "o que testemunha o real é uma falácia, posto que falei de aparência" (Lacan, 1975-1976/2007: 107). Aqui, é retomada, como já havia sido feito no *Seminário 20*, a interlocução com Parmênides, que funda sua filosofia no contraste entre a verdade e a aparência – e que exigiria um longo desenvolvimento que não poderemos fazer aqui.

No meio da clássica distinção entre o verdadeiro e a aparência (o semblante), Lacan introduz o real. E indaga: "Qual a relação do real com o verdadeiro? O verdadeiro sobre o real, é que o real não tem sentido algum" (Lacan, 1975-1976/2007: 112). Mas resta, ainda, o semblante. E não qualquer um, mas aquele próprio do discurso do psicanalista: o objeto *a*: "É preciso passar por esse lixo decidido (a *letter*, a *litter*) para, talvez, reencontrar alguma coisa que seja da ordem do real" (Lacan, 1975-1976/2007: 112).

Assim, é interessante notar que, se em 1953 Lacan introduz os três registros da realidade psíquica nomeando-os integralmente – o Simbólico, o Imaginário e o Real – a fim de especificar "O que é a fala, quer dizer, o símbolo?" (Lacan, 1953/2011), na tentativa de responder à questão sobre "o que é essa experiência singular entre todas, que trará aos sujeitos transformações tão profundas? E quais são elas? E o que produzem?"[1] (Lacan, 1953/2011) –, em 1973 Lacan não só subverte a ordem dos registros, como também já não os nomeia e, sim, inscreve neles três letras: R S I, letras maiúsculas, o que tem como consequência manter as consistências: "aderidas, de alguma forma, à coisa, simplesmente uma questão de escrita, é perfeitamente heterogêneo" (Lacan, 1973-1974: lição de 13 de novembro de 1973).

Algumas lições adiante, Lacan explicita o que pretende com o seminário no ano letivo de 1973-1974: "que vocês não confundam as palavras com as letras, pois é somente com as letras que se funda o necessário, como o impossível, na articulação que é aquela da lógica" (Lacan, 1973-1974: lição de 8 de janeiro de 1974). O necessário – o que não cessa de se escrever –, explica em seguida, é o que necessita do encontro do impossível – o que não cessa de não se escrever – e que só pode ser abordado com letras. Por que o necessário necessita do encontro do impossível? Porque este limita aquele, fura aquele e, ao furá-lo, o especifica. A letra permite tal furo e tal especificidade quando se sustenta na topologia. E por que somente na topologia? Porque esta sustenta uma ideia sem que seja necessário abordá-la com uma imagem, "o que põe a nu o real" (Lacan, 1973-1974: lição de 8 de janeiro de 1974). Identificar as três consistências do nó borromeano com três letras maiúsculas acrescenta às três consistências o real; não que ele seja terceiro, mas pelo fato de que assim articulados "façam três. E é só

1 "Qu 'est-ce que c 'est cette expérience singulière entre toutes, qui va apporter chez ces sujets des transformations si profondes? Et quelles sont-elles? Quel en est le ressort?" (Lacan, 1953/2011).

isso que elas têm de Real, nada mais. Quero dizer: cada uma. É só isso que elas têm de Real. Parece pouco, mas é mais que nada" (Lacan, 1973-1974: lição de 8 de janeiro de 1974).

Em todo seu ensino, talvez seja essa passagem que mais claramente explicita a relação da letra com o Real: a letra esvazia de Imaginário cada uma das três consistências, inclusive a própria consistência identificada com o I, sua função sendo, exclusivamente, a de fazer três, amarrada borromeanamente às duas outras.

Parece-nos, portanto, que a dimensão que Lacan almeja dar à escrita não é nem a experiência corporal e real da *alíngua*, nem o simulacro do corpo imagem, mas a cifra dessa experiência. Na aula de 13 de abril de 1976 do *Seminário 23 O sinthoma* (1975-1976), Lacan fala sobre a cifra, a escrita do nó borromeano e o efeito de cadeia que daí se obtém. Ele declara ter enunciado o Real em questão sob a forma de uma escrita: "digamos que é o forçamento de uma nova escrita [...] e também é o forçamento de um novo tipo de ideia, se assim posso dizer, uma ideia que não floresce espontaneamente apenas devido ao que faz sentido, isto é, o imaginário" (Lacan, 1975-1976/2007: 127). A seguir, ele afirma:

> A rememoração é distinta da reminiscência [...]. A rememoração é evidentemente alguma coisa que Freud obteve forçosamente graças ao termo *impressão*. Ele supôs que há coisas que se imprimiam no sistema nervoso e lhes conferiu letras [...]. Já há um mundo entre uma letra e um símbolo fonológico [...]. A rememoração consiste em fazer essas cadeias entrarem em alguma coisa que já está lá e que se nomeia como saber (Lacan, 1975-1976/2007: 127).

Assim há o saber, ao qual o inconsciente freudiano é redutível, e que remete ao verdadeiro: "O verdadeiro é dizer conforme a realidade. Mas o que funciona verdadeiramente não tem nada a ver como que designo como real" (Lacan, 1975-1976/2007: 128). E vai mais longe: "a instância do saber renovada por Freud, quero dizer, renovada sob a forma do inconsciente, não supõe obrigatoriamente de modo algum o real de que me sirvo" (Lacan, 1975-1976/2007: 128). O Real, segundo Lacan, ele mesmo o inventou: é a sua resposta sintomática.

Desse modo, se para Lacan a escrita não alcança a verdade, não é por uma impotência do lado da primeira, mas por uma redução da segunda ao estatuto do verdadeiro. Lá onde estava a verdade para a filosofia, Lacan prefere o Real que, por sua vez, nada tem de metafísico.

Novamente, aqui, encontramos as articulações de Lacan em *O seminário 23: o sinthoma* no que se refere à relação entre o verdadeiro, o Real e o sentido no nó borromeano: "O verdadeiro se autoperfura devido ao fato de que seu uso cria integralmente o sentido, na medida em que ele desliza" (Lacan, 1975-1976/2007: 83). Ou, mais adiante, no mesmo Seminário:

> Só é verdadeiro o que tem um sentido [...]. Qual é a relação do real com o verdadeiro? O verdadeiro sobre o real, se assim posso me exprimir, é que o real não tem sentido algum. [...] A essência da cadeia borromeana repousa na verificação do falso-furo, no fato de que essa verificação o transforma em real (Lacan, 1975-1976/2007: 112-113).

O campo do sentido é essencialmente distinto do real (Lacan, 1975-1976/2007: 130).

A partir das articulações aqui apresentadas, podemos avançar sobre a relação da escrita com o Real e o verdadeiro numa análise, expressa na seguinte frase de Lacan (1975-1976/2007: 78): "Quando se escreve, pode-se muito bem tocar o real, mas não o verdadeiro". Voltando à nossa questão inicial, podemos concluir que a letra e a escrita nos permitem formalizar a clínica borromeana do último ensino de Lacan não como uma "clínica do Real", mas uma clínica "não sem o Real": Uma clinica da *Heresie* que Lacan escreve RSI.

Referências bibliográficas

ABBAGNANO, N. (2007). *Dicionário de filosofia*. São Paulo: Martis Fontes.

ALBERTI, S. (2004). Transferência de trabalho e universidade. *Revista Psicologia USP*, *15* (1/2), 55-70.

———. (2006). Sobre o lugar de Goethe no texto freudiano. In: COSTA, A. & RINALDI, D. (orgs.). *Escrita e psicanálise* (pp. 15-24). Rio de Janeiro: Companhia de Freud.

———. (2010). Opsis: corpo e intuição. *Heteridade* – Revista eletrônica da IFCL, *8*, 150-158.

BADIOU, A. (1997). *Saint Paul. La fondation de l'universalisme.* Paris: Presses Universitaires de France.

CHAUÍ, M. (1994). *Introdução à história da filosofia – Dos pré-socráticos a Aristóteles.* São Paulo: Editora Brasiliense.

DERRIDA, J. (1972/2005). *A farmácia de Platão.* Trad. Rogério da Costa. São Paulo: Iluminuras.

ELIA, L. (2000). Psicanálise: clínica & pesquisa. In: ALBERTI, S. e ELIA, L. *Clínica e pesquisa em psicanálise* (pp. 19-36). Rio de Janeiro: Rios Ambiciosos.

ELIA, L. (2006). A letra: de instância no inconsciente à escrita no corpo. In: COSTA, A. & RINALDI, D. (orgs.). *Escrita e psicanálise* (pp. 15-24). Rio de Janeiro: Companhia de Freud.

FREUD, S. (1937/1981). Análisis terminable e interminable. *Obras completas de Sigmund Freud,* v. 3. Trad. Luis Lopez-Ballesteros y de Torres. Madrid: Biblioteca Nueva.

LACAN, J. (1953). Le symbolique, l 'imaginaire et le réel. Conferência de 8 de julho de 1953. Inédita. Disponível em <http://www.scribd.com/doc/16001836/Symbolique-Imaginaire-Reel>. Acesso em 10 de novembro de 2011.

———. (1953/1998). Função e campo da fala e da linguagem em psicanálise. *Escritos.* Trad. Vera Ribeiro. Rio de Janeiro: Jorge Zahar.

———. (1956/1998). O seminário sobre "A carta roubada". *Escritos.* Trad. Vera Ribeiro. Rio de Janeiro: Jorge Zahar.

———. (1957/1998). A instância da letra no inconsciente ou a razão desde Freud. *Escritos.* Trad. Vera Ribeiro. Rio de Janeiro: Jorge Zahar.

———. (1958/1998). Juventude de Gide ou a letra e o desejo. *Escritos.* Trad. Vera Ribeiro. Rio de Janeiro: Jorge Zahar.

———. (1959-1960/1998). *O seminário, livro 7: a ética da psicanálise.* Trad. Vera Ribeiro. Rio de Janeiro: Jorge Zahar.

———. (1961-1962/2003). *A identificação.* Seminário não estabelecido oficialmente. Trad. Ivan Corrêa e Marcos Bagno. Centro de Estudos Freudianos, Recife.

———. (1964/1998). *O seminário, livro 11: os quatro conceitos fundamentais de psicanálise.* Trad. MD Magno. Rio de Janeiro: Jorge Zahar.

———. (1964/2003). Ato de fundação. *Outros escritos*. Trad. Vera Ribeiro. Rio de Janeiro: Jorge Zahar.

———. (1965). *Problemas cruciais da psicanálise*. Seminário não estabelecido oficialmente.

———. (19652003). Homenagem a Marguerite Duras pelo Arrebatamento de Lol V. Stein. *Outros escritos*. Rio de Janeiro: Jorge Zahar.

———. (1966-1967). *La lógica del fantasma*. Seminário não estabelecido oficialmente.

———. (1966-1967/2003). A lógica da fantasia. *Outros escritos*. Trad. Vera Ribeiro. Rio de Janeiro: Jorge Zahar.

———. (1967-1968). *O ato analítico*. Seminário não estabelecido oficialmente.

———. (1969-1970/1992). *O seminário, livro 17: o avesso da psicanálise*. Trad. Ari Roitman. Rio de Janeiro: Jorge Zahar.

———. (1970/2003). Radiofonia. *Outros escritos*. Trad. Vera Ribeiro. Rio de Janeiro: Jorge Zahar.

———. (1971/2003). Lituraterra. *Outros escritos*. Trad. Vera Ribeiro. Rio de Janeiro: Jorge Zahar.

———. (1971/2009). *O seminário, livro 18: de um discurso que não fosse semblante*. Trad. Vera Ribeiro. Rio de Janeiro: Jorge Zahar.

———. (1972-1973/1982). *O seminário, livro 20: mais, ainda*. Trad. M.D. Magno. Rio de Janeiro: Zahar.

———. (1973-1974). *Os não-tolos erram*. Seminário não estabelecido oficialmente.

———. (1974-1975). *R.S.I.* Seminário não estabelecido oficialmente.

———. (1975-1976/2007). *O seminário, livro 23: o sinthoma*. Trad. Sérgio Laia. Rio de Janeiro: Jorge Zahar.

PLATÃO. (2007). *Fedro*. São Paulo: Martin Claret.

RINALDI, D. (2006). Escrita e invenção. In: COSTA, A. & RINALDI, D. (orgs.). *Escrita e psicanálise* (pp. 273-279). Rio de Janeiro: Companhia de Freud.

SCRUTON, R. (1982). *Introdução à filosofia moderna*. Rio de Janeiro: Zahar.

SOLER, C. (2009). De que modo o real comanda a verdade. *Revista Stylus, 19,* 13-28.

Autismo e escrita: Birger Sellin

Eliane Allouch

Resumo

A partir de dois livros escritos pelo autista alemão Birger Sellin, graças a um método com ajuda do computador, o autor deste artigo comenta e teoriza a lenta e dolorosa emergência do sujeito autista para as trocas humanas. O estilo de escritura de Birger Sellin, como ele mesmo especifica, trata de uma "segunda realidade", em outras palavras, relativo ao processo sublimatório, ou de suplência, num sujeito autista.

Palavras-chave: escrita; autismo; Birger Sellin; sublimação; suplência.

Résumé

Autisme et écriture: Birger Sellin

A partir des deux livres écrits par l'autiste allemand Birger Sellin, grâce à la méthode assistée par ordinateur, l'auteur de cet article commente et théorise la lente et douloureuse émergence du sujet autiste à l'échange humain. Le style d'écriture de Birger Sellin, comme il le précise lui-même, relève d'une "réalité seconde", autrement dit du processus sublimatoire ou de suppléance chez un sujet autiste.

Mots-clés: écriture; autism; Birger Sellin; sublimation; suppléance.

Quando estávamos preparando o colóquio *Escrita* e *Psicanálise – Passagens: experiência e escrita,* em 2010, no Rio de Janeiro, propus o subtema "Corpo, traço e letra". Minha ideia era verificar se o autismo podia ser entendido como uma privação de traço, ao contrário da psicose, que se apresentaria mais como uma privação de letra ou de uma letra não roubada, como na neurose ou na perversão, mas como uma letra forcluída.

O título desse colóquio – *Passagens: experiência e escrita* – levou-me então a examinar mais de perto as consequências do acesso inesperado à escrita do autista alemão Birger Sellin, aos 19 anos, por meio da comunicação assistida por computador.

Após tecer breves considerações sobre a autenticidade desses textos e fornecer alguns dados biográficos de Birger Sellin, apresentarei as características de sua escrita, os principais temas de seus textos e concluirei pelo que nos ensina a passagem à escrita em caso de autismo.

Autenticidade dos textos de Birger Sellin

Um filme interpretado por Birger Sellin e realizado por Félix Kuballa recebeu o prêmio especial do ministro da cultura da Vestfália, em 1995, e dois livros escritos por ele foram publicados na Alemanha, em 1993 e 1995, graças ao jornalista Michael Klonovsky. Em 1994 e 1998 respectivamente, a editora Robert Laffont publicou na França *Une âme prisonnière* [Uma alma prisioneira] (Sellin, 1993/1994) e *La solitude du déserteurn* [A solidão do desertor] (Sellin, 1995/1998). Insisto nessas datas e referências para eliminar as dúvidas quanto à autenticidade desses livros, que eu mesma não levei a sério inicialmente. Após enviar dois repórteres à casa de Birger Sellin, a revista berlinense *Spiegel* também se retratou, em 14 de fevereiro de 1994, por um artigo publicado um mês antes, no qual denunciava a falsificação dos textos de Birger Sellin.

Breve biografia

Assim, o autista alemão Birger Sellin, incapaz de chorar, rir, falar, que de repente "sai do ar" aos gritos e gestos, tem acesso à escrita em 1992, aos 19 anos, por meio ou graças à comunicação assistida por computador (uma pessoa que ele tolere precisa segurar seu cotovelo para que ele possa escrever com um dedo. Nos dois primeiros anos de seu período de escrita, era incapaz fisicamente de sustentar tal esforço de coordenação motora sem esse acompanhamento).

Birger nasce em 1º de fevereiro de 1973, em Berlim Ocidental; sua mãe era catequista e seu pai, estudante de Direito. Nenhum indício comportamental na tenra idade leva a supor uma deficiência psíquica. Ao contrário, trata-se de uma criança receptiva, alegre, que começa a falar bem cedo, segundo seus pais. Aos 20 meses, eles tentam colocá-lo numa creche, o que provoca gritos muito difíceis de acalmar; depois, passa a ter otites e vômitos com frequência. Em geral, ele grita assim que sai de casa, mas observa e compreende os pais. Até os 19 anos, dada sua aparência e comportamento, considera-se que tem uma debilidade mental severa; balança-se, morde-se, grita, é ofegante, bulímico e apresenta todas as estereotipias dos autistas: compulsão de balançar o busto, rolar bolinhas, bater brutalmente no rosto com a mão várias vezes, gritar estridentemente em toda a casa. A partir de seus textos, tanto a família quanto Michael Klonovsky, o jornalista que o apresentou publicamente, descobrem com estupefação que ele sabe ler e que o que escreve é impactante, até mesmo poético. Suas palavras traduzem um terror absoluto, mas também beleza e emoção. Nada delirante, mesmo que se tenha falado sobre ele, e não sem razão, de Hölderlin e Artaud. Na introdução ao primeiro livro, *Une âme prisonnière*, Michael Klonovsky, apresentado à família por um colega do pai de Birger, que se tornou juiz, observa "a vertiginosa distância entre os textos de Birger e sua aparência"!

Características dos textos de Birger Sellin

Sua escrita, sem nenhuma pontuação ou maiúsculas, é como que entrecortada, tal como uma tomada de notas: talvez os novos parágrafos frequentes, principalmente no primeiro livro, também contribuam para esse aspecto interrupto de seus textos. No segundo livro, *La solitude du déserteur*, compreende-se, pelo que ele afirma, que escrever lhe exige um esforço intenso de coordenação gestual. Esclarece, em 10 de junho de 1993, à página 65:

> só a vontade não tem nenhum efeito é preciso um ponto de apoio
> alguém que me queira bem
> alguém que consiga igualmente deixar ir

> alguém que seja um pensador do interior e possa dar uma nova direção a um original passado no crivo
> alguém habituado a uma sabedoria de equilibrista e que preserve o homem--sem-si da queda

O que significa que a sensibilidade do autista ao ser humano é exacerbada e que a confiança no outro não é interiorizada.

Porém, em 12 de março de 1994, ele consegue escrever duas palavras sem apoio: "sete maravilhas"; enquanto sonha com um telefone telepático, escreve a seu amigo autista Uwe: "nós poderíamos conversar sem tremores nem ajuda absurda e cansativa como os humanos são incapazes de fazer".

Será o início de sua dolorosa busca por autonomia física, como sair, ir ao teatro e fazer viagens sozinho. Para escrever sozinho, ele menciona também um aspecto afetivo:

> é a emoção que torna tão difícil escrever sozinho
> eu encontro tudo sem hesitar mas a simples certeza de que está correto é tão difícil
> sempre acho as letras
> mais não ouso ir para a certa
> tenho medo esta autonomia é nova e excitante

Observe-se, por fim, que se podem distinguir dois tipos de sujeito: o eu que Birger emprega quando escreve e o uso de seu nome para falar da parte autista de si mesmo, "este Birger bruto e rebelde" (Sellin, 1995/1998: 134), "o ser enterrado vivo, o ser-sem-si, o ser do terror, o mortal sem eu... cuja língua é marcada pelas profundezas da solidão, pelas profundezas de resistências fervilhantes" (Sellin, 1995/1998: 223).

Temas de seus textos

Sobretudo no primeiro livro, *Une âme prisonnière*, o tema mais importante é a angústia:

a angústia me toma assim primeiro eu tenho uma sensação esquisita do lado
do estômago
em seguida essa angústia dissimulada se ergue como uma fera dissimulada
contra todo meu corpo (Sellin, 1993/1994: 63)
as estereotipias podiam aliviar um pouco
eu tenho que gritar
as modificações pela angústia prevalecem e me sufocam eu-sem-eu
sou o escravo da potência – mural – angústia (Sellin, 1993/1994: 64)
você sabe realmente a que ponto a angústia habita profundamente um
indivíduo
a que ponto ela age num plano individual sobre a desagregação das primeiras palavras penosas (Sellin, 1993: 1994: 93-97)
é uma bobagem transformar os problemas importantes em simples problemas de raciocínio
como Gisela fez
ela trabalha exclusivamente a partir do fato de que a angústia seria uma falta
de raciocínio mas a angústia
é algo que não se pode captar facilmente é uma disfunção com tal peso
extraordinário que
não consigo descrever tão facilmente meus comportamentos autistas dão
uma ideia como por exemplo o fato
de gritar morder e todas as outras insanidades (Sellin, 1993/1994: 214)

O segundo tema do primeiro livro é, se não a definição do autismo, a tentativa de descrevê-lo:

é como um ser mineral que me tem prisioneiro (Sellin, 1993/1994: 60)
eu não poderia falar como escrevo somente se o autismo tivesse desaparecido
é o corte do homem das primeiras experiências essenciais e importantes
como chorar
eu nem mesmo choro realmente chorar uma vez fazer sair pelas lágrimas um
gigantesco canto indizível
interior e solitário
de toda uma existência apenas isso traz um consolo pessoal (Sellin,
1993/1994: 102)

F. Tustin fala de um defeito "das experiências sensuais de base" [o que significa que as experiências sensoriais e gestuais dos dois primeiros anos não são suficientemente *libidinalizadas* ou *psiquizadas* pelo outro primordial!].

> Em 12 de janeiro de 1992, Birger escreve:
> uma ideia fantástica de reduzir a causa do autismo
> a um problema quase simples como a audição
> uma hipersensibilidade existe muito simplesmente em todos os planos já que posso ouvir um pouco demais e ver um pouco demais mas os órgãos sensoriais estão ok
> dentro só há infelizmente um mistura de palavras frases ideias são assim separadas e rasgadas
> as coisas simples são arrancadas do contexto do mundo exterior importante real único outro
> um pensamento é tão pesado para mim quanto uma verdadeira caixa-de--mundo-interior (Sellin: 120-121)

Pode-se facilmente estabelecer uma relação com a noção de elemento beta de Bion (1962/1974: 24), que ele qualifica como "coisa em si", ou seja, diferentemente dos elementos alfa, que adquirem sentido no discurso do outro, os elementos beta não podem ser reconhecidos pelo homem (o real em Lacan!).

Abordo agora, mais precisamente, o tema do efeito da escrita para Birger. Encontramos sua primeira ocorrência em relação à escrita na página 81 do primeiro livro, onde afirma em 13 de dezembro de 1990: "a ideia mais idiota era pensar que eu podia sair do ar [,] a partir de agora eu sei escrever [...] tenho tanto prazer em escrever, tenho tantas perguntas" (Sellin, 1993/1994).

Ele nos dá a entender que o fato de escrever o impedia de "sair do ar". Infelizmente, a diminuição do entusiasmo dos primeiros tempos e as diversas dificuldades de seus confrontos com a realidade para superar seus bloqueios autísticos o farão relativizar o desejo de ter encontrado na escrita a solução de uma dissolução de sua síndrome autística. Os maiores períodos de desencorajamento aparecem principalmente no segundo livro, a despeito do aumento de autonomia, sobretudo no plano corporal (ir sozinho ao teatro, ao museu, ao restaurante, viajar, escrever sozinho, assistir a aulas em uma escola normal por dois meses – a qual ele mesmo decidirá abandonar para evitar "sair do ar" em público, e também porque, segundo ele, sua maneira de aprender era muito diferente dos outros, que o tinham aceitado muito bem. A partir de então, irá sozinho a suas inúmeras aulas particulares para aprender, entre outros, inglês, em uma velocidade prodigiosa; francês, alcançando, em um ano, o nível que um aluno normal alcança em três; latim, no qual progride incrivelmente, conforme seu professor de línguas...). Mas o golpe de misericórdia mais terrível que o confronta dolorosamente com seus próprios limites, esclarece Michael Klonovsky, acontece no verão de 1994, quando se apaixona por sua ajudante, uma estudante universitária germanista, que ele corteja em seu microcomputador durante os passeios que fazem.

Todavia, para além de todas as dificuldades e momentos de desencorajamento, ele diz várias vezes o quanto a escrita lhe permite se liberar, pelo menos em parte, de sua "existência encapsulada": "a cova se abre", esclarece na página 55 de *Une âme prisonnière*. Pode enfim mandar "mensagens ao povo da superfície" (Sellin, 1993/1994: 59), isto é, sair de sua solidão, o que fará copiosamente em *La solitude du déserteur*, respondendo às inúmeras cartas que recebe após a publicação de seu primeiro livro e se correspondendo com outros autistas iniciados na comunicação assistida por computador. E embora declare, em seu primeiro livro, querer ser poeta e, no segundo, escritor, ele insiste principalmente no seu desejo e projeto, em nome dos autistas mudos, de dar a conhecer o universo dos autistas:

> eu quero realmente que vocês saibam como é no interior das crianças autistas [.] sem abordar a escrita
> nós temos digamos um tal medo sem igual [.] você pode imaginar como é viver em um sistema
> social que o declara louco para sempre é a encarnação de tais excessos de maldade elementar que não se
> pode descrever [...] sem escrever eu não sou um verdadeiro ser humano pois é o único meio de expressão de que disponho (p. 84, 23 de dezembro de 1990).

De fato, para Birger, escrever "é justificar o mundo interior". Ele esclarece:

> nosso mundo é intocável e triste
> quero registrar que amo igualmente minha realidade ela me oferece proteção e refúgio
> ela me dá dignidade
> é um contexto em que ninguém me despreza porque nele eu sou reconhecido antagonista da realidade (Sellin, 1883/1994: 84)

Birger desenvolverá longamente, mais ainda em *La solitude du déserteur*, o tema do desejo de ter acesso à realidade. Em 16 de outubro de 1992, dirigindo-se à sua querida amiga Gisela, escreve:

> é simples para mim responder a perguntas de ordem factual e é difícil dar descrições precisas dos fatos externos
> não se trata apenas de uma falta de treinamento e de interrogação mas antes de um defeito fundamental de
> minha substância mental
> não consigo passar de minha visão autística à visão realista
> neste momento tento captar pequenos acontecimentos de maneira realista
> mas não vejo como verificar isso
> porque a realidade permanece quase inapreensível para mim
> enquanto consigo perceber estruturas internas complicadas com precisão e rapidez
> eu me exercito para poder fazer os dois (Sellin, livro I: 181)

No segundo livro, ele especifica que

> o exterior e o interior são mundos fabulosos
> imensamente separados
> e que nada une esses mundos exceto a escrita (Sellin, livro II: 64)

Mas, ainda nesse livro, após ter acreditado fortemente que um dia viveria como qualquer um, conforme registra, percebemos que se conscientiza, cada vez mais, de que a escrita lhe dá acesso apenas ao que ele chama de "realidades de segunda ordem" (livro I: 181).

Conclusão: um corpo de escritura a partir de *fueros*

É verdade que a escrita permite ao autista Birger abrir uma brecha em seu muro de concreto. Ele não está mais indefeso em sua relação com o mundo; não é mais um "em-mim"; pode expressar-se, formular desejos e tomar decisões. Beneficia-se, como todo autor, de uma mudança de posição, ou seja, pode relatar razoavelmente, "objetivamente", um discurso, como se fosse de um outro, em última instância, um discurso em termos de eu que o torna sujeito para si e para os outros, diferentemente de um psicótico como Schreber, que se perde como sujeito, redigindo seu delírio em suas *memórias* (1903/1975. Não somente Birger pode pensar claramente e analisar sua situação, informando seu meio sobre o universo tenebroso do autismo, mas também seus livros, pelos retornos recebidos, reforçam consideravelmente a consciência de seu próprio valor. Em 17 de fevereiro de 1994, ele observa que

> aquele que vem de um mundo autista ressuscitado é também estimado
> como os outros
> saldando fora das trevas
> mas percebendo uma luz
> quero mandar a todos meu agradecimento e meu amor fabuloso

Todavia, Birger constata que a escrita não faz dele um ser humano de primeira ordem como os outros, que choram, riem, falam, têm coordenação gestual fina; ele só tem acesso a realidades de segunda ordem... justamente a partir da escrita! Como compreender essa escrita como realidade de segunda ordem, principalmente em caso de autismo?

Embora Birger possa expressar sentimentos, em particular o inferno, essas resistências fervilhantes do autismo ou os sentimentos que experimenta por outras pessoas, ele acha que "se conceber ideias é fácil [mas] expressá-las desatando-as é incrivelmente difícil" (23 de junho de 1994); por outro lado, não consegue sobretudo unir a ação a seus sentimentos e pensamentos. De fato, ele não tem acesso à expressão corporal relacional e só consegue escrever seus sentimentos – como para a ajudante alemã pela qual se apaixonou. Assim, Birger conseguiu constituir para si um *corpo de escrita*, mas não um corpo próprio capaz de trocas com os outros. Entretanto, esse corpo de escrita não apaga as angústias e o medo das abissais tumultuosas, que surgem em comportamentos clásticos, independentemente e em detrimento do sujeito, então metamorfoseado em animal enfurecido, que envergonha terrivelmente o entorno e assusta, como ele explica várias vezes.

Confirma-se a concepção de Kanner acerca do autismo como distúrbio do contato afetivo, o que não quer dizer que os sentimentos não existam ou que a fala esteja ausente: o autista não compreende as palavras dos outros! Aqui encontramos os paradoxos da patologia autística. O autista tem acesso à letra com uma facilidade maior do que os normais, mas é impedido no plano do eu-corpo, aquele que Freud determina como a base do eu (o eu é, acima de tudo, um eu-corpo) (Freud, 1923/1981: 238). No autista, as sensações primitivas não puderam se sustentar sobre o discurso corporal do outro primordial; elas permaneceram no estado do que Freud chama de "*fueros*" na carta 52 (Freud, 1896/1969: 156). Ele designa assim os "vestígios do passado que sobreviveram" sem se traduzirem em materiais psíquicos. Esclarece que estamos diante de um anacronismo oriundo do fracasso "à tendência à igualação qualitativa" (Freud, 1896/1969: 155) dos registros sucessivos da produção psíquica de épocas sucessivas da vida. Além disso, a escrita em caso de autismo tange essencialmente à função fálica desamarrada de vestígios primitivos detoxicados, como diz Bion, pelo outro primordial, privando o sujeito de um eu-corpo e de uma fala do corpo, tal como a voz. Saliente-se, porém, que uma fala de escrita, como aquela a que teve acesso Birger Sellin, constitui uma das soluções de saída do autismo, mesmo que este não ceda completamente.

Referências bibliográficas

BION, W. R. (1962/1979). *Aux sources de l'expérience.* PUF: Paris.

FREUD, S. (1896/1969). Lettres à Wilhem Fliess, Lettre n° 52 du 6- 12-1896. *Naissance de la psychanalyse.* Presses universitaires de France (PUF): Paris.

———. (1923/1981). Le moi et le ça. *Essais de psychanalyse*. Paris: Payot.

SCHREBER, D. P. (1903/1975). *Mémoires d'un névropathe*. Trad. de l'allemand par Paul Duquenne et Nicole Sels. Paris: Ed. Du Seuil.

SELLIN, B. (1993/1994). *Une âme prisonnière*. Trad. de l'allemand par Peter Schmidt. Paris: Ed. Robert Laffont, collection Réponses.

———. (1995/1998). *La solitude du déserteur*. Trad. de l'allemand. Paris: Ed. Robert Laffont, coll. Réponses.

A DANÇA COMO ESCRITURA DO FANTASMA

Angela Langaro Becker

RESUMO

Este escrito ocupa-se da *dança adolescente* no sentido de suas expressões próprias no campo das pulsões escópica e invocante. Essa dança é o movimento de ida e vinda de toda pulsão na direção da invocação do Outro, movimento que produz o campo do equívoco, que introduz a alteridade, que deixa passar a significação de um novo sujeito. Diz respeito não apenas a como cada adolescente ensaia a ressignificação de sua imagem na direção de uma sexuação, mas também como se relaciona com os espaços urbanos.

Na operação adolescente, o que está em jogo é o segundo tempo de separação. O laço fantasmático constituído com os pais da infância perde a eficácia. É preciso reinscrever o fantasma, agora implicando o sexual, como posição sexuada. Para subjetivá-lo, vai ser preciso que o corpo púbere, próximo à condição de dejeto pela invasão do real, faça sua inclusão novamente numa relação de desejo.

Falar da dança do corpo adolescente é falar de ressignificar a imagem do corpo, e isso diz respeito a uma nova relação com o tempo e com o espaço.

Palavras-chave: dança; adolescência; corpo; pulsão; voz; olhar.

RESUMÉ

La danse ou l'ecriture du fantasme

Ce travail analyse la *danse adolescente* du point de vue de ses expressions dans le champ des pulsions scopique et invocante. Cette danse est le mouvement même d'aller et venue de toute pulsion en direction de l'invocation de l'Autre; un mouvement qui produit le champ de l'équivoque, qui introduit l'altérité, qui laisse passer la signification d'un nouveau sujet. Elle ne se réfère pas seulement à la manière dont chaque adolescent s'essaie à la resignification de son image vers une sexuation, mais concerne aussi son rapport aux espaces urbains.

Dans l'opération adolescente, ce qui est en jeu dans ce deuxième temps de séparation est la perte de l'efficacité du lien fantasmatique constitué avec les parents de l'enfance. La suspension de ce lien nécessite de réinscrire le fantasme, en y impliquant cette fois le sexuel comme position sexuée. Pour cela, il faut que le corps pubère – proche de la condition de déchet de par l'invasion du réel – s'inclue à nouveau dans une relation de désir.

Parler de la danse du corps adolescent, c'est parler de la resignification de l'image du corps, et donc d'un nouveau rapport au temps et à l'espace.

Mots-clés: danse; adolescence; corps; pulsion; voix; regard.

Freud nos fala sobre a puberdade, especificamente em 1905 (1981). Nesse texto, ele descreve o tumulto pulsional que se dá com o surgimento da puberdade e a ameaça que se abate na organização psíquica desde a saída da latência. Através do conceito de libido – que nesse ensaio ganha um avanço em relação às posições anteriores – é que Freud vai descrever o caminho do púbere entre o apego à imagem infantil de um corpo não sexuado, objeto dos cuidados maternos, e o surgimento do corpo sexuado.

Essa mudança coloca o púbere numa posição que o obriga a renunciar à fantasia de dominar o gozo parental. A adolescência não deixa de ser um período de adiamento dessa posição sexuada; para isso, o adolescente fabrica estratégias que o colocam na borda da estrutura edípica. Esse adiamento se dá por medo de perder o sentimento de continuidade e existência.

Ao descrever a puberdade, Freud faz menção a esse estado enigmático da relação do sujeito com sua estrutura. O adiamento da posição sexuada deixa o adolescente num estado psíquico que diz respeito a um lugar de passagem, um lugar de trânsito. Por isso mesmo, o adolescente é um grande representante da subjetividade moderna, um ser que está em constante devir, como se essa passagem nunca terminasse de se fazer.

Na adolescência, a operação de alienação/separação retorna, na medida em que o laço constituído pelos pais não se sustenta mais. Nesse momento, o sujeito se encontra na posição daquele que quer saber até que ponto o Outro quer, qual o limite desse querer. Além disso, o real que invade o corpo na puberdade provoca a suspensão desse laço constituído na infância, a suspensão do fantasma infantil. O púbere, então, terá que refazê-lo na direção de constituir uma nova posição de sujeito de desejo. A possibilidade de o adolescente efetivar essa mudança está no quanto vai poder ressignificar seu fantasma da infância.

Desde 1905 (1981), para Freud, existia um único conceito de *fantasma*, ao contrário do pensamento kleiniano, que distinguia o *fantasma* inconsciente do consciente. Já em 1915 (1981), o *fantasma* é caracterizado por sua mobilidade: é lugar e momento de passagem de um registro para o outro. Mas é em escrito de um ano anterior (1914/1981) que Freud fala pela primeira vez sobre *cena primária*, quando se refere ao ato sexual dos pais. A partir daí, a construção do *fantasma* vai situar a posição do sujeito em relação à cena primária.

Segundo Freud, algum acontecimento na infância faz a determinação do *fantasma* para a criança. Ele denomina *fantasias originárias* aquelas que se referem ao modo como cada sujeito, imaginariamente, representa suas origens: a observação da relação sexual dos pais (origem de sua concepção), a sedução (origem de sua sexualidade) e a castração (origem da diferença sexual). A investigação de Freud com relação ao *fantasma* é sua busca de uma origem para a história individual, mas, ao mesmo tempo, é sua interrogação sobre uma história global da espécie humana, e isso está presente tanto em 1912 (1981) quanto em 1939 (1981). No seu artigo de 1919 (1981), "Pegan a um niño", ele afirma que *fantasma* representa o desejo inconsciente do sujeito, e este pode ser representado por diversos personagens nele incluídos. A importância do *desejo* na constituição do *fantasma*, para Freud, é que não há relação imediata entre ele e os acontecimentos vividos pela criança.

Lacan vai retomar o conceito freudiano de *fantasma* da seguinte forma: no seminário de 1956-1957/1995, descreve o *fantasma* como uma imagem que impede o surgimento de um episódio traumático. Refere-se, também, a um *fantasma fundamental*, cuja travessia é o destino de toda análise. Mas só vai desenvolver uma lógica do *fantasma* em 1966-1967. Aí, o *fantasma* é tomado como expressão última da lógica do desejo. Ele explica a sujeição originária do sujeito ao Outro (*Che vuoi?*), escrevendo o algoritmo $\$ \Diamond a$. S barrado, punção de a minúsculo, desejo de objeto faltoso. Se há desejo, é porque há falta, e esta faz o desejo inscrever-se num fantasma, que pretende recuperar aquilo que foi perdido.

Na operação adolescente, o que está em jogo, nesse segundo tempo de separação, é que o laço fantasmático constituído com os pais da infância perde a eficácia. Por causa da suspensão desse laço, é preciso reinscrever o fantasma, agora implicando o sexual, como posição sexuada. O adolescente perde a pertinência fálica que o sustentava na infância e não encontra no Outro social estatuto suficiente que o subjetive. Para subjetivá-lo, vai ser preciso que o corpo púbere, próximo à condição de dejeto pela invasão do real, faça sua inclusão novamente numa relação de desejo.

O corpo adolescente muda de estatuto, essencialmente, porque a genitalidade ocupa agora uma posição determinante para o sujeito. A lógica fálica é fundar uma dissimetria: "os que teriam" e "os que não teriam" (Rassial, 1999: 229). A estruturação da imagem do corpo é agora posta à prova, para além do olhar dos pais que o sustentaram. A modificação do valor do corpo se dá pelo fato de que o portador do olhar não é mais um dos pais, mas um semelhante. O outro sexo agora é o regulador das identificações, o que põe em jogo, novamente, as pulsões que estão em causa na reconstrução da imagem do corpo: a pulsão escópica e a invocante.

Falar da dança do corpo adolescente é falar de ressignificar a imagem do corpo, e isto diz respeito a uma nova relação com o tempo e com o espaço. Nessa ressignificação, mudam o gesto, o ritmo e a direção. Muda a relação com o dentro e o fora, com o íntimo e o social, com o espaço casa e o espaço rua, bem como o modo em que o corpo ocupa esse espaço.

A dança pode se construir como um espaço de transicionalidade, no sentido de ser um corpo que não está mais no interior, mas ainda não está no exterior. Ela acontece no campo onde se delineiam as bordas do corpo, por isso torna-o visível e invisível ao mesmo tempo. A dança imaginariza o corpo, oferecendo mediação que funciona como lugar terceiro. Nesse sentido, engendra a possibilidade de uma passagem que refaz esse encontro entre Real e Simbólico.

Daniel Sibony (1995) nos fala da dança como uma linguagem intermediária no sentido de que ela produz, senão um apelo ao Outro, ao menos uma abertura para um apelo. O corpo de quem dança é um corpo que se aproxima e se afasta; sendo, ao mesmo tempo, próximo e estrangeiro, fala do que é conhecido e do que escapa. A dança torna a relação do corpo com o espaço um batimento de aberturas e fechamentos, produzindo um jogo de lugares. Ela desdobra, no espaço, a questão do lugar entre dois corpos como uma busca de um corpo a vir. Os dois corpos referidos por Sibony (1995) são: o corpo singular que se desloca, buscando criar seu lugar, e o corpo coletivo, social, que pode recebê-lo ou não, reconhecê-lo ou não no lugar em que busca ser conhecido.

Sabemos o quanto esse movimento diz respeito ao processo adolescente: o adolescente precisa ser alguém fora de casa, isto é, um sujeito com seu próprio corpo, inserido no corpo social. E sabemos que, quando não há reconhecimento do Outro com relação a esse deslocamento realizado pelo adolescente, o corpo caminha em vão e se agita no vazio. O conceito de errância, trabalhado anteriormente, diz respeito a esse vazio. Sibony (1995: 10) nos diz que entre esses dois corpos há um abismo a viver e ultrapassar.

A entrada na sexuação coloca em causa, tanto para a menina quanto para o menino, a possibilidade de uma falta nesse Outro materno. Com isso, é possível quebrar uma exclusividade com relação aos referentes maternos e produzir outros suportes referenciais. Esse será o caminho do adolescente em direção à musica como caminho de recuperação da voz materna enquanto sustentáculo do imaginário corporal. Também na direção da recuperação do olhar materno, ele irá em direção da ausência e presença que a dança e as artes cênicas provocam.

Retomando, então, a afirmação de Winnicott (1975) de que o campo do brincar é o campo da produção cultural, podemos considerar o trânsito do adolescente pelas artes musicais e cênicas como seu campo do brincar, no mesmo processo descrito por ele, em que a criança produz para compor esse caminho de saída do corpo materno. Apesar de falarmos desses objetos como coletivos, é apenas através de um movimento singular, que possa incluir o traço unário, que será possível fazer borda, isto é, constituir corpo próprio.

Em cada campo artístico ou cultural em que o adolescente irá transitar ensaiará um lugar singular dentro do campo das representações sociais.

Desde a tatuagem, a escrita de um poema, a composição de uma música, a produção de um personagem até a aprendizagem de uma dança serão formas de escolha de uma determinada posição desde onde cada um quer se representar ao Outro. As artes têm efeito de apaziguamento das pulsões, pois elas encontram um modo e uma direção no endereçar-se ao Outro. É importante para o adolescente estar na circulação do registro fálico, através de uma forma de representar seu corpo que seja comum com outros. Por isso, cada qual irá escolher consciente ou inconscientemente o seu tipo de evento transicional, aquele que diz respeito ao grupo ao qual se identifica.

O fenômeno transicional é o primeiro momento em que o elemento terceiro aparece, isto é, o elemento que entra para delimitar espaços, para dialetizar mediações. Esse elemento terceiro pode estar representado por muitas das criações adolescentes e muitos dos âmbitos da cultura em que o adolescente se engaja.

O canto e a dança expressam aquilo que excede a possibilidade de expressão da palavra e do gesto. O homem, dançando, pode passar além dos seus limites espaço-temporais. Ele dança sobre o que ultrapassa o campo significado pela palavra. Digamos que a dança é a possibilidade de estar em passagem, e isso ensaia o perder e o encontrar, sem que se possa definir de que ruína ou traço a nova referência pode advir.

Na adolescência, é preciso deixar para trás o enredo da história original junto com os próprios personagens das cenas da infância. O novo enredo que se vai fazer é desconhecido do próprio adolescente, a dança de seu corpo não é verbalizável. Colocar a dança em palavras é tentar torná-la traduzível, e isso seria perder o seu essencial. Se a dança é intraduzível, é porque há algo nela que escapa à possibilidade da palavra, há algo nela de puramente dançante. Se o adolescente experimenta de perto esse real que não cabe na linguagem, então vamos chamá-lo de dançarino.

O que aqui denominamos dança é esse efeito das operações de inscrição do corpo num espaço cênico, onde voz e olhar são as vias articuladoras entre a pulsão e a linguagem. É a tentativa de produção de uma cena dentro de um determinado espaço e tempo em que o corpo esteja inserido como parte de uma ficção. Os suportes da teatralidade são produzidos por meio da criação de um cenário em que personagens estão na função de sustentar imaginariamente a transição adolescente entre os dois polos da sexuação.

A construção desse cenário é a fundação de um território próprio (espacial e comunicacional), na tentativa de poder viver ativamente o que, na infância, por uma predominante condição de alienação, só se vive passivamente. As possibilidades de organização do espaço e do tempo, através dos polos pulsionais do olhar e da voz, são dadas através da música, da imagem corporal, do gesto, das vestes e da construção de cenários. Na infância, quando o corpo materno está ausente, será necessária uma suplência, na figura de um objeto transicional, para sustentar o imaginário espaço-temporal que estava construído com as referências maternas. Na adolescência, esse processo também acontece e muitas vezes o recurso fóbico é a única maneira de fazer essa suplência. Esconder-se dentro de casa, dentro do quarto ou dentro de si mesmo é, muitas vezes, um recurso de que o sujeito necessita para defender-se do risco de uma dissolução subjetiva, no momento em que não tem mais a eficácia dos referenciais familiares.

Durante algum tempo, o único cenário que poderá garantir a existência daquele personagem no qual o adolescente se reconhece será o próprio quarto, o próprio corpo, o próprio sexo. Nesse momento da perda de referências, o saber paterno é reivindicado, pois ele é o que pode proteger da colagem ao imaginário materno. Mas, para se sustentar na passagem para fora do familiar, o adolescente terá que encontrar uma figura que encarne a função paterna sem que seja seu progenitor. Os mestres que virão na vida do adolescente terão a função de acompanhá-lo nessa passagem do privado ao público e também no encontro com o outro sexo, pois há ali um suposto saber sobre o gozo materno.

A dança poderia compor esses dois lugares: o da escrita do corpo e do encontro com a voz do Outro. No cotidiano, escrevemos nossa história através da nossa mímica, nossa postura, nossos gestos. Nossa dança é oferecida ao olhar do Outro, numa busca de constituir identificações pelas quais o traço unário possa se sustentar. São o olhar e a voz do Outro que inscrevem o sujeito. Na medida em que este lê a escritura, encaminha um destino. Este se fará como estilo próprio: o modo como cada adolescente fará a narrativa de sua vida, tendo a si mesmo como personagem central.

Referências bibliográficas

FREUD, S. (1905/1981). Tres ensayos para una teoría sexual. *Obras completas*, v. II, 4ª ed. Madrid: Biblioteca Nueva.

———. (1912/1981). Totem e tabu. *Obras completas*, v. II, 4ª ed. Madrid: Biblioteca Nueva.

———. (1914/1981). Historia de una neurosis infantil – Caso del Hombre de los lobos. *Obras completas*, v. II, 4ª ed. Madrid: Biblioteca Nueva.

———. (1915/1981). Lo inconsciente. *Obras completas*, v. II, 4ª ed. Madrid: Biblioteca Nueva.

———. (1919/1981). Pegan a un niño. *Obras completas*, v. II, 4ª ed. Madrid: Biblioteca Nueva.

———. (1939/1981). Moyses y la religión monoteísta: tres ensayos. *Obras completas*, v. III, 4ª ed. Madrid: Biblioteca Nueva.

LACAN, J. (1956-1957/1995). *O seminário, livro 4: a relação de objeto*. Trad. Dulce Duque Estrada. Rio de Janeiro: Jorge Zahar.

RASSIAL, J.-J. (1999). *O adolescente e o psicanalista*. Rio de Janeiro: Cia de Freud.

SIBONI, D. (1995). *Le corps e sa danse*. Paris: Éditions du Seuil.

WINNICOTT, D. W. (1975). *O brincar e a realidade*. Rio de Janeiro: Imago.

III. Fala e escrita

Da narrativa à escrita: a construção coletiva do caso clínico

Ana Cristina Figueiredo e Daniela Costa Bursztyn

Resumo

Este artigo apresenta a proposta do método de construção coletiva do caso clínico a partir da orientação da psicanálise lacaniana aplicada ao campo da saúde mental no trabalho em equipe. A construção do caso opera uma redução da narrativa à escrita do caso através dos elementos significantes que permitem localizar o sujeito a partir de sua fala e de seus atos, seguindo seu estilo. A construção difere do estudo de caso no que se refere principalmente à relação da psicanálise com o saber, que deve ser suspenso, posto de lado, para dar lugar ao sujeito, e tem como coordenadas básicas para sua aplicação a posição da equipe como aprendiz da clínica e a transferência de trabalho. Além disso, para dar suporte ao método, destacam-se três binômios como balizadores para a escrita do caso. São eles: história – caso; supervisão – construção; conceitos – distinções.

Palavras-chave: construção do caso; trabalho em equipe; psicanálise aplicada.

Résumé

De la narration à l'écriture: la construction collective du cas clinique

Cet article présente la proposition de la méthode de construction collective du cas clinique à partir de l'orientation de la psychanalyse lacanienne apliquée au champ de la santé mentale dans le travail en équipe.

La construction du cas opère une réduction de la narration à l'écriture du cas à travers des élements signifiants qui permettent réperer le sujet à partir de sa parole e de ses actes, en suivant son style. La construction diffère de l'étude du cas en ce que se réfère surtout à la rélation de la psychanalyse au savoir qui d'abord doît être suspendu, mis à côté, pour donner lieu au sujet, et elle a comme coordonnées pour son application la position de l'équipe comme élève de la clinique et la transférence de travail. En outre, pour soutenir cette méthode, on détache trois binômes comme des balizes pour l'écriture du cas. Sont-ils: histoire – cas; contrôle – construction; concepts – distinctions.

Mots-clés: construction du cas; travail en équipe; psychanalyse appliquée.

A passagem da narrativa de um caso para a sua escrita pode dar-se de várias maneiras com diferentes métodos e enfoques. A construção do caso clínico é um método específico orientado pela psicanálise em sua aplicação ao campo da saúde mental, com ênfase no trabalho coletivo em equipe. A aplicação da psicanálise a outros campos de práticas e de interesse científico, além da psicoterapia estrita, já era uma proposta avançada por Freud (1913, 1918, 1933). Ao contrário do estudo de caso, que se sustenta em disciplinas ligadas à medicina com seus protocolos predeterminados e procedimentos generalizáveis de diagnóstico, prognóstico e tratamento, a construção do caso na orientação da psicanálise é um método parcial que extrai o particular do diagnóstico geral. Desse modo, recolhe os elementos obtidos através da palavra do sujeito, da transferência e seus movimentos, das escansões operadas durante o tratamento e das mudanças de posição subjetiva ao longo do processo, seja de uma análise ou de uma abordagem em equipe na instituição. Não há aqui nada de generalizável na perspectiva do trabalho de localização do sujeito, e o particular do caso se mantém em todas as etapas da construção.

Nossa ênfase recai principalmente sobre a relação peculiar da psicanálise com o saber, que deve sofrer uma espécie de suspensão, ser posto de lado, para dar lugar ao que advém do sujeito, e como se aplica hoje ao trabalho coletivo em equipe nas instituições de saúde mental. A partir dessa orientação, destacamos inicialmente três coordenadas para esse trabalho (Figueiredo, 2005, 2007), a saber:

1. A posição subjetiva dos profissionais como "aprendizes da clínica" deve ser uma posição estrategicamente vazia de qualquer saber *a priori*; o saber referencial é colocado em reserva (em suspensão) e só opera *a posteriori* e de modo pontual;
2. A organização coletiva da equipe a partir da "transferência de trabalho" que diz respeito ao trabalho com responsabilidade partilhada (e não simplesmente transferida para o outro) deve fazer circular o saber que advém do sujeito e não do profissional. Desse modo, deve seguir uma direção comum ao caso sabendo que as intervenções podem ser diferenciadas;
3. E, como corolário do processo, deve-se proceder à "construção do caso" que se dá a partir dos elementos fornecidos pelo sujeito e não da convergência de saberes já instituídos dos profissionais em suas especialidades que terminam por produzir um saber sobre o sujeito. Esse deslocamento é fundamental para a direção do tratamento. A construção é parcial e recorrente e exige que se mantenha certa atenção e cuidado para possibilitar de fato um acompanhamento do paciente/usuário para localizar aí o sujeito.

Na proposta atual, devemos aprofundar o método de "construção do caso clínico" como dispositivo central que dá suporte aos demais para o trabalho cotidiano em equipe, e permite a continuidade do tratamento do paciente e/ou de seus familiares, enfrentando assim um dos maiores desafios desse trabalho, que é o acompanhamento continuado dessa clientela.

A construção do caso em equipe: algumas indicações

- A construção do caso testemunha as diferentes etapas do trabalho em equipe e o sujeito dá indicações de modo disperso, descontínuo e muitas vezes inconsistente.

- A equipe deve recolher as indicações dadas pelo sujeito como elementos significantes para propor uma direção do tratamento que seja comum e ao mesmo tempo singular para cada caso, seguindo o estilo do sujeito.
- Não se deve perder a dimensão da responsabilidade do sujeito por seus atos e escolhas, mesmo quando é juridicamente incapacitado ou interditado.
- A construção do caso se dá em uma operação de redução da história e da narrativa do caso para extrair o que é da ordem da repetição significante.
- Essa operação de redução deve recolher da narrativa ou do relato dos profissionais que se ocupam do caso os fragmentos que se apresentam como elementos constantes de seus relatos.
- Essas narrativas são heterogêneas e variadas e dependem da intensidade e/ou frequência do contato da equipe com cada sujeito.
- É fundamental para a construção do caso que julgamentos, impressões, opiniões e inferências muito comuns sobre as ações e ditos do sujeito sejam suspensas e também submetidas a uma redução metodológica para enxugar os excessos de significação tão presentes no imaginário das relações intersubjetivas.
- Deve-se, portanto, escapar do lugar comum das interpretações a cada vez, assim como escapar do saber dito científico para reter os elementos fornecidos pelo sujeito.
- O saber do caso é uma construção *a posteriori*, e somente nesse tempo podemos nos servir dos conceitos psicanalíticos.

A construção do caso clínico: uma proposta orientada pela psicanálise

O trabalho em equipe na orientação psicanalítica vem sendo desenvolvido há mais de uma década por psiquiatras, psicólogos e psicanalistas que trabalham em instituições públicas ou privadas de saúde mental na Europa (França, Bélgica, Itália) e mais recentemente na América do Sul (Argentina, Brasil). Destacamos, entre os principais autores contemporâneos, Zenoni

(2000, 2009), DiCiaccia (1998, 2003), Stevens (2003), Viganò (1999, 2008, 2010), que trabalham especificamente com a proposta de construção do caso, Laurent (2007a, 2007b), Belaga e cols. (2006), entre outros. Entretanto, na literatura pesquisada, são raros os textos que apresentam uma demonstração da aplicação de construção de casos, não tendo sido encontrado nenhum exemplo significativo na literatura brasileira, apesar de o tema ser explorado por alguns autores.

A proposta de formular um método a partir da ideia de "construção" não é novidade. Freud já havia assinalado em seu texto "Construções em análise" (1937/1981) a construção como um modo de intervenção que difere da interpretação e tem outra finalidade no processo analítico. Portanto, quando nos referimos ao termo *construção* já estabelecemos essa diferença.

Remetemos ao texto de Dunker (2009) sobre a discussão da complexidade do uso do termo *Konstruction* em Freud a partir das funções que o autor destaca: 1. Ética (fragmento de verdade pelo qual um caso subverte a classe, tipo ou categoria na qual se inclui); 2. Lógica (organização coerencial da diagnóstica, da semiologia, da terapêutica e da etiologia); 3. Retórica (descrição da eficácia dos procedimentos e intervenções no quadro da transmissão de um saber, no quadro de um sistema de transmissão). Em nossa proposta, essas três funções destacadas por Dunker nos interessam para situar o método de construção do caso.

Prosseguindo em nossa definição, a construção é um arranjo dos elementos do discurso visando uma conduta; a interpretação é pontual visando um sentido. A finalidade da *construção* no trabalho em equipe deve ser justamente a de partilhar determinados elementos de cada caso em um trabalho conjunto, o que seria impossível na via da interpretação. Assim, a construção pode ser um método clínico de maior alcance. O caso é o que se extrai da narrativa do sujeito, de suas ações e experiências partilhadas. Portanto, o caso não se reduz ao sujeito ou a sua experiência de vida. Podemos dizer que a "construção do caso clínico" em psicanálise é o (re)arranjo dos elementos do discurso do sujeito que se depositam a partir de nossa inclinação para colhê-los, não ao pé do leito (*klinos*), mas ao pé da letra (significante).

Retomando o início deste artigo, vale destacar que o método de construção do caso é bem diferente da ideia corrente de "estudo de caso". A construção se dá a partir dos elementos fornecidos por determinado modo de apresentação do sujeito (contingente), em um diagnóstico (estrutural) referido aos determinantes simbólicos (significantes) do sujeito que o representam e o localizam em relação à sua alteridade (campo do Outro) e a seu objeto (apresentações do objeto *a*). Esses elementos são recolhidos por todos e por cada um da equipe para tecer o caso e extrair uma direção comum para a equipe, mas singular para cada sujeito, extraindo do caso típico, marcado pelas referências psicopatológicas gerais, o que constitui o caso único. Ao passo que o chamado "estudo de caso" envolve a discussão entre os diferentes profissionais dando prioridade a seus referenciais teóricos em pauta para se fazer inferências *sobre* o paciente ou definir condutas correspondentes que tendem a ser padronizadas de acordo com os diagnósticos psicopatológicos preestabelecidos estabelecendo protocolos clínicos para os casos para, num movimento inverso, extrair o que é geral, e reprodutível, do particular de um caso.

E ainda, a construção do caso articula sujeito e sintoma (Burstyn, 2010; Burstyn & Figueiredo, 2010), sendo o segundo efeito e sustentação do primeiro. Enquanto que o estudo de caso, mais frequente na psiquiatria, desarticula sujeito e sintoma, supondo que ao eliminar o segundo pode retificar o primeiro (Figueiredo, 2007).

Por outro lado, destacamos aqui um ponto importante no que se refere aos estudos propriamente psicanalíticos. Existe uma corrente que pressupõe que a construção do caso tem uma analogia ou mesmo uma implicação direta com a subjetividade do psicanalista, sendo a construção do caso mais uma ficção do analista, ao modo de um texto literário, uma escrita subjetivada do analista considerando inclusive a contratransferência do analista como parte no processo de construção do caso. E ainda, a experiência clínica se reduziria ao encontro analista-analisando no dispositivo de consulta – atendimento exclusivamente individual em consultório privado com uso do divã – sem o recurso ao trabalho em equipe, o que implica em outro tipo de estudo e, consequentemente, em uma outra aplicação do método (Fédida, 1991; Iribarry, 2003; Barth, 2006; Guimarães & Bento, 2008).

Outro estudo realizado com estagiários de psicopatologia propõe que é possível fazer uma observação objetiva do "estado mental" como um conjunto de sinais e sintomas e, ao mesmo tempo, localizar a transferência e a fala do sujeito em suas implicações para o psicoterapeuta-estagiário para proceder à construção do caso (D'Agord, 2005).

O que podemos extrair de comum a esses estudos na literatura psicanalítica brasileira é que todos mantêm, em consonância com a nossa proposta, que a transferência é um ponto irredutível em estudos de caso em psicanálise. Entretanto, como se define ou se localiza a transferência varia entres os estudos. Não aprofundaremos aqui essas diferenças, pois o que nos interessa destacar é que o trabalho de construção coletiva do caso na orientação da psicanálise nos serviços de saúde mental, com retorno para a direção do tratamento, é ainda uma proposta a ser experimentada e avaliada para que possamos extrair suas consequências.

Sabemos que a objetividade, no sentido das pesquisas de orientação positivista, não faz parte do método psicanalítico de um modo geral, o que não quer dizer que os estudos nessa orientação sejam necessariamente subjetivos, ficcionais ou literários. Mas também não podemos ignorar o psicanalista como parte envolvida no processo. O teor e a qualidade desse envolvimento é que devem ser mais bem discutidos.

Nossa proposta coloca no centro do problema o saber do psicanalista. Por um lado, o saber da teoria que deve ser posto em suspensão, em reserva, ou seja, deve-se operar um certo "vazio" tático no saber de referência para localizar os elementos componentes do caso. Portanto, o saber do caso não é nem objetivo – coleção de dados obtidos pela observação ou escuta – nem subjetivo – pura inferência do analista. Não se trata aqui de uma hermenêutica do caso. Antes, o recurso aos significantes do sujeito, ou seja, ao que insiste e se repete em sua fala e em seu agir (*agieren*[1]) são os elementos indicadores para o nosso trabalho. E a localização da transferência é sempre parcial, pontual e, portanto, contingente e se dá a partir desses elementos significantes e não pelos sentimentos, inferências ou deduções

[1] O termo em alemão foi empregado por Freud para designar o que ficou conhecido nas traduções inglesa e brasileira como "acting out". Lacan vai distinguir o "acting out" da "passagem ao ato" tendo em perspectiva que há uma linha tênue que traça a diferença entre esses dois termos, que se dá em relação a um endereçamento ao Outro no primeiro, ou a uma ruptura com o Outro, no segundo. Desse modo, o termo freudiano "agieren" pode subsumir esses dois termos distinguidos por Lacan e tem no exemplo do caso da jovem homossexual uma síntese desses dois modos de agir.

do psicanalista. E, ainda, se pretendemos aplicar o método de construção do caso à equipe, no coletivo, estamos lidando com profissionais com vários saberes em jogo, muitas vezes sem um envolvimento com a psicanálise, o que exige do método orientado pela psicanálise um trabalho a mais, ou seja, uma redução da narrativa aos elementos mais diretamente colhidos do sujeito e a transmissão desse saber ao longo do processo.

Segundo Viganò (2010: 2), a construção do caso clínico tem uma dimensão democrática, uma vez que se dá nesse coletivo da equipe onde cada um (técnicos, familiares, instituições) traz a sua contribuição "de uma forma que parecerá paradoxal somente àquele que é doente de tecnocracia e de modelos cibernéticos". O cerne do método consistiria em colher as narrativas dos profissionais e demais envolvidos no caso de modo a "encontrar o seu ponto cego, encontrar aquilo que eles não viram, cegos pelo seu saber e pelo medo da ignorância. [...] A construção do caso consiste, portanto, em um movimento dialético em que as partes se invertem: a rede social coloca-se em posição discente e o paciente na posição de docente" (Viganò, 2010: 2). É claro que esse processo não se dá conscientemente para o sujeito e depende do que se destaca de sua particularidade, de seu percurso de vida e do próprio tratamento.

O MÉTODO DE CONSTRUÇÃO DO CASO: O REGISTRO DE UMA ESCRITA

Quanto aos procedimentos, o método de construção consiste em discutir um caso clínico apresentado por um dos participantes da equipe através de um texto escrito e sistematizado a partir do que foi recolhido de cada caso. A construção deve responder a um roteiro mínimo que compreende três partes: A. Narração (do sujeito, da família, da instituição); B. Construção do caso (escansões dos tratamentos); C. Avaliação (cotejamento entre o diagnóstico DSM / CID e o psicanalítico).

A avaliação é feita depois da discussão e consiste na compilação de dois aspectos: 1. A sinopse da história concreta do sujeito (escansões da posição do sujeito no discurso, acontecimentos no período, custos financeiros, trabalho, habitação); 2. O prognóstico dos possíveis projetos de vida, com as hipóteses correspondentes aos mesmos itens. O princípio é o de colocar em confronto as posições subjetivas nas passagens de discurso realizadas na história do sujeito com os acontecimentos ocorridos no período de tratamento sob transferência, de onde se extraem as inferências hipotetizáveis.

Esse registro deve ser feito inicialmente como tarefa preliminar à construção do caso a partir do relato escrito ou oral do técnico de referência ou que conduza o caso na ocasião e deve ser acrescido de material colhido nas reuniões de equipe e/ou de supervisão com outros agentes envolvidos no caso. Assim, os relatos vão formando um corpo de texto que deve ser reduzido a sua dimensão mínima de elementos do caso. Quanto mais casos passam por esse processo, mais podemos ter uma ideia geral do movimento do serviço, do trabalho da equipe e das interações com outros dispositivos da rede.

Por fim, para orientar essa escrita, recortamos, a partir de trabalhos anteriores, o que chamamos de "binômios" – dois termos que se diferenciam sem necessariamente se oporem – como balizadores para esse registro (Figueiredo, Vieira & Nobre, 2001). Esses binômios se estruturam em três eixos que podem conter e subsumir o método de construção do caso clínico proposto por Viganò em sua aplicação ao trabalho coletivo em equipe, organizando uma síntese do método e funcionando como enquadre que engloba os tópicos acima descritos. São eles:

1. História ↔ Caso

É importante estabelecer a distinção entre esses dois termos *história* (narrativa) e *caso* (construção). O relato clínico que se apresenta rico em detalhes, cenas e conteúdos é a *história*. O caso é produto do que se extrai das intervenções do técnico e/ou da equipe na condução do tratamento e do que é decantado de seu relato. Portanto, a história pode ser exaustiva, se muito detalhada, e o caso será apenas uma abstração se for reduzido a uma fórmula.

Estabelece-se aí um binômio que retoma a ideia de uma formalização necessária do relato, mas não se reduz a uma teorização formal nem a uma elaboração de saber sobre a vida ou a pessoa do paciente. Pelo contrário, trata-se de colocar em jogo os elementos comuns (significantes) que se destacam do sujeito a partir da elaboração que ele pode fazer em determinado momento e ao longo de seu tratamento (corte transversal e longitudinal).

Do lado do técnico, sua resposta se dá a cada intervenção e só pode ser avaliada a partir de seus efeitos para localizar certos pontos-chave do sujeito visando decantar a história e traçar o caso. É necessária, portanto, uma redução do material das narrativas a seus elementos comuns mais simples para se obter material para o caso. Só assim será possível recolher dos infindáveis detalhes de uma história a direção da construção. Em outras palavras, uma história deve se fazer caso para realizar e formalizar o método de construção.

2. Supervisão ↔ Construção

As discussões realizadas em equipe servem de suporte para o método de construção e se articulam com o dispositivo de supervisão clínico-institucional como facilitador do processo. A supervisão permanece antes, durante e depois da construção do caso, dando continuidade ao projeto terapêutico a partir do caso. Esse dispositivo vem sendo cada vez mais adotado nos CAPS e instituições que se organizam na orientação do trabalho em equipe como formador para o trabalho e como qualificação do serviço.

Convém uma observação de que se deve operar um deslocamento da supervisão para a construção a fim de possibilitar à equipe tomar o caso para si. Isso é importante porque não se trata de ensinar como fazer ou corrigir os técnicos em seus erros e sim de recolher no coletivo os relatos que devem servir de elementos na construção do caso. Só assim podemos ratificar ou retificar a construção do caso a partir dos elementos fornecidos pelo sujeito e transmitir algo da experiência clínica através desse dispositivo para a direção do tratamento. Porém, indo além da supervisão, a discussão não se encerra ao término da reunião da equipe, mas continua e remete-se ao técnico que apresentou o caso.

O saber produzido em equipe é sistematizado nas etapas de construção do caso e recolhido a cada vez que o caso é retomado, tendo uma função formadora para o trabalho clínico. Desse modo, sustentamos a construção manejando os impasses que atravessam o cotidiano de nossa prática e elaborando uma formalização do caso a partir de sua escrita, que é passível de ser transmitida a outros profissionais, pesquisadores, docentes e discentes que venham a trabalhar no campo da atenção psicossocial.

3. Conceitos ↔ Distinções

Nesse ponto, temos uma importante articulação a fazer entre os conceitos que sustentam a teoria e seu uso como operadores para o método de construção Desse modo, os conceitos fundamentais da psicanálise são postos em questão a cada passo do processo. Não é necessário definir exaustivamente cada conceito ou relacioná-lo incessantemente a outros conceitos ao modo da formulação de uma "teoria". Sua aplicação pode ser mais eficaz com um uso pontual, específico de determinado conceito em cada caso à medida que se apresentam arranjos do material que configuram aproximativamente um ou outro conceito. Nesse sentido, é fundamental estabelecer algumas distinções para a construção do caso.

Por exemplo, podemos delimitar a importância de um enunciado que pode ser tomado como uma apresentação do sujeito onde este revela melhor sua posição. Então conceitos como identificação ou repetição podem ter um uso específico naquele momento para auxiliar na formalização de um caso, mas não de outro. Em suma, ao trabalhar os conceitos como distinções, não pretendemos padronizar o uso dos conceitos para formalizar o caso e sim nos valermos deles para tornar possível uma transmissão do caso. Desse modo, não igualamos os casos sob uma mesma base e podemos manter a especificidade da cada um sem perder a dimensão universal do conceito.

A dimensão geral da classificação está presente como parte da construção no que se refere, por exemplo, às categorias diagnósticas. Mas o desafio é não reduzir o particular do caso ao geral da classe e ao mesmo tempo poder sistematizá-lo e formalizá-lo. Buscamos, assim, estar próximos da possibilidade de constituir enunciados positivos na psicanálise sem perder o caráter singular e criativo de cada nova situação e recolher seus elementos principais. Essa é a transmissão que importa em um trabalho orientado pela psicanálise para o coletivo das equipes no campo da saúde mental.

Referências bibliográficas

BARTH, L. F. B. (2006). Da figuração à transfiguração da fantasia na construção do caso: as ficções metapsicológicas, Tese de doutorado, UFRGS.

BELAGA, G. (org.). (2006). *La urgencia generalizada: la práctica en el hospital.* Buenos Aires: Grama Ediciones.

BURSZTYN, D. (2010). A política do sintoma e a construção do caso clínico: considerações sobre a transmissão da psicanálise no trabalho coletivo em Saúde Mental. Projeto de Doutorado. Programa de Pós-Graduação em Psicanálise / UERJ.

BURSZTYN, D & FIGUEIREDO, A. C. (2010). Considerações sobre a lógica do sintoma no caso clínico. In: Anais do IV Congresso Internacional de Psicopatologia Fundamental e X Congresso Brasileiro de Psicopatologia Fundamental, Curitiba. Disponível em <http://www.psicopatologiafundamental.org/categoria/listar/idc/145/idcs/149>. Recuperado em 20/09/2011.

D'AGORD, M. R .L.(2005). Um método para estudo e construção do caso em psicopatologia. *Ágora, VIII* (1),107-122.

DUNKER, C. I. L. (2009). Usos e funções da construção do caso clínico em psicanálise. *Anais do V Congresso Interamericano de Psicologia da Saúde – a psicanálise aplicada à terapêutica no Hospital: resultados, 1*(1). São Paulo.

DI CIACCIA, A. (org.). (1998). *La pratique à plusieurs en instituition. Préliminaire, 9-10.*

————. (2003). A inventar a psicanálise na instituição. *Usos da psicanálise* (pp. 33-38). Rio de Janeiro: Contra capa.

FÉDIDA, P. (1992). *Nome, figura e memória: a linguagem na situação psicanalítica.* São Paulo: Escuta.

FIGUEIREDO, A. C. (2004). A construção do caso clínico: uma contribuição da psicanálise à psicopatologia e à saúde mental. *Revista Latinoamericana de Psicopatologia Fundamental, VII* (1), 75-86.

————. (2005). Uma proposta da psicanálise para o trabalho em equipe na atenção psicossocial. *Mental, III* (5), 43-55.

————. (2007). A função da psicanálise (e do psicanalista) na Clínica da Atenção Psicossocial. In: Nascimento, E. M. V. & Gonzáles, R. C. F. (orgs.). *Psicanálise e os desafios da clínica na contemporaneidade* (pp. 81-89). Salvador: EDUFBA, UFBA.

FIGUEIREDO, A. C., VIEIRA, M. A. & NOBRE, L. (2001). Pesquisa clínica em psicanálise: a elaboração de um método. In: Figueiredo, A. C. (org.). *Psicanálise, Pesquisa e Clínica* (pp. 11-24). Rio de Janeiro: CUCA-IPUB/UFRJ.

FREUD, S. (1913/1978). O interesse científico da psicanálise. *Edição standard brasileira das obras completas de Sigmund Freud*, v. XIII. Rio de Janeiro: Imago.

————. (1918/1978). Novos caminhos na terapia psicanalítica. *Edição standard brasileira das obras completas de Sigmund Freud*, v. XVII. Rio de Janeiro: Imago.

————. (1933/1978). Conferência XXXIV – Explicações, aplicações e orientações. *Edição standard brasileira das obras completas de Sigmund Freud*, v. XXII. Rio de Janeiro: Imago.

————. (1937/1978). Construções em análise. *Edição standard brasileira das obras completas de Sigmund Freud*, v. XXIII. Rio de Janeiro: Imago.

GUIMARÃES, R. M. & BENTO, V. E. S. (2008). O método do "estudo de caso" em psicanálise. *PSICO, 39* (1), 91-99. Porto Alegre: PUCRS.

IRIBARRY, I. N. (2003). O que é pesquisa psicanalítica. *Ágora, VI* (1), 115-138.

LAURENT, E. (2007a). El psicoanalista, el ámbito de las Instituciones de Salud Mental y sus reglas. *Psiquiatría y Psicoanálisis: diagnóstico, institución y psicofármaco en la clínica actual.* Buenos Aires: Grama Ediciones[a].

————. (2007b). Como se enseña la clínica? *Cuadernos del Instituto Clínico de Buenos Aires, 13.*

STEVENS, A. (2003). A instituição: prática do ato. *Carta de São Paulo. Boletim da Escola Brasileira de Psicanálise, 10* (4).

VIGANÒ, C. (1999). A construção do caso clínico em saúde mental. *CURINGA – Psicanálise e Saúde Mental*, EBP-MG, *13*, 50-59.

————. (2008). Valutazione ed evidenza clinica nella salute mentale, *Ornicar? Digital, 311.*

————. (2010). *A construção do caso clínico. Revista Opção Lacaniana online*, I.

ZENONI, A. (2000). *Psicanálise e Instituição – a segunda clínica de Lacan. Abrecampos – Revista de Saúde Mental do Instituto Raul Soares*, FHEMIG, *I* (0).

———— (2009). *L'Autre pratique clinique: psychanalyse et institution thérapeutique.* Bruxelas: Érès.

Literatura de cordel: de repente, escrita

André Luís de Oliveira Lopes

Resumo

O presente trabalho trata da inscrição de uma produção literária brasileira que, engendrada através da colonização portuguesa, se fez na passagem do oral ao escrito. Traço distintivo. Inscrição única de uma literatura que se fez em solo brasileiro através de uma versão criada no seio dessa cultura e que se constituirá pelo viés da invenção de um novo sentido que nomeia essa versão da poesia popular.

Palavras-chave: literatura de cordel; cultura; escrita.

Résumé

La littérature de cordel: tout d'un coup, écrite

Ce texte a l'intention d'aborder l'inclusion d'un genre de littérature brésilienne qui a eu ses origines par le biais de la colonisation portugaise, il s'était fait dans le passage de l'oral à l'écriture. Trait distinctif. Marque unique d'une littérature née en terre brésilienne par le moyen d'une version créée dans le creux de cette culture et que sera le biais de la création d'un nouveau sens, qui donne forme à cette version de la poésie populaire.

Mots-clefs: littérature de cordel; culture; écriture.

Ao investigar a literatura de cordel pretendo circundar o que considero ser a inscrição de uma produção literária brasileira que aportou em nosso solo através da colonização portuguesa. Os colonizadores trouxeram em sua bagagem um campo discursivo capaz de engendrar a criação dos romanceiros nordestinos, dos cantadores, dos poetas populares e dos cordelistas. Nossos cantadores seriam herdeiros dos trovadores da Idade Média; e os cordelistas daqueles que em solo europeu escreviam e publicavam seus versos, a exemplo das publicações de *colportage*[1] na França, dos *pliegos sueltos* na Espanha e das *folhas volantes* em Portugal. Entretanto, será no Brasil que o romanceiro nordestino ganhará lugar dando origem aos nossos cantadores e permitindo a emergência do *cordelista*. Traço distintivo. Inscrição única de uma literatura que se fez em terras brasileiras. Só no Brasil se escreve o *cordelista*.

Abordar tal criação permite avançar pelo viés de uma investigação acerca da constituição subjetiva, na medida em que a mesma só se faz a partir de uma inscrição do circuito pulsional. A psicanálise, ao ter na sua origem a descoberta freudiana do inconsciente, considera um sujeito que ao se estruturar no campo da fala e da linguagem dele emerge com o seu texto próprio, assinando ali a autoria de sua obra. Dessa forma, o que proponho neste texto é recolher o que esse tipo de literatura, com as particularidades que serão abordadas mais adiante, pode nos fornecer de elementos que permitam pensar a psicanálise na cultura. Para melhor circunscrever a questão, avançaremos sobre alguns apontamentos acerca da origem da literatura de cordel.

A escrita de uma história do cordel

Através dos colonizadores que povoaram Salvador, aportou em Terra de Santa Cruz uma forma de publicação de narrativas em versos que mais tarde espalhou-se por todo o nordeste. Esta havia chegado à península

1 O termo *colportage* designa a venda ambulante de impressos "em papel", ou seja, não encadernados, contendo normalmente textos de literatura popular ou de circulação clandestina. Os *colporteurs* começaram por ser, no século XV, agentes dos primeiros impressores, encarregados de difundir as novas publicações pelas feiras da Europa. Consigo, levavam panfletos de publicidade de títulos e casas impressoras. Quando a venda de impressos passou a ser assumida por livreiros estabelecidos, a literatura de *colportage* tornou-se exclusivamente um produto econômico, vendido por cegos e mendigos, presumivelmente destinado a responder a um gosto popular: constava de cartilhas, almanaques, calendários, estampas, orações, hagiografias, autos, novelas, relações, gazetas (in: <http://www.fcsh.unl.pt/edtl/index.htm>).

ibérica (Portugal e Espanha) por volta do século XVI – o século das grandes navegações –, o qual se inaugura para Portugal com a descoberta do Brasil. Em 1789, Dom João V promulga uma lei que permite à *Irmandade dos Homens Cegos de Lisboa* comercializar esse tipo de publicação, que ficará conhecida também como *literatura de cego*. Os versos eram então escritos em *folhas soltas* que seriam penduradas em fios de cordéis (cordas, barbantes). Contudo, o verbete não encontrava repercussão no Brasil e, segundo Gonçalo Ferreira da Silva, à época de Leandro Gomes de Barros, o primeiro poeta popular a publicar folhetos, o termo cordel era ainda desconhecido dos brasileiros.

> Oriundo de Portugal, o verbete cordel começou a marcar os primeiros e vacilantes passos a partir da publicação do dicionário contemporâneo de Aulete em 1881. No Brasil nossa atual literatura de cordel tinha os nomes de literatura popular ou poesia popular, até porque nunca nos ocorreu chamar cordão de cordel (Silva, 2005: 15-16).

Desse modo, o significante cordel, que não pertencia à língua falada no Brasil, mais tarde nomeará uma publicação de baixo custo e confecção artesanal que utilizará como técnica de ilustração as xilogravuras[2]. O *cordel* se inscreverá na literatura brasileira ao nomear a produção escrita do poeta popular nordestino, que até então era recitada e circulava nos duelos verbais e nas louvações. Trata-se, portanto, de um significante que designa um tipo de publicação que implica no ato de escrita de uma estória que se transmitia de geração a geração oralmente, fazendo suas marcas na memória de um povo e deixando escrito na tradição oral o registro das obras que se perpetuaram no verso popular. É assim que encontramos sob a pena de Leandro Gomes de Barros, no final do século XIX, a peleja de

2 As xilogravuras são confeccionadas a partir do entalhe em madeiras macias, compondo assim uma matriz. Inicialmente elas não ilustravam os folhetos, estes levavam em suas capas desenhos simples que eram utilizados em pequenas tipografias. A partir da década de trinta os folhetos passam a empregar como arte de capa *clichês* usados de jornais e gráficas, os quais muitas vezes nada tinham de representativo em relação à temática do folheto. Muitos foram os *clichês* de filmes norte-americanos utilizados. Só mais tarde é que a xilogravura passa a ilustrar o folheto de acordo com a temática. Ou seja, ela será confeccionada pelo artista respeitando o desenvolvimento do texto.

Manoel Riachão com o Diabo. Em seus versos o poeta nos diz que se trata de uma história por ele escrita e rimada, mas não inventada, pois a mesma lhe fora contada:

> Esta peleja que fiz
> não foi por mim inventada,
> um velho daquela época
> a tem ainda gravada
> minhas aqui são as rimas
> exceto elas, mas nada (citado por Silva, 2005: 19).

A poesia popular atingiu não só o Brasil, mas também os países de língua espanhola das Américas, como a Venezuela, o México, o Peru e a Argentina, nos quais encontramos os *corridos* ou *compuestos*, que são formas correspondentes ao cordel, e os *payadores*, que se igualam aos repentistas (Silva, 2005: 19). Portanto, será somente no Brasil que o verbete cordel vai dar nome a esse tipo de publicação. Como os trovadores da Idade Média, os cantadores nordestinos, que eram, em sua grande maioria, analfabetos, ocupavam-se da arte de bem escutar as histórias e, como o povo que habitava o sertão, reproduzi-la com suas variações.

Os historiadores da poesia francesa são unânimes em afirmar que os trovadores se faziam acompanhar por secretários para escrever seus versos (Cascudo, 2005). Da mesma forma, o cantador nordestino necessitava de alguém que o acompanhasse a fim de transpor para o papel a sua história. Com sua publicação impressa o poeta toma as praças, nas quais continua cantando suas histórias, mas a partir desse momento segue apenas narrando partes da mesma e resguardando o final a fim de que os interessados adquiram a sua publicação.

No cordel encontramos a escrita de histórias cantadas pelo poeta popular nordestino que misturam em sua narrativa temas de origem ocidental e oriental, e ainda aquelas que nascem do cenário cultural do cantador. Desse modo, não tarda até que os fatos históricos do país comecem a ser narrados em poesia de cordel, tornando-a um meio de publicação no qual serão divulgados os principais acontecimentos da nação. Como numa espécie de jornal do nordeste que versa sobre temas diversos e atuais.

O cantador nordestino era personagem frequente nas apartações e vaquejadas. As primeiras consistiam na separação e identificação do gado, o qual, uma vez criado nos campos, era recolhido aos currais durante o inverno; as segundas ganhavam a forma de uma competição na qual um touro ou novilho era posto para correr, tendo ao seu encalço dois vaqueiros que deveriam agarrá-lo pela cauda e, num puxão brusco, jogá-lo ao chão, de preferência com as quatro patas voltadas para cima, atingindo, dessa forma, a maior pontuação. Estava aí o cenário perfeito para as narrativas das grandes vitórias e derrotas. Nesse contexto, os cantadores se apresentavam recordando outras apartações e vaquejadas que se tornaram famosas, "ressuscitando nomes de vaqueiros célebres, de cavalos glorificados pela valentia. Cantava-se a desafio até a madrugada" (Cascudo, 2005: 108).

O desafio sertanejo, que ficou conhecido como repente, coloca em jogo a improvisação dos cantadores, que são convocados, pela natureza do confronto, a criarem os versos "de repente", no contexto do enfrentamento com seu adversário. A importância concentra-se no ritmo e na agilidade dos versos, de forma a encurralar o oponente apenas com a força do discurso. Trata-se de um desafio que coloca em jogo uma forma de combate no qual a regra do jogo é definida pela estrutura de um texto rimado através de sextilhas, ou seja, de estrofes de seis versos, em que o primeiro rima com o terceiro e o quinto e o segundo rima com o quarto e o sexto; de septilhas, isto é, estrofes de sete versos em que o primeiro e o terceiro são livres, o segundo rima com o quarto e o sétimo e o quinto rima com o sexto. Existem ainda as décimas, estrofes de dez versos, que na tradição literária espanhola talvez tenha seu maior expoente em Cervantes, e os martelos, ou seja, versos de dez sílabas cujo número de linhas pode variar entre seis e dez. No primeiro caso são chamados *martelos-de-seis-pés*, enquanto os versos de 10 linhas, os *martelos-de-dez-pés*, também conhecidos como *martelo agalopado*, merecem um maior relevo, pois são considerados como a maior arma do poeta, que dele se utiliza para tentar liquidar a peleja. É o ponto máximo e de maior dificuldade na execução para o cantador, que ao apresentar-se bem e resistir ao combate estará consagrado (Cascudo, 2005).

Muito do que se produziu originalmente na literatura de cordel, portanto, daquilo que pertencia à poesia tradicional sertaneja, advém de histórias medievais, de estórias que foram trazidas pelo colonizador português e encontraram no nordeste brasileiro a sua forma poética. Algumas já advinham de Portugal versificadas, contudo tratava-se de uma metrificação em quatrilhas que, ao receber a sua metrificação na terra colônia, passou a ser narrada em sextilhas. É o caso, por exemplo, da versão brasileira da *Princesa Magalona*, cujo título original, segundo Luís da Câmara Cascudo, é "História verdadeira da princesa Magalona, filha del Rei de Nápoles e do nobre valoroso cavaleiro Pierres, Pedro de Provença e dos muitos trabalhos e adversidades que passaram" (Cascudo, 2005: 44), sendo a primeira edição portuguesa datada de 1725, na casa de Antônio Álvares, em Lisboa. A história, advinda da França, chega a Portugal via Espanha e narra a lenda de Magelon, uma noiva fiel. Em Portugal aparece uma versão poética que permanece ao lado da versão em prosa, sendo composta por quadrinhas de sete sílabas (Cascudo, 2005: 44). Segundo Câmara Cascudo, no Brasil surgem inúmeras reedições, sendo quase sempre em prosa e dois exemplares adquiridos pelo autor aparecem em versos com os títulos

> "História completa da sorte do casamento por sina do Príncipe Pierre e da Princesa Beatriz", editado por J. Martins de Vasconcelos, em julho de 1935 (reimpressão), sextilhas, tendo como autor o poeta Romano Dantas de Farias. [...] do Sr. João Martins de Ataíde, "a fugida da Princesa Beatriz com o Conde Pierre" [...]. Ambos são simples versões da história de Magalona disfarçada em Beatriz (Cacudo, 2005: 44).

O mesmo pode ser encontrado em relação às versões portuguesa, brasileira e espanhola da *História da Donzella Theodora*, em que o texto português é uma tradução do espanhol, enquanto o que aparece nos folhetos de cordel, embora mantendo a mesma estrutura, é versificado em sextilhas, conservando alguma relação com o texto português e espanhol (Borges, 1998). Para Câmara Cascudo, nas versões sertanejas trata-se de uma poesia que

> [...] tem nos romances um dos mais altos elementos. Recebidos em Portugal em prosa ou verso todos foram vertidos para as sextilhas habituais e cantados nas feiras, nos pátios, nas latadas das fazendas, "esperando da Missa do Galo", na hora das fogueiras de São João, nas festas dos oragos paroquiais,

> nas bodas de outrora. Esses romances trouxeram as figuras clássicas do tradicionalismo medieval (Cascudo, 2005: 25).

Outrossim, encontramos a figura folclórica de Pedro Malazarte inscrita na cena poética do nordestino, nosso Malazarte sendo uma derivação de sua dupla vertente lusa, em que encontramos Pedro de Malas Artes, que em uma versão mais antiga aparece como uma figura astuta e ardilosa, sempre vitorioso em suas façanhas, daí seu nome ter sido associado a significados demoníacos. Sua outra face, entretanto, é a do tolo atrapalhado, um bobo que nunca encontra as melhores palavras e atos, sendo esta a forma como ganha a cena e se populariza em Portugal. Dessa dupla face emigra para o Brasil um Malazarte "vivo, inquieto, ávido de aventuras, inesgotável de recursos e de tramas, vencedor infalível de todos e de tudo" (Cascudo, 2005: 249). Dele surge João Grilo, personagem de cujas artes João Ferreira de Lima compôs o cordel intitulado *As proezas de João Grilo* (Borges, 1998) e que em 1955 vai ser incorporado por Ariano Suassuna ao seu *Auto da compadecida.*

A forma poética com a qual os cordelistas e também os cantadores e repentistas do nordeste brasileiro fazem uso da língua nos permite interrogar uma narrativa cuja melodia mantém um jogo de pontuações, de marcações temporais respiratórias, de escansões e de um ritmo poético próprio. Quero supor que estas vão introduzir na literatura de cordel o traço de uma terra feita colônia, que ao incorporar em seu cotidiano as estórias vindas de além-mar produziu sobre elas e a partir delas uma literatura rica em composições poéticas. Marcas de uma escritura. Os poetas cantadores engancham-se nos jogos linguísticos, utilizam-se da estrutura da linguagem, tal como metáforas e metonímias, para colocar ali uma cantoria que não se acomoda à simplicidade de um inconsciente que se pretendesse a qualquer coletividade, em que aquele que narra a estória seria apenas a voz de um coletivo no momento em que dá expressão a uma estória popular. O que penso merecer destaque aqui é que se trata de um sujeito do inconsciente, de um sujeito que ao narrar uma história popular entoa muito mais do que o sentido da história; empresta a esta a sua história versificada, a sua versão, no emprego que faz dos significantes ao sabor de uma melodia poética que o singulariza.

Ao tratar a literatura de cordel como uma forma de expressão do poeta popular nordestino destaco que este, ao fazer uso das técnicas necessárias à sua confecção que advém da península ibérica para dar origem àquilo que se inscreverá como uma produção literária única, efetuará algo da ordem de uma escrita dessa literatura em solo brasileiro.

À psicanálise interessa pensar a literatura de cordel como unidade, na medida em que ao ser contada e cantada por diferentes poetas esta terá impresso no cordel a letra de uma subjetividade. O sujeito que aqui se destaca é aquele que escreve e que, portanto, teve a sua inscrição no campo da fala e da linguagem, expressando um inconsciente que Jacques Lacan não cessou de escrever estruturado como uma linguagem. Para além dos elementos de estrutura linguística que metrificam os versos, o poeta cordelista lhes imprime a sua forma melódica transitando pelo conto, contando a sua história com os significantes que lhe são próprios, com a respiração que lhe pertence e que estabelece um ritmo único à sua poesia. Aqui a língua como unidade cede lugar à unidade do inconsciente pela singularidade com a qual aquele que verseja sua história através do conto pode ali fazer a conta acrescentando a sua unidade. No texto intitulado *A psicanálise no campo das Artes*, Teresa Nazar diz acerca da escrita literária que a sua estrutura

> [...] gira em torno de alguns significantes privilegiados que a constituem, e que fundam seu desencadeamento discursivo, surpreende pelo modo como a mensagem do texto explicita, por via indireta, *a letra* do autor. É preciso, para tal fim, saber escutar o texto a partir de seus furos de sentido, pois é em torno destes que a letra circula, apontando o lugar *do sujeito*, autor do texto (Nazar, 2006: 160).

Ao circular os furos de sentido a letra circunda o furo que confere ao sujeito a sua inscrição no campo do Outro, traçando o circuito pulsional. O objeto *a*, como causa de desejo, é precisamente a escrita do que se constitui como furo no campo do Outro. Trata-se, portanto, de um campo que se organiza como furo em um espaço repleto de significantes e que preexiste ao surgimento do sujeito. Preexiste mesmo ao nascimento real de uma criança, na medida em que esta sempre será falada antecipadamente no ideal de seus pais. Uma criança, mais do que um corpo que nasce, é um conglomerado de significantes à espera de circundar e *circuninscrever* esse corpo. O objeto *a*, como diz Lacan no Seminário *R.S.I.*, faz para o sujeito o risco que circunda o campo do Outro, e só há esse campo, "só há Outro quando se o diz. Mas é absolutamente impossível dizer inteiramente esse Todo-outro, há uma *Urverdrängt*, um Inconsciente irredutível e este, de ser dito, é, por assim dizer, o que não só se define como impossível mas introduz como tal a categoria do Impossível" (Lacan, 1974-1975: aula de 17/12/1974); ele é a escrita possível de um estancamento na produção da unidade de sentido, uma vez que o sentido se dá como efeito do significante. É diante do *Che vuoi?* endereçado ao Outro que o sujeito entra na estrutura, ao formular uma resposta acerca do que se constitui como o enigma do desejo do Outro, acreditando na possibilidade de encontrar em algum momento um significante que seja todo-resposta. E assim vai, de significante em significante, em sua incessante busca de tudo dizer até o limite do Impossível, única possibilidade de pôr fim a esse deslizamento incessante em busca do tudo-dizer. Esse limite é dado precisamente pela escrita da letra na medida em que ela vai comparecer na articulação do significante ao real. Trata-se, portanto, de uma escrita que é traçada, que faz traço, traço único do circuito pulsional e que escreve a unidade que singulariza um sujeito, marcando a distinção fundamental de cada um. Desse modo, a literatura de cordel e a criação dos cordelistas nos ensinam acerca do surgimento de uma produção literária em uma cultura a partir dos significantes que compunham o campo discursivo das histórias dos colonizadores. É preciso ler no que se escreve o traço de uma letra que fez do cordel uma literatura diferenciada e singular dando origem à criação de uma produção poética única no sertão nordestino.

Da corda ao cordel a nomeação de um estilo literário: amarrações...

No *Seminário R.S.I.* Lacan vai dizer que "A nominação é a única coisa de que estamos seguros de que isso faz furo" (Lacan, 1974-1975: aula de 15/04/1975). Com a utilização que ele fez do nó, sabemos que esse só será borromeano uma vez que a retirada, ou o corte, de um dos anéis implique na desamarração de todos eles[3]. Desse modo, uma vez desenodadas as três consistências mínimas para que um nó seja borromeano não apresentam nenhuma distinção quando se quer saber qual delas é real, pois a distinção entre elas só se torna possível a partir do quarto anel. Portanto, é preciso um quarto anel, que suporta o Simbólico, diz Lacan, "daquilo para o qual ele é feito, a saber, o Nome do Pai" (Lacan, 1974-1975: aula de 15/04/1975). No mesmo seminário – proferido dez anos após a aula única do seminário *Os nomes do pai* (Lacan, 20/11/1963) – Lacan afirmará que os nomes do pai são precisamente os nomes enquanto nomeando algo.

Na aula de 15 de abril de 1975, Lacan trabalha com a escrita do nó borromeano em sua apresentação mínima, isto é, com três consistências:

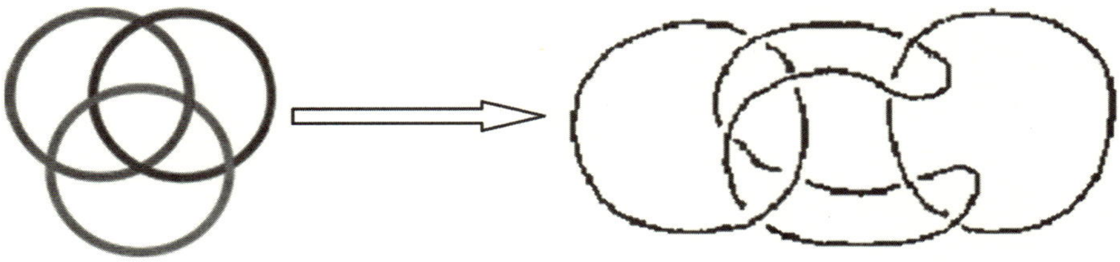

Fig. 1 Fig. 2

Trata-se nas duas figuras de formas de escrita do nó borromeano, bastando, para que se passe da Fig. 1 à Fig. 2, que dois anéis sejam esticados. Com isso, Lacan ressalta uma amarração impossível de se dar apenas com dois anéis, sendo o nó borromeano confeccionado somente a partir do terceiro, de modo que a partir da contagem do três pode-se acrescer anéis infinitamente mantendo-se a propriedade borromeana. A partir de três os anéis se equivalem e cada um guardará a propriedade ternária. Somente pela inclusão do quarto elo, do Nome-do-Pai, uma outra forma de enodamento borromeano das três consistências se dará, já que para Lacan nesse momento a infinitização do número de anéis mostra que o mesmo se aplica ao Nome-do-Pai, ou seja, enquanto furo o um da unidade assegurada

[3] Lacan faz uso do nó que figura no escudo de armas da família Borromeo e que ali simbolizava, mediante os três anéis, a união de seus membros, ressaltando que o rompimento de um dos seus integrantes implicaria em uma ruptura e dissolução do grupo.

pelo quarto anel confere consistência aos outros (Lacan, 1974-1975: aula de 15/04/1975).

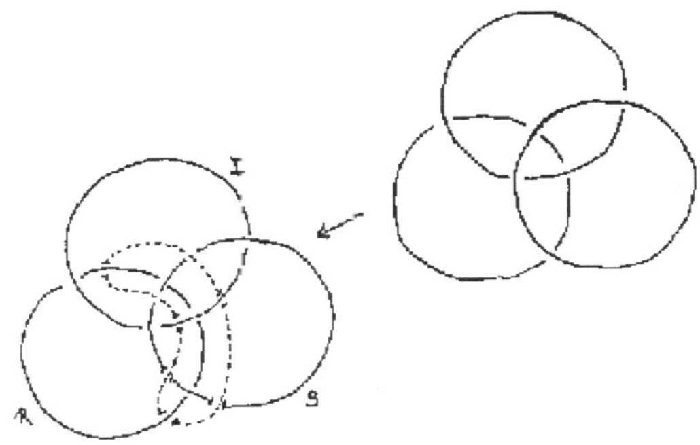

Dessa forma, é a introdução do quarto anel que permite uma amarração borromeana aos três anéis sobrepostos, introduzindo uma diferenciação entre eles e fazendo com que não sejam mais equivalentes, mas que possam se distinguir por seus nomes na medida em que a partir do quarto anel é do Nome-do-Pai implícito em cada consistência e, portanto, suportando a nominação o de que se trata. O Nome-do-Pai, ao ser o suporte da função de nominação, faz vigorar o que permanece implícito nos três, ou seja, a sustentação à inscrição de um nome.

Para concluir, como já mencionamos anteriormente, o termo *cordel* nomeará a poesia popular nordestina, única no mundo a receber esse nome. Em Portugal, o cordel era apenas o nome dado à corda na qual se penduravam as folhas onde os poetas escreviam seus versos. Logo, no que se refere a essa literatura, trata-se de uma versão que foi inventada no seio da cultura brasileira. O termo, não por acaso, só deu nome à literatura que aqui surgiu após sua figuração no dicionário de Aulete de 1881; portanto, pelo menos 59 anos separam a independência do Brasil – a 7 de setembro de 1822 – das primeiras publicações da poesia popular nordestina sob o nome de *cordel*. Nessa passagem de uma língua a outra, o que se efetiva é a invenção de um novo sentido que não designa somente a corda, pois se faz nome de uma versão da poesia popular; precisamente: a nordestina.

Referências bibliográficas

BORGES, F. N. F. (s.d.). "Folhetos de feira" movem a imaginação popular. Disponível em <http://www.revista.agulha.nom.br/1fneuma.html>. Recuperado em 15 de abril de 2011.

CASCUDO, L. C. (2005). *Vaqueiros e cantadores*. São Paulo: Global.

E-dicionário de termos literários. Disponível em <http://www.edtl.com.pt/index.php?option=com_mtree&task=viewlink&link_id=644&Itemid=2>. Recuperado em 20 de agosto de 2010.

LACAN, J. (1974-1975). *Seminário R.S.I.* Inédito.

————. (1971/2009). *O seminário, livro 16: de um discurso que não fosse semblante*. Rio de Janeiro: Zahar.

LIMA, J. F. (2004). *As proezas de João Grilo*. Rio de Janeiro: ABLC.

NAZAR, T. (2006). O escrito da escrita. In: *A escrita e os escritos: reflexões em análise do discurso e em psicanálise* (pp. 159-174). São Carlos: Claraluz.

PORGE, E. (1998). *Os nomes do pai em Jacques Lacan: pontuações e problemáticas*. Rio de Janeiro: Companhia de Freud.

SILVA, G. F. (2005). *Vertentes e evolução da literatura de cordel*. Rio de Janeiro: Ilart.

VISCO, M. (2006). A escrita da letra e o feminino. In: *A escrita e os escritos: reflexões em análise do discurso e em psicanálise* (pp. 195-204). São Carlos: Claraluz.

O TRAÇO DO CASO NA CLÍNICA DAS PSICOSES[1]

Maria Cristina Poli, Simone Monschen Rickes e Ester Trevisan

Resumo

Este trabalho é resultado de uma pesquisa desenvolvida em parceria pela Universidade Federal do Rio Grande do Sul e o Centro de Atenção Psicossocial – Cais Mental Centro de Porto Alegre. Neste artigo, centramos nossa análise na elaboração dessa experiência de trabalho conjugando elementos internos à teoria psicanalítica como o "traço do caso" e a "clínica das psicoses". Procuramos assim analisar os efeitos da presença da psicanálise, sua ética e seu discurso, como sustentador das intervenções clínicas e da pesquisa que realizamos.

Palavras-chave: psicose; traço do caso; clínica psicanalítica; CAPS.

Résumé

Le trait du cas dans la clinique de la psychose

Ce travail est le résultat de recherches menées conjointement par l'Université fédérale de Rio Grande do Sul et le Centre de soins psychosociaux Cais Mental Centro à Porto Alegre. Dans cet article nous centrons notre analyse dans l'élaboration de cette expérience de travail combinant des éléments internes à la théorie psychanalytique tel que le "trait du cas" et la "clinique de la psychose". Nous cherchons donc à analyser les effets de la présence de la psychanalyse, son éthique et

[1] Este trabalho é resultado da pesquisa "A construção do caso e os dispositivos clínico-institucionais do trabalho com a psicose" financiada pelo Edital Universal CNPq 14/2009.

son discours, comme soutien des interventions cliniques et de notre recherche.

Mots-clés: psychose; trait du cas; clinique psychanalytique; CAPS (centre d'accueil psychosociale).

Este trabalho é resultado de uma pesquisa desenvolvida em parceria pela Universidade Federal do Rio Grande do Sul e o Centro de Atenção Psicossocial Cais Mental Centro de Porto Alegre. Já há alguns anos, psicanalistas que trabalham na Universidade e aqueles que trabalham no CAPS têm se reunido buscando tirar consequências da incidência e sustentação do discurso psicanalítico em um contexto institucional de trabalho com a psicose. Neste artigo, não nos deteremos em situar o histórico desse processo, certamente interessante e relevante para a apreensão de sua função no contexto da reforma psiquiátrica brasileira. Optamos por nos centrar na elaboração dessa experiência de trabalho conjugando elementos internos à psicanálise: o "traço do caso" e a "clínica das psicoses". Partimos assim de um campo de experiência já constituída, isto é, a presença da psicanálise, sua ética e seu discurso como sustentador da intervenção e da pesquisa que realizamos.

No cotidiano do Centro de Atenção Psicossocial com o qual trabalhamos, os dispositivos clínico-institucionais têm a função de introduzir operadores que permitam a sustentação e operação do "traço do caso". Através das oficinas, das apresentações de pacientes, das reuniões e supervisões de equipe busca-se sustentar coletivamente um trabalho de transferência que permita a leitura do caso. Retroativamente, a aposta é que essa leitura possa escrever um traço ou ao menos sustentar a possibilidade da suplência de sua escrita para o sujeito aceder a esse artifício. Operação clínica, pois, que só podemos situar no *a posteriori* da experiência – no trabalho de elaboração e transmissão da clínica das psicoses. Mas que também, de certo modo retroativamente, pode ser reconhecida como constituindo a condição de suplência que a transferência pode ter na psicose.

Apresentaremos, portanto, de modo breve, uma problematização em torno do tema do "traço do caso" como aquilo que permite a constituição de um interstício, um espaço comum entre a intervenção e a pesquisa na clínica das psicoses. Tomaremos aqui a noção de "traço do caso" como um importante guia metodológico capaz de articular pesquisa e clínica.

O traço na clínica da psicose

A expressão "traço do caso" foi destacada por Claude Dumezil e Bremond (2010), no início da década de 80, como uma herança lacaniana no que concerne à manutenção do vivo da experiência psicanalítica no centro de sua elaboração conceitual. Lacan mesmo, segundo Dumezil e Bremond, apresenta esse significante de um modo muito esporádico e enigmático ao indicar a importância de a psicanálise retornar continuamente à sua prática: "Dar como suporte ao sujeito aquilo que é verdadeiramente seu, a saber, nada: ou seja, um traço"[2]. Também na proposição da Revista *Scilicet*, o tom irônico de Lacan ao dirigir-se a seu suposto leitor – o *Bacharel* – justificando a ausência de assinaturas na autoria dos artigos pela dificuldade de fazer referência ao caso clínico. Trata-se de reconhecer a presença ineludível do traço do caso – "o traço mais particular", segundo Lacan – que faz marca mesmo ali onde se busca produzir o disfarce tão comum, em respeito ao sigilo, nas apresentações da clínica.

Dessas duas evocações podemos destacar, portanto, o "traço do caso" como o suporte mínimo do sujeito que permanece indelével na elaboração e transmissão de uma experiência clínica. Para Dumezil e Brémond esse é o elemento que cumpre valorizar, buscar decantar do trabalho do caso a fim de fazer a psicanálise avançar. Se, como indica Freud, a psicanálise é para ser reinventada a cada caso clínico com o qual se trabalha, abordar o "traço do caso" implica justamente em indicar como se opera essa reinvenção. Ou seja, implica em reconhecer que o que sustenta e fundamenta o âmbito epistemológico e ético da psicanálise é da ordem daquilo que é estritamente singular o *traço* aqui ganha sua função de

---

[2] Nessa lição do Seminário do ato psicanalítico (7/2/1968), pp. 148-149 da edição da ALI, em que Lacan está falando da distinção do universal e do particular, a partir do diagrama com traços verticais, horizontais e "pas de traits", ele diz também, um pouco mais adiante: "Telle est la définition recevable du sujet en tant que sous toute l'énontiation prédicative, il est essentiellementce quelque chose qui n'est représenté par un signifiant par un autre signifiant".

"unário". Tal como a escrita do caso em Freud, conforme indica Chiantaretto (1999), tem uma função heurística ao indicar o fundamento que legitima um saber próprio ao campo psicanalítico, pensamos poder propor que também a legitimidade social do discurso psicanalítico está permanentemente em questão, estritamente dependente do seu modo de operar o trabalho clínico e transmiti-lo.

Não é simples, no entanto, o trabalho em torno desse *traço*. Podemos entendê-lo, como propõe Ginzburg (1990), por exemplo, que a psicanálise participa do paradigma indiciário comum às ciências humanas, e em particular à história, tal como o fazem os caçadores e os arqueólogos: trata-se de ler nos indícios do terreno da história – nos rastros e em seus apagamentos – o traço do sujeito que por ali passou. Freud (1914/1973) mesmo nos dá essa dica ao aproximar a psicanálise do método desenvolvido por Morelli e que lhe permitia avaliar a confiabilidade de uma obra a partir da análise de pequenos detalhes que traziam a marca inequívoca, e involuntária, do estilo de seu autor.

Interessante que o texto no qual Freud aborda esse tema – "O Moisés de Michelangelo" (1914/1973) – foi publicado originalmente sem conter sua assinatura. Freud refere ali também que a autoria de Morelli – médico italiano – dos textos sobre o método do detalhe é revelada posteriormente sob o pseudônimo Ivan Lermolieff. Essa série relativa à autoria se torna ainda mais curiosa se acrescentarmos, com já indicamos, que será no artigo de *Scilicet* que Lacan retoma, como justificativa da não assinatura dos textos, o tema do traço do caso.

Há, pois, algo no trabalho com a noção de traço que se situa na interface com a função do nome próprio e da autoria. Lacan (1961/1962) aborda esse tema no Seminário sobre a Identificação. Também nesse Seminário ele faz uma importante elaboração sobre o traço, destacando sua leitura do *einziger Zug* freudiano como "traço unário". Ele indica a relação entre aquilo que Freud delimita como identificação regressiva ao traço e a sua própria noção de significante. O significante aparece então como aquilo que é pura diferença[3] que se define como não sendo o que os outros são.

3 A diferença a que Lacan se refere não é a diferença qualitativa. O significante se define como não podendo ser todos os outros significantes – "deste fato depende esta dimensão: que também é verdade que ele não poderia ser ele mesmo" (Lacan, 1961-1962: aula de 6/12/61).

A identificação, enquanto identificação ao significante, sustentada por um traço unário, distancia-se em muito do que poderíamos supor como identidade, como inscrição de um lugar unificado e localizável para o sujeito. A marca inaugural do sujeito é o traço e não uma esfera ou círculo que poderiam representar uma unificação. A configuração desse lugar desde onde o sujeito fala tem por característica estar em constante mutação. Conforme afirma Calligaris (1991: 180; grifo nosso), o "sujeito é algo que só existe à medida que o significante o representa, à medida que fala, e é justamente à medida que fala que ele desaparece. Porque de repente não é mais ele, é o significante que o representa, então este *sujeito é uma pulsação*".

A impossibilidade do significante de ser igual a si mesmo, mesmo quando repetido, constitui sua propriedade fundamental. Se a direção do inconsciente é sua própria fabricação, através da reedição, uma e outra vez, daquilo que foi "expulso" na origem – daquilo que permitiu que o Outro restasse furado –, essa reedição não se marca por uma repetição do mesmo. Quando Freud (1920/1973) nos fala da compulsão à repetição, ele não está se referindo a um eterno retorno do mesmo; é porque o significante é sempre outro que podemos aí situar algo do novo no mesmo. Embora o sujeito se empenhe em reencontrar o objeto, a cujo traço ele se identificou, sua busca não terá fim na medida em que o traço unário, enquanto traço de um objeto, é aquilo que o faz subsistir, mas também o que o mantém apagado[4].

Mas todo esse caminho toma contornos específicos quando falamos da psicose. Quando, como inaugural, encontramos a *Verwerfung*: "a rejeição de um significante primordial em trevas exteriores, significante que faltará desde então nesse nível. [...] Trata-se de um processo primordial de exclusão de um dentro primitivo, que não é o dentro de um corpo, mas de um primeiro corpo que é um corpo significante" (Lacan, 1955-1956/1988: 174). O lugar da negação, do apagamento, como constitutivo daquilo que Lacan irá designar como traço – unário – fica em questão quando falamos da psicose, pois o que talvez encontremos aí é justamente uma positividade excessiva que não permite desarticular o sinal do objeto de cujo rastro ele

---

[4] Segundo Freud, "a identificação, na verdade, é ambivalente desde o início; pode tornar-se expressão de ternura com tanta facilidade quanto um desejo do afastamento de alguém" (1921/1973: 133).

se originou. A impossibilidade de deixar cair uma significação, de deixar cair um lugar localizável que daria conta da identidade última do sujeito acompanha, como impasse, a clínica das psicoses.

Mas retomemos a peculiar coincidência que demarcamos: o fato de Freud e Lacan tomarem o trabalho com o traço em textos cuja autoria encontra-se suspensa. Retomemos para pensar a articulação entre traço e nome próprio, pois ela também comparece no momento em que Lacan avança em sua proposição acerca do traço unário.

Ele elabora essa relação fazendo convergir esse ponto ao tema da escrita. De um modo muito rápido podemos resumir sua proposição, enunciada na lição de 20 de dezembro de 1961, de que a especificidade do nome próprio é o fato de ele ser resultante de um processo de nomeação que incide sobre um traço já escrito.

O nome é, portanto, uma operação segunda e decorre da fonetização do traço. Ou seja, é – tal como nos demonstrou Champollion – um operador de leitura que constitui um certo artifício. Como Lacan demonstra, através do caso do pequeno Hans, o nome equivale à função do significante que permite ao sujeito um suporte simbólico na relação à demanda materna. Fica evidenciado assim que Lacan está designando aqui a função do Nome-do-pai.

É preciso, pois, retomar o primeiro tempo desse processo que concerne à escrita do traço significante. Valendo-se da alegoria do encontro de Robson Crusoé com as pegadas de Sexta-feira, Lacan diz o seguinte: "si, la trace effacée, le sujet en entoure la place d'un cerne, quelque chose que des lors le concerne, lui, le repère de l'endroit où il a retrouvé la trace, eh bien! Vous avez là la naissance du signifiant" (Lacan, 1961-1962: lição de 24/01/62). Essa operação de apagamento ele denominará, com Freud, de recalque originário ou rejeição a partir do qual o traço unário emerge.

Podemos, pois, deduzir que a proposta de Lacan de suspensão da autoria nos artigos da *Scilicet* visava à suspensão do artifício de modo a tornar a leitura mais sensível à operação primeira: ao traço do caso justamente. Muitas vezes, a escrita sob pseudônimo tem efetivamente essa função: a de suspender a resistência à leitura que a antecipação do nome do autor pode produzir. Há também, evidentemente, em alguns casos, a função de poupar o autor de ter de se haver com os efeitos da leitura sobre aquilo que escreveu... Todas essas considerações apenas indicam um tema que ainda se encontra à espera de uma investigação mais precisa.

A via de enlace entre autoria, nome próprio e traço do caso que nos interessa investigar neste trabalho concerne especificamente à clínica da psicose. Essa clínica acrescenta algumas dificuldades à investigação que faz decantar o traço do caso, uma vez que à noção de traço articula-se inexoravelmente a dimensão do apagamento. Em função da posição estrutural da *Verwerfung* na psicose, que implica justamente na exclusão do significante do Nome-do-pai, como pensar o modo como aí opera a dimensão do traço? Deveríamos considerar que há igualmente a rejeição de ao menos *um traço* essencial: justamente o que dá lugar ao significante do Nome-do-pai?

Expressa-se, assim, a dificuldade própria à constituição do laço transferencial nessa clínica: entre a ética da psicanálise que sustenta a hipótese do sujeito – esse que opera entre a escrita e a leitura – e o movimento próprio à foraclusão há uma antinomia de difícil resolução. O trabalho em equipe – como na experiência do CAPS – e a construção do caso visariam fazer suplência dessa ausência de Um traço.

A construção do traço do caso

Mencionar a transferência implica em situar o campo de trabalho no qual o caso clínico se produz. Ou, como prefere Ana Cristina Figueiredo (2004), "se constrói". A "construção do caso", segundo essa autora, é a via de trabalho privilegiada que a psicanálise introduz no campo da saúde mental coletiva. Ela permite que a equipe do serviço possa realizar um trabalho conjunto, tornando a transferência de trabalho entre seus integrantes o vetor da intervenção junto aos usuários. Segundo suas palavras:

> Torna-se necessária uma proposta que contemple diferentes formações profissionais, e, consequentemente, diferentes referências teóricas, de modo a não reduzir os instrumentos clínicos da psicanálise a uma banalização de seu uso ou a uma supervalorização de seus conceitos. Formulando de outro modo: é preciso localizar qual seria a contribuição específica da psicanálise

> hoje para a psicopatologia e para a saúde mental. E acrescentaríamos: é preciso apontar o sentido do diagnóstico, ao se incluir aí o sujeito do inconsciente (Figueiredo, 2004: 77).

A inclusão do sujeito do inconsciente, mencionada pela autora, é o ponto de encontro, assinalado por Freud, entre a terapêutica, a pesquisa e a construção do caso clínico. É na medida em que na psicanálise não se trata de "colher" o sujeito do inconsciente que se encontrava ali, à espera do pesquisador, mas de produzi-lo no encontro com o outro/Outro, que o trabalho da equipe pautado pela psicanálise opera.

No recurso aos dispositivos clínico-institucionais, é também a transferência que torna possível a construção do caso. Trata-se de fazer surgir o traço singular que caracteriza o caso e que só pode emergir numa articulação que leve em conta o laço de trabalho entre os usuários e destes com a equipe. É nesse sentido que a posição do psicanalista é correlativa da posição do pesquisador: a emergência desse traço singular no laço de transferência é fruto de uma aposta que demonstra seus efeitos no *a posteriori*. Ou seja, na pesquisa em psicanálise não se propõem hipóteses a serem confirmadas, mas o exercício do lugar da pergunta e abertura para achados que não são definidos *a priori*. A partir desse exercício, o que se desenha é uma teoria em potência. Conforme afirma Fedida (1991: 230): na psicanálise, o caso é uma teoria em gérmen, uma capacidade de transformação metapsicológica. Portanto, ele é inerente a uma atividade de construção tal como a análise de supervisão seria capaz de constituir. Em outros termos, o caso é construído.

O tema da construção ingressou na produção de Freud tardiamente. O texto "Construções em análise" é de 1937. Nele Freud (1937/1973) se coloca em diálogo com um interlocutor imaginário que contesta a legitimidade da psicanálise, uma vez que as intervenções do analista não parecem ser refutáveis pela recusa do paciente. Segundo esse interlocutor, o psicanalista estaria na confortável posição de jogar a moeda sob a seguinte lei: "cara eu ganho, coroa você perde".

Freud concorda com seu interlocutor. Sim, na psicanálise as balizas que permitem dizer da pertinência de uma intervenção não passam pela assertiva positiva do analisante, sendo possível que, mesmo que este recuse a fala do analista, esta incida sobre uma verdade que lhe diga respeito de forma direta. Mas então como situar a inadequação de uma intervenção que se situasse a partir da colocação em cena de significantes que o analista "emprestaria" à análise?

Nesse texto o autor vai colocar-se a pensar as intervenções que o analista se vê convocado a fazer sempre que ao analisante não é possível seguir no seu trabalho de associação livre, sempre que ele se vê diante de um buraco da memória, sendo assolado pela sensação de que ali não tem nada a dizer. É nesse ponto que o analista é chamado a intervir com uma construção, oferecendo ao paciente significantes que pretendem dizer da sua singular posição na linguagem. A adequação dessa oferta se fará ver toda vez que ao paciente surgir, na sequência do trabalho, uma recordação carregada de uma intensidade sensorial – tal qual as chamadas lembranças encobridoras – capaz de recolocar a fala no trilho da associação livre, relançando o analisante em seu trabalho de historizar-se na vida. Para Freud, o trabalho da construção é um trabalho preliminar; abre caminho à associação livre e à interpretação que sobre ela incide.

Interessante pensar que essa antecedência da construção em relação à interpretação não se situa do mesmo modo em todas as clínicas. Entre as situações em que nos vemos especialmente convocados ao trabalho com a construção estão a clínica com crianças, o trabalho com a psicose, ou, ainda, as situações em que a adição se faz presente como forma de se inscrever no mundo. Em todas essas clínicas nos encontramos com uma peculiar posição frente à condição de historizar a existência. No desdobrar dessas transferências a referência ao passado, às memórias ou recordações aparece entremeada por uma presença importante da atualidade.

Com as crianças, muitas vezes somos nós quem, ao historizar uma produção, desdobrada ao longo de sessões, abrimos a linha do tempo instigando com nossa intervenção a possibilidade de situar e inscrever uma sucessão temporal. Por outro lado, não raro nos encontramos na psicose frente a uma impossibilidade de lembrar, muitas vezes diretamente referida pelos sujeitos. Nas adições, por sua vez, os volteios em torno do objeto a ser consumido consome o tempo das palavras e dá à narrativa as tintas de uma excessiva atualidade, atualidade de difícil laço com os fragmentos que constituem a história do sujeito. Numa e noutras situações estamos diante de um sujeito tomado em uma posição em que a alienação ao Outro espreita a cada passo, um sujeito para quem a separação não adquiriu como que a consistência necessária para que lhe seja possível historizar seu percurso.

Na especificidade dessas clínicas, seria possível pensar a construção do traço do caso como operadora para a construção de um lugar na transferência das equipes – pensando nos serviços de atendimento à psicose – capaz de dar guarida à escuta desses sujeitos? Nessa esteira, Leda Bernardino (2011: 25) pergunta-se:

> Considerando-se que a especificidade da clínica psicanalítica com crianças e adolescentes reside na escuta de sujeitos ainda em processo de constituição da subjetividade; que o discurso em torno do fato clínico é muitas vezes plural [...]; ou ainda, que o discurso não necessariamente vai ser verbal. O dispositivo do destacamento do traço do caso seria operável nessa clínica?

A questão colocada pela autora nos parece operativa – por outros motivos – na psicose. Considerando que o psicótico encontra-se numa posição em que o apagamento de uma marca inicial através de um processo de negação não operou de forma a fazer restar desse apagamento o traço como um vestígio não qualitativo a suportar toda a cadeia significante, como pensar em tomar justamente a decantação desse traço como bússola para a direção do trabalho nas equipes que se ocupam de referido sofrimento?

Mesmo diante de substancioso impasse, parece-nos que a *construção* do traço do caso (e talvez não propriamente seu destacamento ou decantação) pode ser um operador interessante para o trabalho. Atemo-nos ao termo construção, pois nos parece que na psicose, como indicamos acima, estamos diante de uma ausência – ou de uma presença que por não ser rasurada não permite a simbolização de uma ausência – que nos convoca a uma posição de construção e, nessa medida, também da construção de um traço do caso.

Dito de outro modo: se podemos fazer surgir algo que funcione no caso como um traço – mesmo que à maneira de uma suplência – estamos no bom caminho de uma cura. E o que diz da pertinência de nossa construção? – poderíamos perguntar com Freud. Arriscamos: que aquilo que se segue à construção do traço possa guardar alguma polissemia, algum enigma, sem que por isso seja sentido como estrangeiro ao paciente, ou seja, que saber e verdade não se coloquem no plano da equivalência sem que com isso a verdade que emerge seja experienciada pelo sujeito como alheia.

Referências bibliográficas

BERNARDINO, L. M. F. (2010). O traço do caso na clínica psicanalítica com crianças e adolescentes. *Revista da Associação Psicanalítica de Porto Alegre – Estruturas Clínicas, 38*. Porto Alegre: APPOA.

CALLIGARIS, C. (1991). *Introdução a uma clínica diferencial das psicoses*. Porto Alegre: Artes Médicas.

CHIANTARETTO, J. F. (1999). *L'écriture de cas chez Freud*. Paris: Anthropos.

DUMEZIL, C. & BREMOND, B. (2010). *L'invention du psychanalyste: le trait du cas*. Paris: Érès.

FEDIDA, P. (1991). *Nome, figura, memória*. São Paulo: Escuta.

FIGUEIREDO, A. C. (2004). A construção do caso clínico: uma contribuição da psicanálise à psicopatologia e à saúde mental. *Revista Latinoamericana de Psicopatologia Fundamental, VII*(1), 75-86 .

FREUD, S. (1914/1973). O Moisés de Michelangelo. *Edição standard brasileira das obras completas de Sigmund Freud*. Rio de Janeiro: Imago.

———. (1920/1973). Além do principio do prazer. *Edição standard brasileira das obras completas de Sigmund Freud*. Rio de Janeiro: Imago.

———. (1921/1973). Psicologia das massas e análise do eu. *Edição standard brasileira das obras completas de Sigmund Freud*. Rio de Janeiro: Imago.

———. (1937/1973). Construções em análise. *Edição standard brasileira das obras completas de Sigmund Freud*. Rio de Janeiro: Imago.

Ginzburg, C. (1990). Sinais: raízes de um paradigma indiciário. In: *Mitos, emblemas, sinais: morfologia e história* (pp. 143-179). São Paulo: Companhia das Letras.

LACAN, J. (1955-1956/1988). *O seminário, livro 3: as psicoses*. Rio de Janeiro: Jorge Zahar.

———. (1961-1962). *Le séminaire, livre 9: l'identification*. Inédito.

———. (1967-1968). *O seminário, livro 15: o ato psicanalítico*. Inédito.

OFICINA SEM PAREDES OU DA ESCRITA E DAS COISAS FINDAS

Mariana Lange

RESUMO

Este artigo visa interrogar acerca da escrita, da infância e da educação, narrando a história da criação de uma Oficina de Escrita desenvolvida com um grupo de crianças em uma biblioteca. A Oficina de Escrita, fundamentada nas relações entre literatura e psicanálise, nos leva a pensar acerca da escrita e da memória, bem como dialoga com os escritos de Jacques Derrida e Roland Barthes.

Palavras-chave: Oficina de Escrita; literatura e psicanálise; memória.

RÉSUMÉ

Atelier sans murs

Cet article a pour but de s'interroger sur l'écriture, l'enfance et l'éducation, à partir du récit de la création, dans une bibliothéque, d'un Atelier d'écriture, avec un groupe d'enfants. Cet atelier, centré sur les rapports entre la littérature et la psychanalyse, nous amène à reflechir à l'écriture et à la mémoire et dialogue avec las productions de Jacques Derrida e Roland Barthes.

Mots-clés: Atelier d'écriture; littérature et psychanalyse; mémoire.

> *Eis aqui alguns resíduos de minha última investida. Eu só consigo compor os detalhes no processo de escrever. Esse processo segue completamente os ditames do inconsciente, segundo o bem conhecido princípio de Itzig, o cavaleiro de domingo: "Itzig, aonde você vai?" "E eu sei? Pergunte ao cavalo". Eu nunca comecei um único parágrafo sabendo de antemão onde terminaria.*
>
> Sigmund Freud, *Correspondências*

Ofício: escrever

Reunidos em torno de uma mesa, escrevemos – mais que isso, oficinamos. Na Oficina de Escrita[1], a confecção do coletivo, esse lugar de convivência das diferenças, é tão importante quanto o escrever. Ali fazemos *fictionem*: do latim, ato de modelar, criação. Criamos, portanto, um modo de estarmos juntos; modelamos, no papel, achados da nossa mais engenhosa captura. Com as palavras, ficcionamos até o que é verdade.

Construída de modo bastante artesanal, essa prática desenvolvida com pequenos grupos propõe uma reunião em torno da escrita, convidando a escrever por escrever, provocando a pensar sobre nossa relação de *extimidade* com a escrita. Atravessada pelas relações da escrita com a psicanálise de Freud e Lacan, essa prática com as letras é manejada de modo a trabalhar com o grupo a experiência de se "escrever em companhia" (Rickes, 2010), desde o enfrentamento do papel em branco até a possibilidade de leitura e circulação do escrito. A oficina é ainda temperada com outros autores: Roland Barthes e o prazer do texto e Jacques Derrida e suas palavras sopradas.

Quando desenvolvido no âmbito institucional, o trabalho com Oficinas de Escrita segue com a duração de meses ou até mesmo anos, com encontros periódicos e um grupo que se constitui no traçar daquela história. Mas a ex-

---

[1] Trabalho que propõe o exercício da escrita visando trabalhar a relação do oficinando com o escrever. Diferentemente de oficinas de redação e das oficinas literárias, escrevemos livremente e, depois, quem se sentir convidado a ler o que escreveu pode compartilhar com o grupo não apenas seus escritos, mas sua experiência com o escrever (dificuldades, tensões, ideias). Assim, com o viés da psicanálise permeando o trabalho, a oficina também permite trabalhar questões de convivência e de grupo, bem como as maneiras de lidar com a crítica, a autocrítica e a autoria.

periência pode se dar por meio de variados caminhos, afinal o estilo artesanal do oficinar permite as mais inusitadas formas, como veremos a seguir.

Muros e extramuros: mais além da escrita

Na especificidade da Oficina de Escrita com grupos de crianças, o escrever, que a princípio se parece um pouco com as atividades escolares, se torna uma brincadeira. É durante o fazer em oficina que as diferenças começam a aparecer. A partir dessas dissonâncias podemos estabelecer relações entre a prática em oficina e as práticas escolares: na escola, o escrever entra em cena especialmente como prova, algo entregue para ser avaliado por um superior; na oficina, não há obrigatoriedade – escreve quem se sentir convidado a escrever e o mesmo se dá com a leitura dos escritos.

Nas palavras de Barthes: "[...] permaneço suspenso a esta pergunta, cuja resposta busco, sem descanso, no rosto do outro: *o que valho*?" (Barthes, 2003: 311). Portanto, que lugar você me dá? Este questionamento, que também participa do enfrentamento do aluno em relação às provas, testes e redações, é esmiuçado na Oficina de Escrita, transmutando-se, talvez, em outras perguntas: que critérios definem o valor do que sou capaz de produzir? O que eu faria se o fizesse sem medo de ser avaliado? O que eu escolheria escrever se eu pudesse escolher? Esta última pergunta norteia as oficinas de escrita.

Assim, próxima da educação, a Oficina de Escrita permite esquadrinhar ressonâncias das práticas escolares na criança. Assim, a criança (oficinando/aluno) recria e reorganiza em diferentes lugares as relações hierárquicas e formas de laço que conhece, levando para fora dos muros da escola as marcas que esta vai deixando nela. Afastando-se das avaliações e das notas, a escrita pode errar – no sentido de ir a ermo, seguir gastando as palavras, testando sonoridades, brincando com grafias. O oficinando, nessas idas e vindas, percebe-se como alguém que *escreve*, não apenas alguém que aprendeu a escrever. Poderíamos colocar um traço de Derrida[2]

[2] A propósito, no livro *O cartão postal: de Sócrates a Freud e além*, Derrida incita o leitor a pensar sobre a relação entre o *fort* e o *da* do jogo do carretel que Freud havia trabalhado em seu texto "Além do princípio do prazer". Derrida propõe "fort:da", pois a relação entre os dois movimentos (atirar e recolher de volta o carretel) acontece sem que haja necessariamente uma oposição.

(2007: 400) nessa conversa e propor *oficinando: aluno*, trocando a barra por uma passagem porosa que envia a barreira divisória para o território da indecidibilidade.

O que se faz em uma oficina? As crianças comumente respondem: oficina é um lugar onde se conserta o que está quebrado. Mas não esqueçamos que em uma oficina também se pode desconstruir: às vezes é preciso desmontar, desfigurar, macular. O que fica dessa experiência? Só saberemos após o fazer.

Além de ecos de Derrida e de sua teoria da escritura[3], o trabalho da Oficina de Escrita, que também inclui a leitura, é marcado pela presença da literatura. Ela participa da oficina de modo oblíquo, na esteira do que define Barthes (2004: 17): "entendo por literatura não um corpo ou uma sequência de obras, nem mesmo um setor de comércio ou de ensino, mas o grafo complexo das pegadas de uma prática: a prática de escrever". Para ele, "todas as ciências estão presentes no monumento literário" (Barthes, 2004: 18). Na Oficina de Escrita, vários saberes convivem – sem muros. Ler e escrever em oficina se apresentam como *ler: escrever*.

A literatura pode disparar desejos ou pode facilmente remeter à obrigação e ao tédio. Seja em oficina, ou em sala de aula – não importa "entre que muros" ela aconteça (para fazer referência ao livro e ao filme intitulados "Entre os muros da escola") –, é possível inventar um jeito de estar com a escrita e estar com a literatura de uma maneira saborosa. O mais importante é ter prazer nessa convivência com as letras, lendo, escrevendo e tecendo histórias.

Uma oficina

Certa vez, fui convidada a realizar uma oficina. Sim, *uma* oficina. Sem vínculo institucional, sem promessa de continuidade: era apenas *uma* oficina. O convite surgiu nos idos de 2009, por ocasião das comemorações

---

[3] Destaco aqui *Mal de arquivo: impressões freudianas* (2001), *A escritura e a diferença* (2005), *O cartão-postal: de Sócrates a Freud e além* (2007) e *Gramatologia* (2008) como leituras que possibilitam relações entre Derrida e a psicanálise no que diz respeito aos temas memória e escrita, assim como permitem abrir caminhos para pensar as práticas em oficina e os efeitos do escrever sobre aquele que escreve.

da Semana do Livro Infantil na Biblioteca Municipal Guilherme Wiethorn Filho, em Palhoça, na Grande Florianópolis. Confesso que estremeci: *uma* oficina? Como seria fazer uma oficina?

Eu tinha experiência com grupos que seguiam por vários meses e o trabalho se constituía nesse caminhar. Nesses grupos, acreditava eu, o trabalho havia se dado por meio da tessitura do tempo, com encontros semanais. Como eu faria uma oficina com uma turma de crianças do 4º ano do ensino fundamental, crianças que eu não conhecia, sem tempo para entrevistas preparatórias, sem grandes planejamentos? Comecei, então, a indagar a respeito do lugar de oficineira e sobre a proposta que eu carrego embarcada nesse meu desejo de oficinar. O que eu poderia levar? Meu desejo, concluí.

Chegado o grande dia, deparei-me com uma surpresa: a oficina seria uma oficina sem paredes, pois aconteceria em uma grande mesa no espaço de estudos da biblioteca, mesa exposta aos olhares curiosos dos bibliotecários e das demais pessoas que ali se encontravam. Ou seja, a oficina, prática coletiva, estaria acontecendo em um lugar também coletivizado, um lugar não recolhido – como eu estava acostumada a fazer nas instituições. A biblioteca me permitiu vislumbrar esse nome, *Oficina sem paredes*, e me pôs a pensar.

ATELIER SANS MUR[4]

Mur denota proteção, limite contornado, delimitação de território privativo. Cada muro mostra um estilo de fazer contato: há muros com aberturas, muros descomunais, muros feitos de duras rochas, muros em ruínas, muros que caem e deixam de aprisionar e muros que se erguem para preservar a vida.

A proposta de Oficina de Escrita preconiza que o ofício da escrita não precisa ficar entre paredes, recluso. Assim, propondo o escrever de modo mais livre, por que precisaríamos de paredes? Eu não havia levantado esse questionamento antes. Percebi, então, que é o fazer que delimita o lugar

[4] Título do trabalho apresentado em Paris em novembro de 2010 no III Colóquio Escrita e Psicanálise – *Colloque international L'écriture comme expérience du passage*, na Université de Paris 13.

e não o contrário. Na oficina, o fazer do oficineiro, que ali oferece um convite (ele convida a escrever livremente), esboça um contorno para essa configuração que ali se coloca. O que faz com que uma Oficina de Escrita aconteça? O desejo de escrever.

Porém, na biblioteca, as crianças estavam descobrindo um novo ambiente fora do cotidiano da sala de aula; logo, algumas ficaram inquietas e desejosas de alguma algazarra. No entanto, estávamos lá por um motivo especial: a escrita. Nesse momento, falei: "o que será que vamos fazer nessa Oficina de Escrita? O que se pode e o que não se pode fazer?".

Muitas se voltaram para mim como se olhassem para uma autoridade, aguardando instruções. Surpreendi, marcando uma diferença: comecei eu mesma aceitando o meu próprio convite e me pus a escrever. Curiosas espiaram, espreitaram, riram. No papel em branco escrevi: "pode tudo". Indaguei: "o que vocês acham?". Percebi que algumas ficaram confusas: que espécie de professora seria essa?! Em mais um gesto de escrita, segui: "pode tudo na escrita".

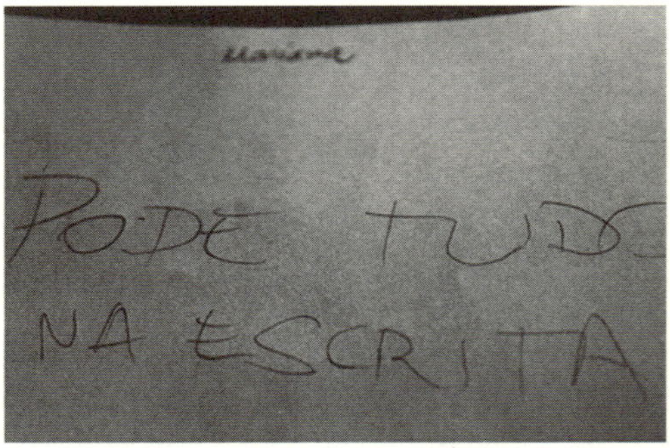

Foto: André Oliveira Costa

Foi então que o grupo se interessou pelas folhas em branco e o roçar no papel se fez ouvir naquela tarde na biblioteca.

Quando a criança percebe que escrever pode representar outra coisa que não uma prática protocolar e burocrática, a escrita passa a ter sabor: *tudo é possível na escrita*. Para Barthes,

> Um escritor – entendo por escritor não o mantenedor de uma função ou o servidor de uma arte, mas o sujeito de uma prática – deve ter a teimosia

> do espia que se encontra na encruzilhada de todos os outros discursos, em posição trivial com relação à pureza das doutrinas [...]. Teimar quer dizer, em suma, manter ao revés e contra tudo a força de uma deriva e de uma espera. É precisamente porque ele teima que a escritura é levada a deslocar-se (Barthes, 2004: 27).

Mãos teimosas trabalharam, brincaram, riscaram, rasgaram, entregaram, esconderam escritos. Olhares teimosos vez ou outra se sobressaltaram com a possibilidade de escrever "bobagens" – sim, por que não? –, escrever sem as balizas do certo e do errado. Escrever sem paredes.

"Mas na escola a profe não deixa", sussurrou uma menina com o lápis em ponto de bala. "Mas aqui é a Oficina de Escrita e aqui é a nossa chance de tentar coisas diferentes", assegurei. E por que escrever isso e não aquilo? Por que escrever bobagens? Simplesmente para procurar seu sabor.

A escrita segue os ditames da gramática, da sintaxe, e não há liberdade total senão fora da linguagem. "Infelizmente, a linguagem é sem exterior" (Barthes, 2004: 16) e a nós só resta trapacear:

> Mas a nós, que não somos nem cavaleiros da fé nem super-homens, só resta, por assim dizer, trapacear com a língua, trapacear a língua. Essa trapaça salutar, essa esquiva, esse logro magnífico que permite ouvir a língua fora do poder, no esplendor de uma revolução permanente da linguagem, eu a chamo, quanto a mim: *literatura* (Barthes, 2004: 16).

Interessante poder transmitir de algum modo às crianças que a literatura pode ser outra coisa que não as coleções de livros enfileiradas nas estantes da biblioteca; a literatura pode ser também aquilo que habita as mãozinhas teimosas quando escrevem sem as barreiras do certo e do errado. Naquele dia, deixamos a escrita ser o mais livre possível.

Segundo Derrida, "Saber 'deixar', e o que significa 'deixar' é uma das coisas mais belas, mais arriscadas, mais necessárias que conheço. Muito próxima do abandono, do dom e do perdão. A experiência de uma 'desconstrução' nunca acontece sem isso, sem amor, se preferir essa palavra" (Derrida & Roudinesco, 2004: 13).

L'amour. Para Lacan, o amor é "pivô de tudo que se institui pela experiência psicanalítica" (Lacan, 1972-1973/1985: 55). A Oficina de Escrita, atravessada pela psicanálise, pode também situar o amor na medida em que ele participa da prática em oficina por meio da transferência. Na oficina, a transferência é com a escrita, em torno da qual nos configuramos como grupo. Vale perguntar, frente a um grupo de trabalho, o que é que se agrupa ali (Greco, 2008: 85). No nosso caso, o que nos reúne é a escrita. O escrever em oficina prescinde de paredes, pois as delimitações mínimas necessárias ao trabalho se asseguram por meio desse laço.

Sobre a transitoriedade

Quando e como uma experiência nos marca? Não temos como precisar. Quando é que termina o trabalho em oficina? Ao sair dali? E quando é que ele começa? A escrita deixa impressões não só no papel, mas também, quiçá, na memória. Como é que essas impressões se marcam em nós?

A duração do momento do trabalho que construímos juntos não define por si só seus efeitos. Não sabemos o que se deu ali, sabemos apenas que, "no movimento de construção da obra, o que fica é o obrar" (Bergamaschi, 2009: 12). Freud (1916/1996) já havia salientado que a transitoriedade marca a passagem da vida e das coisas que nos marcam. Vale, então, indagar – sem encerrar a questão – sobre aquilo que resta a partir da experiência. No caso, indago desde o meu lugar de oficineira, motivo que me impele a escrever este artigo que aqui compartilho, fazendo "restar" em forma de escrito um pouco do que em mim ficou dessa experiência.

O verbo *rester*, em francês, salientado frequentemente por Derrida em sua obra, evoca duplamente sobrar e permanecer. Restar, não contrário, mas sim incluindo morte e perda: trata-se de um restar a salvo do fogo, um restar que favorece o advento de uma marca; permanecer como rastro, traço durável, *diferido* (diferido na temporalização).

O que fica fica na memória? A memória, em proximidade com o mal e com a morte[5], é um arquivo morto e vivo,

[5] Memória, escrita e mal de arquivo são palavras-chave da minha pesquisa de doutorado, a ser

> *Morto* porque é de morte que sempre se trata; vivo porque a vida é esse *desvio* prolongado antes do retorno a um estado que a ultrapassa, dentro de um processo continuado para além da existência de um só indivíduo. Indecidível entre a memória viva (*mnéme*) e a rememoração (*hypómnesis*), o psiquismo é o tecido da vida enquanto morte diferida e reencontrada a cada etapa, inexoravelmente (Nascimento, 1999: 173).

A memória, portanto, longe de ser um conjunto de letras mortas, se faz escritura furtiva, à espreita do apagamento. A usura – gasto, apagamento – se dá como o trabalho do filete de água marcando traço, rompendo, como o significante escritural traçado na insistência da força abrindo sulco (Derrida, 2008). A memória é escritura por sulcos, operação não menos que violenta. O rastro na memória inscreve via arrombamento, violência irruptiva que não se dá sem resistência. Derrida aponta então para essa escritura irruptiva, ligando memória, violência, escrita e morte.

A memória é rapsódica, perturba a hierarquia do presente superando o passado. Ao estilo pompeano, há uma mescla de tempos na memória, que não existe como conteúdo, mas sim como algo transmitido na linguagem. Para Derrida ela seria artefato, superfície rugosa de texto, e se distancia da memória como conteúdo guardado.

O que dizer do trabalho em oficina naquele instante mesmo em que ele se dá, na madureza do acontecimento, nos olhares recém-cruzados e já voltados à despedida? Do que é possível dizer, de onde é possível dizer? É tempo de uma outra obra acontecer.

Escreveu Drummond, no poema Memória (1999: 180):

> As coisas tangíveis
> tornam-se insensíveis
> à palma da mão.
> Mas as coisas findas,
> muito mais que lindas,
> essas ficarão.

---

defendida em 2013 no departamento de Pós-graduação em Literatura da UFSC.

Findo o trabalho, dá-se o tempo para que os possíveis efeitos e ressonâncias se teçam no *só-depois*. O trabalho acontece na oficina, mas os efeitos aparecem na vida – efeitos que, no que diz respeito aos oficinandos, não acompanharei. Nesse ponto, é necessário ao oficineiro "despojar-se de todo desejo de agarrar" (Barthes, 2004: 10) e seguir sem paredes. Fica o que ressoa do trabalho para o oficineiro, fica o obrar, que segue obrando nas entranhas/estranhas dobras do tempo, no palimpsesto da escrita da memória, no apagamento da escrita da memória. E as coisas findas ficarão, de algum modo.

Sem paredes nem muros, sem início nem fim. Restaram, além de alguns escritos, lembranças, e o momento vale o quanto puder valer, perdura o quanto puder perdurar – no íntimo da experiência de cada um e no coletivo da produção socializada vertida sobre a grande mesa. Oficinas sem paredes[6]... mas cravejada de palavras.

Início: fim.

Referências bibliográficas

ALETRIA – Revista de Estudos de Literatura – Literatura e psicanálise, *12*, 2005. Belo Horizonte: UFMG – CEL/FALE.

DRUMMOND DE ANDRADE, C. (1999). *Antologia poética*. Rio de Janeiro: Record.

BARTHES, R. (2003). *Fragmentos de um discurso amoroso*. Trad. Leyla Perrone-Moisés. Martins Fontes: São Paulo.

————. (2004). *Aula*. Trad. Leyla Perrone-Moisés. 12 ed. São Paulo: Cultrix.

BERGAMASCHI, R. I. (2010). A arte de um ofício. In: SCOTTI, S. & BERGAMASCHI, R. I. & LANGE, M. De B. *et al.* (orgs.). *Escrita e Psicanálise II* (pp. 11-14). Curitiba: Editora CRV.

DERRIDA, J. (2001). *Mal de arquivo: uma impressão freudiana*. Trad. Cláudia de Moraes Rego. Rio de Janeiro: Relume Dumará.

6 Desde a primeira "oficina sem paredes", modalidade que tenho praticado, fui convidada outras vezes para fazer "uma oficina" na Semana do Livro Infantil da Biblioteca Municipal Wiethorn Filho. Dedico este texto a todos os envolvidos com esse trabalho e envio um agradecimento muito especial a Sandro Campos e Erli Paulo, com carinho.

————. (2005). *A escritura e a diferença*. Trad. de Maria Beatriz Marques Nizza da Silva. São Paulo: Perspectiva.

————. (2007). *O cartão-postal: de Sócrates a Freud e além*. Trad. Ana Valéria Lessa. Rio de Janeiro: Civilização Brasileira.

————. (2008). *Gramatologia*. Trad. Miriam Chnaiderman e Renato Janine Ribeiro. São Paulo: Perspectiva.

DERRIDA, J. & ROUDINESCO, E. (2004). *De que amanhã: diálogo*. Trad. André Telles. Rio de Janeiro: Jorge Zahar.

FREUD, S. (1916/1996). Sobre a transitoriedade. *Edição standard das obras completas de Sigmund Freud*. Trad. Jayme Salomão. Rio de Janeiro: Imago.

GRECO, M. G. (2008). Oficina: uma questão de lugar? In: FIGUEIREDO, A. C. & COSTA, C. M. (orgs.). *Oficinas terapêuticas em saúde mental: sujeito, produção e cidadania* (pp. 83-94). Rio de Janeiro: Contra Capa.

LACAN, J. (1972-1973/1985). *O seminário, livro 20: mais, ainda*. Trad. M. D. Magno. Rio de Janeiro: Jorge Zahar.

LANGE, M. De B. (2010). Caminhares: fragmentos sobre oficinas de escrita e interrogações sobre os ensinares e os aprenderes. *Revista Conjectura: Filosofia e Educação – UCS, 15*(3), 165-174.

————. (2011). Concedamos a liberdade de traçar: brincando de escrever um Dicionário de Perfeições Inventadas na Oficina de Escrita. *Revista Criação & Crítica – USP*, 6, 74- 83. Disponível em <http://www.fflch.usp.br/dlm/criacaoecritica/dmdocuments/CC_N6_MBLange.pdf>. Recuperado em junho de 2010.

NASCIMENTO, E. (1999). *Derrida e a Literatura: "notas" de literatura e filosofia nos textos de desconstrução*. Niterói: EdUFF.

REGO, C. de M. (2006). *Traço, letra, escrita: Freud, Derrida, Lacan*. Rio de Janeiro: 7 Letras.

RICKES, S. M. (2010). Escritas em companhia. In: SCOTTI, S., BERGAMASCHI, R. I. & LANGE, M. De B. *et al.* (orgs.). *Escrita e Psicanálise II* (pp. 121-126). Curitiba: Editora CRV.

IV. Exílio e escrita

Escrita, feminino e letra

Heloisa Caldas e Rita Maria Manso de Barros

Resumo

Retomamos o conceito de escrita para a psicanálise, dando a ela uma dimensão que ultrapassa à da folha em branco e possibilita ao sujeito a construção de contornos para o real e a sublimação da pulsão. Com essa finalidade, articulamos os conceitos de feminino ao de letra, assim como o que lhes permite comparecer na escrita, para que do gozo, passando pela angústia, se possa alcançar o desejo. Alguns recortes de textos de Clarice Lispector, Marguerite Duras e Ferreira Gullar nos serviram como testemunhos da forma como eles enfrentam o real da escrita a partir de uma posição de exclusão e de feminização pelo exílio.

Palavras-chave: escrita; feminino; letra; Clarice Lispector; Marguerite Duras; Ferreira Gullar.

Résumé

Écriture, féminin et lettre

Nous reprenons le concept d'écriture en psychanalyse, en lui donnant une dimension qui dépasse celle de la feuille en blanc/vierge et qui permet au sujet la construction de contours pour le réel et pour la sublimation de la pulsion. À cette fin, nous articulons les concepts de féminin à celui de la lettre, ainsi que ce qui leur permet de comparaître à l'écriture, afin que, depuis la jouissance, en passant par l'angoisse, le désir puisse être atteint. Quelques extraits de textes de Clarice Lispector, Marguerit Duras et Ferreira Gulart nous ont servi en tant que témoignages de la façon dont ils font face au reél de l'écriture, à partir d'une position d'exclusion et de féminisation par l'exil.

Mots-clés: écriture; femme; lettre; Clarice Lispector; Marguerite Duras; Ferreira Gullar.

> *Eu disse uma vez que escrever é uma maldição.*
> Lispector, 2010: 91

> *Pode-se falar de uma doença da escrita.*
> Duras, 1994: 47

> *A arte existe porque a vida não basta.*
> Ferreira Gullar, 2011: 17

Escrita literária e testemunho

Em artigos anteriores (Caldas, 2010a e 2010b; Manso de Barros, 2007, 2009, 2010) tivemos a oportunidade de refletir sobre o lugar que ocupa o ato de escrever para um sujeito. Nesta oportunidade, gostaríamos de nos deter na ideia de que a escrita literária é um testemunho se considerarmos que, a despeito de seu discurso ser um semblante, sua poética versa sobre o impossível de dizer. Assim, a forma como cada escritor toca o umbigo de uma ficção, para parodiar a expressão freudiana do umbigo do sonho, diz como ele trata o real da pulsão com o qual se confronta. Por se tratar da pulsão, o real é, por excelência, o registro do gozo. Consequentemente, a escrita que toca o real e produz efeitos de gozo no leitor dá testemunho de como o escritor o experimentou.

A articulação entre o discurso e o real foi objeto da indagação de Lacan. No seminário *De um discurso que não fosse semblante* (Lacan, 1971/2007), ele demonstra que todo discurso é artifício significante. O real, por sua vez, é irredutível à significação, mas suscetível aos efeitos de escrita, como a da matemática, eficiente ainda que desprovida de sentido. Se a operação própria ao significante é a de montar jogos de sentido e construir semblantes, nada impede que o mesmo material tenha a função de letra, causando efeitos de gozo.

A escrita literária, nesse sentido, lida com o que não se sabe tocando e produzindo ressonâncias que mobilizam o desejo do leitor. O mesmo material significante que serve para construir algum sentido, por não se colar totalmente a ele e deixar restar algo de enigmático, também serve para indicar o real. Por um lado esse material funciona como significante para produzir sentido, mas, por outro, para indicar o real, opera como letra. A letra não pode dizer o real, ela não se presta ao sentido, mas permite indicá-lo assim como as letras de uma fórmula matemática: desprovidas de sentido verbal, têm efeitos no real.

Dessa forma, a arte literária ao tocar o real aponta como um escritor subjetiva o real do qual padece. Não há a menor necessidade de que seja a narrativa autobiográfica do autor e, caso seja, não cabe julgá-la falsa ou verdadeira. Pelo simples fato de que passa por significantes, o testemunho necessariamente mente o real. Tampouco pode dizer sua verdade. A ficção é o destino – única verdade na qual a literatura se apoia – diante do real de gozo vivido como traumático. Um gozo que o sujeito não cessa de não escrever pelas vias da linguagem, mas que também contém sua repetição na forma de tentar escrevê-lo, seu estilo, para melhor expressar do que se trata em literatura.

Psicanálise e escrita

A partir da concepção lacaniana de que o estilo é o objeto (Lacan, 1958a/1998: 751) podemos abordar a escrita literária, objeto artístico, situando-a num dos discursos propostos por Lacan (1969-1970/1992) como o discurso do analista. O mais inusitado desse discurso é o fato de ser agenciado por um objeto. Embora Lacan o nomeie de discurso do analista, podemos ampliar sua presença para pensar que se trata também do discurso que a arte literária promove. Um discurso agenciado pela escrita como objeto de arte dirigido ao leitor.

Esse discurso, por ser agenciado pelo objeto, traz o estranhamento diante do real do escritor, indicando que, mesmo como agente, sua posição de sujeito está o mais próxima possível da posição feminina na qual experimentou um gozo indizível. Não importa se se trata de um escritor homem ou mulher. Trata-se de escrever a partir de uma experiência na qual faltou medida ou controle sobre o gozo. A escrita testemunha ainda mais: que ela é, em si, uma tentativa de dar a essa experiência alguma forma. Porém, como não se restringe ao sentido, deixa escapar os restos do que não se pode significar da experiência. Esses restos constituem o objeto *a* que Lacan situa como agente do referido discurso. São esses restos que apontam, na escrita literária, ao feminino, ao que não tem nome e escapa a todos os ditos. Eles oferecem testemunho de duas operações simultâneas: por um lado, como discurso endereçado, a escrita literária transmite um enigma e causa desejo; por outro, é o exercício sublimado de escrever o real que jamais se escreve, demonstrando como o escritor sabe fazer com o impossível.

Mas o estilo pode ser uma limitação incômoda: "Estilo, até próprio, é um obstáculo a ser ultrapassado. Eu não queria meu modo de dizer. Queria apenas dizer. Deus meu, eu mal queria dizer" (Lispector, 2010: 21). E o dizer se impõe como única forma possível de dar vazão ao real.

Escrita literária e feminino

Para melhor fundamentar a escrita literária e o feminino, destacamos em Lacan dois momentos distintos do seu trabalho sobre a letra em que ele aponta ao feminino. No primeiro, ele trata a letra em sua articulação ao desejo. No outro, dá mais relevo à questão do gozo.

A primeira abordagem encontra-se em "O seminário sobre 'A carta roubada'" (Lacan, 1957/1998), no qual ele trabalha o conto homônimo de Edgar Allan Poe (1845/1991). Lacan tira partido do equívoco do termo *lettre*[1] para ressaltar, na carta, o efeito-sujeito, ou seja, a remissão de um significante a outro. Trata-se do sujeito não como aquele que fala, mas como aquele que é falado na cadeia significante. Assim, a carta/letra não importa pelo que diz, mas como testemunho do dizer. É por isso que, no conto, a carta dirigida à rainha – mesmo tendo sido desviada, escondida, procurada ou encontrada – realiza-se como endereçamento. Endereçar-se é seu destino. E ela o cumpre, inexoravelmente, pelo simples fato de que ela o é em si.

No circuito desse endereçamento, cada um que a detém se feminiza, sublinha Lacan (1954-1955/1985: 255), ao indicar que ter a carta/letra é portar seu enigma, ou seja, acreditar tê-la sem se dar conta de que sua posse

---

1 *Lettre*, em francês, tanto significa letra como carta.

não diz nada. Trata-se de uma estratégia de feminização semelhante à da mascarada, como no caso, narrado por Joan Rivière e valorizado por Lacan (1958b/1998), de uma mulher que faz de conta que não tem o falo e com isso mente a verdade. De fato, ela não tem o falo. Mas, ao proceder assim, ela abre a possibilidade de parecer o falo.

No conto de Poe, a carta ocupa justamente esse lugar. Aquele que a tem finge que não a tem e mente sua verdade: a de que tê-la não quer dizer nada. No entanto, permite que sua posse tenha valor, engrandece o eu. Esse efeito de feminização, como aponta Stevens (2008), pode ser equiparado a um efeito de histericização. O gozo se apresenta mais situado ao lado do desejo. A mensagem da carta, jamais revelada no conto de Poe, pode equivaler a uma demanda, envelope formal para o desejo.

Na segunda abordagem de Lacan sobre a letra, em "Lituraterra" (1971/2003), encontramos novos elementos para pensar o gozo da letra compatível com a lógica do não todo, que ele começa a desenvolver nesse mesmo ano e segundo a qual vai ler o feminino. Nessa perspectiva, a forma de Lacan tratar a letra não se restringe ao endereçamento. Ele deixa de sublinhar o desejo para dar mais relevo ao gozo. A letra não está situada apenas a partir da insistência de um traço que funda, no inconsciente, uma série a repetir. Esse plano não desaparece, mas a letra é situada no ponto limite do trabalho significante. Ela é a faceta significante quando este se esgota na produção do sentido e resta pura marca material articulada ao gozo. Lacan a chama de *letra-litoral* para situá-la como o que traça a separação entre o sentido e o gozo – duas coisas tão diferentes como o mar e a terra.

Na primeira abordagem – referida à feminização como histericização – a interpretação girava em torno da identificação e do valor significante sobre o qual a carta repousa. O gozo restava velado. Entretanto, após a teorização da letra-litoral, a feminização ocorre – daquele que detém ou escreve a carta – não porque ele desconheça o próprio desejo e receba sua mensagem invertida do campo do Outro, mas porque, enquanto goza, a posição do sujeito regride à posição de objeto. A letra pode ser em si o litoral entre o sujeito que fala e o gozo que habita seu corpo.

Na escrita em que se busca a confirmação de ser compreendido através dela, a letra parece funcionar a favor do desejo, subjetivando aquele que escreve, pela demanda: "sou ou não sou o que o Outro quer?". Essa é a faceta da letra que demanda ser interpretada. Ela promove o desejo do sujeito convocado pelo *cogito* "penso, logo não sou". Constitui-se em uma forma de *acting out* do sujeito que coloca a questão sobre seu ser em cena, formulando-a na forma de uma pergunta (Lacan, 1967-1968). Nessa escrita ganha relevo o sujeito que nela fala. Ele abre mão de parte de seu ser de objeto e, em decorrência disso, também abre mão de parte de seu gozo. Ao falar, o sujeito se afasta do ser. No polo oposto ao do sujeito, porém, temos a mudez do gozo. O ser do objeto se superpõe ao "penso" e a identificação ao objeto predomina. Nesse caso, o *cogito* proposto por Lacan é "não penso, logo sou" (Lacan, 1967-1968). O sujeito passa a objeto de gozo, de onde não pode falar.

Quando se ultrapassam os dilemas do sujeito diante do enigma do Outro barrado, abre-se essa segunda perspectiva de feminização diante da letra. Trata-se de experimentar, na posição de objeto, uma satisfação. A letra considerada a partir dessa posição feminina promove um gozo silencioso, independente da demanda. O que antes era apelo ao Outro, ao que falta, passa a ser a satisfação que a escrita fornece. A letra revela ser, em si, o remédio para o apelo. Quantos e tantos escritores já não revelaram que escrever era para eles um tratamento necessário?

Essa é a função da escrita mais misteriosa e mais relacionada ao gozo. A letra torna-se um recurso ao S(Ⱥ) que não pretende responder à sua falta, a não ser constituindo-se, ela mesma, em um objeto de gozo. A escrita serve para gozar da letra. Ser uma escrita, endereçar-se ao público, é apenas pretexto, semblante, para que a letra cumpra seu destino de causa de desejo e objeto de gozo.

Para que escrever?

Escrever não é um privilégio apenas de mulheres. Ao contrário. As mulheres escreveram muito pouco e só no século XX se firmaram como escritoras, sendo hoje tão numerosas quanto os homens. Escolhemos três pequenos depoimentos de escritores – duas mulheres, um homem – para comentar aqui o que eles podem nos ensinar sobre o fazer da escrita.

Sublinhamos, a princípio, os comentários de duas escritoras, mulheres que fizeram da escrita uma sustentação para as suas vidas. Em *Escrever* (1994), Marguerite Duras desfia as tramas que a conduzem a escrever. Na casa em Neauphle, em meio à solidão interior necessária para não impedir o desconhecido de entrar, ela escreveu textos como *O arrebatamento de Lol V. Stein* e *O vice-cônsul*. Seu testemunho aponta a solidão original diante da experiência de confronto com o real.

> Dentro da casa a gente fica tão só que às vezes se perde [...]. A solidão da escrita é uma solidão sem a qual o texto não se produz, ou então a gente se acaba, exangue, de tanto procurar o que escrever. Sem sangue, o autor não reconhece mais o seu texto [...]. Essa real solidão do corpo transforma-se na outra, inviolável, a solidão da escrita (Duras, 1994: 13-15).

Em *Crônicas para jovens: de escrita e de vida* (2010), Clarice Lispector indica que, por outro lado, a escrita possibilita o encontro com multidões, ou com cada personagem uma a uma, podendo rasgar a alma de cada uma, conhecendo alguém como na vida só se consegue levando ela, a vida, inteira. Seu testemunho mostra a ponte que a escrita pode fazer entre o escritor solitário e o leitor quando a letra se despoja de suas identificações para se apresentar feminina, a serviço de tantas e múltiplas ficções. Na medida em que essas ficções possam alcançar o Outro suas múltiplas facetas proliferam laços de transmissão.

> Como é que ousaram me dizer que eu mais vegeto que vivo? Só porque levo uma vida um pouco retirada das luzes do palco. Logo eu, que vivo a vida no seu elemento puro. Tão em contato estou com o inefável. Respiro profundamente Deus. E vivo muitas vidas. Não quero enumerar quantas vidas dos outros eu vivo. Mas sinto-as todas, todas respirando (Lispector, 2010: 31).

Essa proximidade com o real não é um privilégio apenas de mulheres. Ferreira Gullar, como se sabe, foi forçado ao exílio pela ditadura militar. Em 1975, exilado em Buenos Aires, escreveu o *Poema sujo*: "foi assim, eu não sabia o que era, mas vou sabendo à medida que vou fazendo" (Ferreira Gullar, 2011: 13). Em dezembro de 2006, em palestra feita de improviso, admite o quão terrível foi estar diante do real todo o tempo.

> Sempre me senti muito mal durante todos os anos que eu passei no exílio, a tal ponto que eu não montava casa. [...] Se eu me instalasse era como se eu estivesse aceitando ficar, e eu não queria. [...] Eu sou uma pessoa inadaptada mesmo aqui, imagine fora daqui. [...] Tudo tem uma história. O mundo está acolchoado, está coberto, e fora daí é o mundo, alheio a você, são as coisas na sua materialidade sem história, sem afeto, sem nada (Ferreira Gullar, 2011: 9).

O que há em comum entre eles? A escrita nasce de um desejo imperioso de dar materialidade a algo nebuloso, um espanto, a princípio. Talvez o que vá para o papel não satisfaça o escritor, mas ele tenta novamente até que as palavras recubram o afeto, sabendo que nunca totalmente, pois o véu das palavras tem tramas abertas por onde ainda passa algo de indizível. "Eu vivo lidando com isso, eu quero sempre falar antes da linguagem e não consigo" (Ferreira Gullar, 2011: 11). "O poema é feito para preencher este vazio" (Ferreira Gullar, 2011: 17). Em outro artigo, mencionamos que o ato de escrever equivalia a se estender sobre o divã de Freud, efeito da escrita de testemunho. Mas, quando se trata de criação e não apenas de contar uma história à maneira vivida pelo contador, a escrita tem a serventia de reorganizar, pelo tempo da elaboração do texto, um mundo para o escritor.

Referências bibliográficas

CALDAS, H. (2007). Notas preliminares sobre escrita e estilo em Guimarães Rosa. In: COSTA, A. & RINALDI D. (orgs.). *Escrita e psicanálise* (pp. 79-84). Rio de Janeiro: Companhia de Freud.

————. (2010a). Testemunho, semblante e transmissão. *Latusa, Revista da Escola Brasileira de Psicanálise – Rio de Janeiro, 15*, 33-40. Rio de Janeiro: Contra Capa.

————. (2010b). Escrita e semblante: o objeto *a* olhar em *Ensaio sobre a cegueira*. In: *Escrita e psicanálise II* (pp. 127-131). COSTA, A. *et alii* (orgs.). Curitiba: Editora CRV.

DURAS, M. (1994). *Escrever.* Rio de Janeiro: Rocco.

FERREIRA GULLAR. (2011). Ditadura e exílio. *Lugar, Revista da Escola Letra Freudiana, 42*, 9-18. Rio de Janeiro: 7 Letras.

FREUD, S. (1924/1996). A dissolução do complexo de Édipo. *Edição standard brasileira das obras psicológicas completas de Sigmund Freud*, v. XIX. Rio de Janeiro: Imago.

————. (1931/1996). A sexualidade feminina. *Edição standard brasileira das obras psicológicas completas de Sigmund Freud*, v. XXI. Rio de Janeiro: Imago.

————. (1933 [1932]/1996). Conferência XXXIII: feminilidade. *Edição standard brasileira das obras psicológicas completas de Sigmund Freud*, v. XXII. Rio de Janeiro: Imago.

————. (1937/1996). Análise terminável e interminável. *Edição standard brasileira das obras psicológicas completas de Sigmund Freud*, v. XXIII. Rio de Janeiro: Imago.

LACAN, J. (1954-1955/1985). *O Seminário, livro 2: o eu na teoria de Freud e na técnica da psicanálise*. Rio de Janeiro: Jorge Zahar.

————. (1957/1998). O seminário sobre "A carta roubada". *Escritos*. Rio de Janeiro: Jorge Zahar.

————. (1958a/1998). Juventude de Gide ou a letra e o desejo. *Escritos*. Rio de Janeiro: Jorge Zahar.

————. (1958b/1998). A significação do falo. *Escritos*. Rio de Janeiro: Jorge Zahar.

————. (1962-1963/2005). *O seminário, livro 10: a angústia*. Rio de Janeiro: Jorge Zahar.

————. (1967-1968). *O seminário, livro 15: o ato analítico*. Inédito.

————. (1969-1970/1992). *O seminário, livro 17: o avesso da psicanálise*. Rio de Janeiro: Jorge Zahar.

————. (1971/2009). *O seminário, livro 18: de um discurso que não fosse semblante*. Rio de Janeiro: Jorge Zahar.

————. (1971/2003). Lituraterra. *Outros escritos*. Rio de Janeiro: Jorge Zahar.

————. (1972-1973/1995). *O seminário, livro 20: mais, ainda*. Rio de Janeiro: Jorge Zahar.

————. (1974/2001). Televisão. *Escritos*. Rio de Janeiro: Jorge Zahar.

LISPECTOR, C. (2010). *Crônicas para jovens: de escrita e de vida*. Rio de Janeiro: Rocco Jovens Leitores.

MANSO DE BARROS, R. M. (2010). A escrita e a transformação do real. In: COSTA, A. *et alii*. *Escrita e psicanálise II* (pp. 27-33). Curitiba: Editora CRV.

————. (2007). A escrita feminina. In: COSTA, A. & RINALDI, D. (orgs.). *Escrita e psicanálise* (pp. 173-184). Rio de Janeiro: Companhia de Freud.

MANSO DE BARROS, R. M. & TARRÉ DE OLIVEIRA, G. (2009). O que fazer com o real do trauma? In: LIMA, M. M. & COUTINHO JORGE, M. A. (orgs.). *Saber fazer com o real* (pp. 119-129). Rio de Janeiro: Cia de Freud.

MILLER, J.-A. (1991-1992/2005). *De la naturaleza de los semblantes*. Buenos Aires: Paidós.

————. (1998). *O osso de uma análise*. *Agente – Revista da Escola Brasileira de Psicanálise – Bahia*. Salvador: EBP.

POE, E. A. (1845/1991). The purloined letter. *Tales of mystery and imagination* (pp. 493-511). London: Everyman's library.

RIVIÈRE, J. (1929/2004). A feminilidade como mascarada. *Phoenix*, *Revista da Delegação Paraná da Escola Brasileira de Psicanálise*, *4*, 91-102. Curitiba: EBP-Delegação Paraná.

STEVENS, A. (2008). Clinique de la lettre. *Quarto. Revue de psychanalise publiée a Bruxelles: Litter –Letter – littoral*, *92*, 6-10. Bruxelles: ECF-ACF en Belgique.

Exílio e escrita em Paul Celan

Beatriz Guimarães

Resumo

O artigo propõe refletir sobre a condição de exílio na poesia de Paul Celan em sua dimensão estrutural, na medida em que o escrito implica em certa desfamiliarização daquele que se confronta com o desafio de escrever. Entre o familiar e o estrangeiro, vemos o vivo dessa experiência do autor que se lança no enfrentamento do *informe*. Nessa condição de exílio, é possível ocorrer um verdadeiro ato de escritura e que, como efeito desse ato, a transmissão advenha.

Palavras-chave: exílio; poesia; Paul Celan.

Résumé

Exil et écriture dans Paul Celan

L'article propose une réflexion sur la condition de l'exil dans la poésie de Paul Celan dans sa dimension structurelle, en ce que l'écriture implique une certaine défamiliarisation de celui qui fait face à le défi d'écrire. Entre le familier et l'étranger, il y a l'expérience de l'auteur face à *l'informe*. Dans cet état d'exil, il est possible que d'un véritable acte de l'écriture a lieu, et que l'effet de cet acte, la transmission se produit.

Mots-clés: exil; poésie; Paul Celan.

A condição de exílio concerne ao ato de escrita na medida em que implica em certo distanciamento, uma desfamiliarização daquele que se confronta com o desafio de escrever (Sousa, 1997). Alguns escritores dão testemunho de um intervalo entre o estranho do sujeito criado pelo texto e o familiar da língua. Veremos, com o poeta Paul Celan[1], o vivo dessa experiência do autor que se lança no desafio de enfrentar o *informe*[2]. Nessa condição de exílio, de estrangeiro, é possível que um verdadeiro ato de escritura se dê e que, como efeito desse ato, ocorra transmissão. A questão da transmissão é problematizada nos poemas de Celan, sendo por vezes percebida como uma carta[3] que não encontra seu destinatário – uma *carta em sofrimento*[4].

Uma escrita em sofrimento, tanto pelas dificuldades de encontrar um endereçamento como por seu conteúdo, cuja necessidade de dar-lhe forma (e de se de-formar, desfazendo-se) é constante. A escrita de Celan foi marcada pelo trauma da experiência da *Shoah*[5], fenômeno histórico de perseguição, aprisionamento, trabalhos forçados, expulsão e extermínio de

---

1 Paul Celan (Czernowitz, 1920 – Paris, 1970) teve sua escrita marcada pela experiência vivida como prisioneiro, tendo sofrido o aniquilamento de sua família nos campos de concentração nazistas.

2 "*Informe* n'est pas seulement un adjectif ayant tel sens mais un terme servant à déclasser, exigeant généralement que chaque chose ait sa forme. Ce qu'il designe n'a ses droits dans aucun sens et se fait écraser partout comme une araignéé ou un ver de terre. Il faudrait en effet, pour que les hommes académiques soient contents, que l'univers prenne forme. La philosophie entière n'a pás d'autre but: il s'agit de donner une redingote à ce qui est, une redingote mathématique. Par contre affirmer que l'univers ne ressemble a rien et n'est qu'informe revient à dire que l'univers est quelque chose comme une araignée ou un crachat – G. Bataille" (Bois & Krauss, 1996: 382).

3 Ao formular o conceito de letra, em "O seminário sobre *A carta roubada*", Lacan (1966/1998) joga com a homofonia do termo *lettre*, em francês, que, além de carta, significa letra. No conto de Poe, a letra/carta joga com um enigma, uma posição de desconhecimento do sujeito diante do desejo que o constitui.

4 Conforme Lacan (1966/1998), ao traduzir *The purloined letter* como *La lettre volée*, Baudelaire cometeu uma traição a Poe, pois *to purloin* é uma expressão anglo-francesa composta pelo prefixo *pur* (do latim *pro*) e pela palavra francesa *loing*, *loigner*, *longé*. *Loigner*, verbo do atributo de lugar, *au loing* (ou *longé*), remete a *mettre de côté*, significando, no caso da tradução, uma carta desviada de seu destino, retida nos Correios por não ter sido encontrado seu destinatário, a qual o vocabulário postal francês chama de *une lettre en souffrance*.

5 Empregar o termo *Shoah* e não *Holocausto*, conforme Seligmann-Silva (2005), sustenta-se no fato de que a palavra holocausto "significa 'queimar totalmente' e era empregada para denominar o sacrifício ritual marcado pela imolação não apenas entre os judeus. No pós-guerra esse termo passou a ser empregado para designar o assassinato dos judeus europeus nos campos de concentração nazistas. Essa denominação, no entanto, não é aceita por muitos estudiosos do tema e pela maioria dos judeus. Esses negam que aquele morticínio possa ser considerado como um sacrifício e muito menos reduzido a um fenômeno a mais na linha ascendente da história. Daí a opção pelo termo hebraico *Shoah* [...] que – apesar de ser também um termo bíblico – quer dizer catástrofe, destruição, aniquilamento e é utilizado nesse sentido no hebraico atual" (Seligmann-Silva, 2005: 41).

judeus no território europeu, realizado pelos nazistas e seus colaboradores, nos anos que antecederam a Segunda Guerra Mundial, bem como durante sua eclosão.

O escrito, para Celan, é como uma mensagem dentro de uma garrafa lançada ao mar, à espera de alguém que a leia[6]. Ao longo dos anos, no entanto, esse encontro da mensagem com o outro vai parecendo-lhe impossível. Mas o apelo dirigido ao Outro persiste, mesmo que este não possa ou não consiga escutar. Se o eu é o lugar do desconhecimento-reconhecimento, o Outro é o lugar onde se formula a questão da existência.

Na escrita de Celan o endereçamento sofre modificações: do emprego do *Du* (em alemão), dirigido à mãe (que não está), do diálogo com ela ao diálogo com o *eu*, duplicado e triplicado em um *tu* e num *ele*, chegando a um *eu* que se desfaz, desaparece – desaparecimento do eu do autor no texto (*O Invisível como o vento*) e do próprio autor, se assumimos seu ato derradeiro, o suicídio no rio Sena[7].

A problemática da não escuta, da mensagem que ao chegar já encontra o ouvido ferido, ou que ficará retida nos favos de gelo (*em sofrimento*), é frequente, como podemos verificar no poema *Cauterizado* (Celan, 1985 [1967]: 109):

> CAUTERIZADO pelo
> vento radioso da tua linguagem,
> o hiper-colorido palavreado quanto ao vi-
> venciado – e o cento-
> linguarudo pseudo-meu-
> poema, o impoema.

---

[6] Discurso proferido por ocasião do recebimento do prêmio de literatura da Cidade de Bremen, 1958: "O poema, sendo como uma forma de aparição da linguagem, e, por essência, dialógico, o poema pode ser uma garrafa lançada ao mar, abandonada à esperança – decerto muitas vezes tênue – de poder um dia ser recolhida numa terra e num tempo qualquer, talvez uma terra do coração. [...] Também neste sentido os poemas são um caminho, eles se apoiam em alguma coisa, sobre alguma coisa que se mantém aberta, disponível, sobre um Tu a quem falar, uma realidade para falar" (Celan, 2002 [1958]: 57).

[7] Cf. Nouss (2010:7): "On n'explique jamais un suicide, mais 'Paris le deprime et le vide'" (*Correspondence 1965-1970 de Paul Celan et Ilana Shmueli*, Paris, Seuil, 2006).

Ex-
cluído,
livre tens
o caminho através da
neve antropomórfica,
a neve dos penitentes, para as
hospitaleiras
salas e mesas das geleiras.

Fundo
na fenda dos tempos,
nos
favos de gelo,
aguarda e espera,
como um sopro cristalizado,
teu incontável
testemunho.

Nesse poema o exílio – nas geleiras – aparece como lugar possível; porém marcado pela desistência da convivência humana. "O poema se torna promessa da utopia, mas como testemunho mesmo da não-existência da utopia. Este é seu engajamento radical, que o leva ao exílio íntimo, às geleiras" (Celan, 1985: 108), estas ainda mais hospitaleiras que as relações humanas. "Resta-lhe o caminho para as geleiras, pois a neve e o gelo é que lhe parecem resguardar a forma do homem" (Celan, 1985: 108) – *neve antropomórfica*. Nas geleiras, nos favos de gelo, poder-se-ia guardar seu testemunho, quem sabe para uma transmissão futura, de uma escuta porvir.

O poema "Não mais arte de areia" (Celan, 1977 [1967]: 67) não apenas finaliza com o endereçamento do poeta rumo à neve, como a própria linguagem se desfaz:

NÃO MAIS ARTE DE AREIA, livro de areia, mestres.

Nada lançado. Quantos
mudos?

Dez e sete.

Tua pergunta – tua resposta.
Teu canto, o que sabe?

Fundonaneve,
Uonaeve,
O – e – e.

Esse esvaziamento escavado na língua é também esvaziamento do sentido, produzido na própria linguagem; naquilo que ela permite constituir como estranhamento, como descentramento tanto do autor como do sentido, fazendo com que a *letra* emerja no intervalo entre o familiar da língua (*lalangue*) e o desconhecido do sujeito criado pelo texto. Em Celan, encontramos um movimento incessante de enfrentamento entre o familiar da língua materna – o alemão – e o desconhecido da experiência traumática. Celan escolhe escrever na língua alemã, a língua da mãe ausente e daqueles que a assassinaram. Ele constitui, *com* e *na* própria língua, as bordas e os buracos da experiência inominável (Real), de seu *incontável testemunho*. No intervalo, entre o familiar e o estranho, produz-se o escrito e a letra. O poeta não recua: a morte é presença constante em seus escritos; é sua matéria viva, sendo o exílio a condição mesma de produção dessa escritura.

Uma escrita em sofrimento que visa tematizar a si mesma, conduzindo-a a seu próprio despedaçamento, seu esburacamento, dando-lhe forma e ao mesmo tempo deformando-a, reduzindo-a a um balbucio. Celan leva a escrita do poema até suas últimas consequências. Ele diz, em "O meridiano": "permitam-me, após tantas formulações extremadas, também esta – o poema afirma-se à beira de si mesmo" (Celan, 2002 [1960]: 75; tradução nossa).

Novamente o exílio – a exterioridade, o "à beira de si", uma borda, um limite, um buraco – faz-se presente e testemunha acerca do lugar de onde provém o escrito. A questão da terra, da extraterritorialidade e da desterritorialidade marca a poética celaniana.

Em 1948, o poeta dirige-se a Paris – onde viverá a experiência do exílio. Nesse começo, ele traça as primeiras letras, as bordas dessa experiência entre o familiar e o estrangeiro. Ele escreve o poema "No Egito" (Celan, citado por Felstiner, 2002: 102; tradução nossa). Nada mais apropriado, já que este o remete ao *Êxodo*:

> Deverás dizer ao olho da estrangeira: seja como água
> Deverás buscar no olho da estrangeira as que sabes na água
> Deverás chamá-las, que saiam da água: Ruth! Noêmia! Miriam!
> Deverás adorná-las quando te deitas com a estrangeira.
> Deverás adorná-las com o cabelo de nuvens da estrangeira
> Deverás dizer à Ruth, à Miriam e à Noêmia:
> Veja, eu durmo com ela!
> Deverás adorná-la com a dor por Ruth, por Miriam e Noêmia.
> Deverás dizer à estrangeira;
> Veja, eu dormi com elas!

Sua forma de escrita aborda a dimensão do encontro com o estrangeiro e a dor proveniente tanto desse encontro como daquilo que precisa deixar para trás. Os nomes bíblicos citados pelo autor, assim como sua expressão em forma de mandamentos, fazem retornar as dores de um povo que precisou deixar seu território. Assim fez Celan, como tantos outros.

As características desse território, em especial a terra natal de Celan, Czernowitz, também são destacadas pelo autor em seu discurso, proferido por ocasião do recebimento do prêmio de literatura da Cidade de Bremen, em 26 de janeiro de 1958, ao fazer referência à região de onde provém. Celan nasceu e passou seus anos de juventude em Czernowitz, Bucovina, mais precisamente Bucovina do Norte. Esse antigo reino do Império Habsbourg, importante centro cultural judaico, situado ao norte da Romênia e ao noroeste dos Cárpatos, fora por vezes romeno e por vezes soviético, e hoje faz parte da Ucrânia[8]. No referido discurso ele afirma:

> A região de onde venho – por quais desvios! Mas será que eles existem: os desvios? –, a região de onde venho poderá ser desconhecida para a maior

[8] Comentário do editor extraído do livro *Le méridien & Autres proses* (Celan, 2002 [1958]: 101; tradução nossa).

> parte de vocês. Esta região que abriga um bom número das histórias hassídicas que Martin Buber as fez conhecer ao recontá-las em alemão. Era, se eu puder dizer, para completar este esboço de uma topografia, que – distante como é agora de meus olhos – um país habitado por homens e livros. Nessa antiga província da monarquia Habsbourg, hoje caída em um vazio da história [...] (Celan, 2002 [1958]: 55; tradução nossa).

As características desse território, lembradas aqui, remetem a um tempo mítico, "um lugar habitado por homens e livros", mas que fez parte de tantos outros, pertenceu e foi domínio de tantos outros, e que hoje caiu num vazio da história. As perdas que marcaram aqueles que viveram e deixaram esse território são lembradas pelo poeta. Sua escrita sustenta esse vazio, buscando inscrevê-lo.

Para Celan, a poesia precisa estar aberta, é como um caminho aberto para o estranho. "A arte, e, portanto, também a cabeça de Medusa, a mecânica, os autômatos, esse lugar estranhamente estranho, tão difícil de reconhecer em suas diferenças, e que, finalmente, é talvez o único e mesmo Estrangeiro" (Celan, 2002 [1960]: 80; tradução nossa). É a esse lugar que a arte – a poética celaniana – se dirige, se apoia e de onde provém.

Referências bibliográficas

BOIS, Y.-A. & KRAUSS, R. (1996). *L'informe: mode de l'emploi*. Paris: Éditions du Centre Pompidou.

CELAN, P. (1977). *Poemas*. Trad. Flávio Kothe. Rio de Janeiro: Tempo Brasileiro.

———. (1985). *Hermetismo e hermenêutica: Paul Celan: Poemas II*. Trad., org. e comentários de Flávio Kothe. Rio de Janeiro: Tempo Brasileiro / São Paulo: Instituto Hans Staden.

———. (2002). *Le méridien & Autres proses*. Paris: Éditions du Seuil.

FELSTINER, J. (2002). *Celan – poeta, superviviente, judío*. Madrid: Editorial Trotta.

LACAN, J (1966/1988). O seminário sobre "A carta roubada". *Escritos*. Rio de Janeiro: Jorge Zahar.

NOUSS, A. (2010). *Paul Celan – Les lieux d'un déplacement.* Lormont, Fr: Le Bord de L'eau Éditions.

SELIGMANN-SILVA, M. (2005). *O local da diferença – ensaios sobre memória, arte, literatura e tradução.* São Paulo: Ed. 34.

SOUSA, E. L. A. de. (1997). Exílio e estilo. *Correio da Associação Psicanalítica de Porto Alegre, 50,* 33-39. Porto Alegre: Artes e Ofícios.

Tocar o real e tornar-se outro: escrita e finitude em Clarice Lispector

Felipe Castelo Branco e Marco Antonio Coutinho Jorge

Resumo

Utilizando o livro *Um sopro de vida (pulsações)* da escritora brasileira Clarice Lispector, trata-se de analisar a relação entre a finitude e a culpa na melancolia. A partir da reflexão sobre a escrita literária desenvolvida nesse livro, intentamos ainda pensar dois caminhos do escrito: o "tornar-se outro", que remete ao conceito de *mímesis*, e a questão do real proposta por Lacan.

Palavras-chave: escrita literária; melancolia; finitude.

Résumé

Toucher le réel et devenir autre: écriture et finitude chez Clarice Lispector

À travers du livre *Um sopro de vida* de l'écrivant brésilienne Clarice Lispector, on essaye d'analyser la relation dialectique entre la finitude et la culpabilité dans la mélancolie. La réflexion sur l'écriture littéraire développé dans ce livre nous offre la possibilité de réfléchir sur deux chemins de l'écriture: le "*devenir autre*", en utilisant le concept philosophique de *mimèsis* et la *question du réel*, proposé par Lacan.

Mots-clés: écriture littéraire; mélancolie; finitude.

Minha alma assassina em potencial, conhece
então as escrituras ricas de sangue.
Clarice Lispector

Sobre melancolia e finitude

No início do século XX o teólogo e pensador italiano Romano Guardini fazia uma denúncia contundente: "a melancolia é alguma coisa de demasiadamente dolorosa; ela se insinua profundamente demais, até as raízes da existência humana, para que nos seja permitido abandoná-la aos psiquiatras" (Guardini, citado por Stein, 1976: 8). Naquele momento, o campo da teoria psiquiátrica sofria os efeitos das importantes contribuições de Emil Kraepelin e Falret e, mais tarde, entre outros, de pesquisas como as de Bleuler e Leonhard. Tais teorias haviam provocado uma viva modificação no modo como a observação clínica ligada ao saber psiquiátrico refletia a enfermidade mental; mas essas modificações provocariam também, por outro lado, o gradual desaparecimento e perda de importância do termo "melancolia", substituído na nosologia médica por termos de aspecto mais quantitativo e menos "subjetivista", tais como o termo "depressão".

Mas, para Guardini, algo de importância fundamental se perde nesse novo enquadramento terminológico. Algo que a própria experiência da melancolia nos transmitiria e que alcançaria fundamentalmente *toda* a existência humana. Que ponto fundamental é esse, afinal, que a afecção melancólica toca profundamente? A melancolia é uma figura do *limite*. O melancólico é aquele que permanece na fronteira entre a palavra e o silêncio, entre o absurdo e o símbolo, entre a genialidade ativa e a prostração apática, entre a ociosidade e a mente pesadamente ocupada. Seu lugar é a margem, e sua fala revela o confronto entre mundos heterogêneos. Não pertencendo efetivamente a nenhum desses mundos, o melancólico é, ao mesmo tempo, um "sem lugar". Na passagem citada, Guardini se insurge, precisamente, contra a redução a um simples desequilíbrio mental de toda essa gama plural de confrontos que a melancolia trava entre a fala e o silêncio. A nosologia psiquiátrica esvaziaria a fala melancólica de seus conflitos, reduzindo-a a uma espécie de protocolo de medida: a depressão. A eleição desse termo como novo nome de batismo da melancolia significa hoje que, diante de uma categoria psiquiátrica que representa uma tendência a uma falha na atividade cerebral dos neurotransmissores, só os antidepressores poderiam vir em socorro de seu padecimento.

Mas a queixa melancólica carrega consigo outra medida, na qual seu peso não se equilibra com nenhum outro: o melancólico testemunha em sua fala o esmagador peso da finitude. Essa finitude que nos toca diretamente com seu incômodo e fascínio. Não entendemos aqui, por finitude, um conceito metafísico e não fazemos recurso a um conceito puramente existencial, pois tomamos a ideia de finitude muito simplesmente como a expressão do *limite* entre dois campos heterogêneos. Será essa a matéria-prima onde Clarice Lispector buscará a forma para a escrita de seu último livro: *Um sopro de vida (pulsações)*, de 1977 (1999). Clarice, antes de concluir seu livro, descobre que estava gravemente doente. Seu trabalho desenvolvido naquele ano, em razão do seu grave estado de saúde e do estágio avançado de sua doença, só será publicado postumamente. A autora, repentinamente se sentindo tão próxima da morte, sabia que talvez esta fosse a última vez em que praticaria uma atividade à qual havia dedicado toda sua vida: *escrever* livros. Essa escritora, que tanto nos havia brindado com belas passagens sobre vida, amor e criação, nos ofertava agora o sublime testemunho da angústia diante da eminência de sua própria morte. Mas a morte, em seu texto, não é apenas o fim que espreita toda a vida, mas também o silêncio que se avizinha a cada palavra, entre o fim e o reinício de cada gesto de criação, na *pulsação* de seu escrito. Por esse motivo, a bela reflexão de Clarice Lispector sobre o limite e a finitude permanece ligada a uma espécie de confissão sobre o ato de criação literária, sobre o laço entre o criador e seus personagens e sobre o desejo em sua relação com a vida.

O "sopro" de Clarice Lispector

Clarice rejeita a ideia de ter produzido um livro autobiográfico. Mas a linha que divide o espaço entre criador e personagem é frágil e movediça.

Alguns elementos nos levam a confundir Autor e "autora". Entre alguns exemplos, podemos destacar que Clarice Lispector sempre se refere ao personagem inicial de seu livro no *masculino* – esse estranho personagem sem nome, batizado apenas com o título de "Autor". Contudo, em algumas raras ocasiões, Clarice o faz falar de si mesmo também no feminino. E o que é ainda mais impressionante: além de utilizar falas muito semelhantes às de seu Autor em uma entrevista concedida a Affonso Romano de Sant'ana algum tempo antes, Clarice põe na boca desse personagem a lembrança de alguns trabalhos que *ele* haveria escrito: todos livros e contos escritos por ela própria. Em *Um sopro de vida*, Clarice Lispector é a criadora e também o criado. O personagem Autor, ao tentar sair de sua condição de silêncio, intenta dar vida a uma outra personagem que ele criara, batizada de Ângela Pralini. O autor é personagem e sua criação o recria. Talvez Clarice se ligue a sua criação, assim como o Autor se liga a Pralini. E talvez, com isso, Pralini se ligue novamente a Clarice.

Psicanálise e fazer artístico

Mas qual pode ser nosso interesse nesta última obra de Clarice Lispector ao tratarmos da melancolia freudiana? Habitualmente, quando pensamos os laços possíveis entre a psicanálise e o campo artístico, as vicissitudes de uma satisfação pulsional não sexual e, portanto, *sublimatória* se oferecem como recurso e como possibilidade de interpretação do fazer artístico. Não é esse o trabalho que nos interessa empreender aqui. Partindo da própria obra de arte, podemos, por um caminho outro, extrair algumas inferências fundamentais. Antes de tudo, podemos admitir que toda obra artística guarda em si mesma, tal qual a produção de um sonho, duas dimensões essenciais: uma dimensão *consciente* e outro plano, *inconsciente*. Em relação à primeira dimensão, eminentemente manifesta, ela interessa ao campo da reflexão estética e pode ser avaliada e pensada pela crítica de arte e pela análise do estilo e do tempo histórico de uma obra. A partir dessa manifestação da obra, torna-se possível incluí-la, por vezes, entre o conjunto que compõe uma escola ou um estilo, ou ainda a uma determinada estrutura de composição artística. Portanto, esse seria o âmbito plástico da obra do qual podemos extrair reflexões sobre seus recursos de composição e sua posição no campo artístico de uma maneira geral. Mas, em relação à sua dimensão inconsciente, contudo, a obra não se deixa nem avaliar nem medir por critérios estéticos ou de estilo de composição. É essa dimensão de difícil apreensão, cifrada e não universalizável, que pode interessar à psicanálise. Nesse âmbito, a obra não se deixa domar pela própria composição que o artista lhe dedica e da qual sua obra é fruto. A obra transcende o artista e seu mestre é o inconsciente. Nesse aspecto, a produção artística resiste radicalmente a toda produção de saber e escoa de suas explicações, por mais respeitáveis que esses saberes possam se configurar.

Mímesis e criação

Sobre esse transbordamento da arte, para além da intenção manifesta do artista em sua própria obra, mas incluído na possibilidade de esse último tornar-se Outro de si mesmo, o conceito de filosófico de *mímesis* nos oferece uma importante contribuição. A *mímesis* configura-se como um conceito fundamental no que diz respeito ao fazer artístico desde Platão, na Grécia clássica. Esse conceito sempre carregou consigo, como sua sombra, o sentido de *imitação*. Mas a imitação da qual a *mímesis* é responsável nos possibilita ver em toda produção artística um modo original de relação com o outro e consigo mesmo. Seria oferecida ao artista, em sua atividade, a possibilidade de converter-se em outro, em vários, e de transformar-se, em certa medida, naquilo mesmo que ele cria. O fruto do fazer artístico seria uma espécie de "autoprodução" em que o artista tornar-se outrem, sem deixar de ser o que é. E a própria criatividade artística estaria ligada à capacidade de se permitir constantemente o poder de ser outro, de transformar-se em um outro, de modelar-se em qualquer um e em todos os outros. É justamente nisso que reside a genialidade para criar. Cito Jackie Pigeaud:

> Posso me fazer o cidadão, o chefe, o estratego, o legislador, o poeta; mas também, para voltar a Platão, o universo inteiro, o pássaro que canta, o movimento das ondas, o murmúrio das águas. [...] Desse ponto de vista, não existe diferença entre o poeta, imitador dos imitadores, e o talento que

determinado indivíduo possui de se fazer legislador ou filósofo ou estratego (Pigeaud, 1998: 45).

No entanto, a partir do pensamento grego, há um desconforto que a noção de *mímesis* foi capaz de provocar. Mesmo estando essencialmente ligada à ideia de imitação, a *mímesis*, ao tentar reproduzir artificialmente a potência da natureza (*physis*) de gerar objetos, obtinha como seu efeito, em contrapartida, uma corrupção do objeto imitado na obra, nunca igualando definitivamente a obra de arte àquilo que ela representa. Afinal "a *mímesis* não tem [efetivamente] um modelo, mas traz em si um *outro* que a alimenta, com [quem] dialoga, que aparece como *resto* que se mantém sob o arabesco da diferença, que o motiva, se não o orienta" (Lima, 2000: 57; grifo nosso). Dito de outro modo, seria precisamente por ser tomado por esse real do qual o criador (sabe que) não pode dar conta, mas que, por outro lado, exige simbolização (artística), que o artista produziria uma obra. O curioso é precisamente o fato da *impossibilidade* de o artifício coincidir definitivamente com o real ter provocado tanto incômodo aos pensadores gregos no que diz respeito à *mímesis*. Essa *diferença* irredutível no seio da intenção de semelhança da obra de arte levou Platão a denunciar a *poiesis* original da arte como uma atividade menor, acusando o fazer artístico de gerar uma cópia frustrada da verdade.

Para nossos objetivos neste trabalho, contudo, interessa-nos manter em mente a ideia da urgência desse real, esse *resto*, com o qual o artista molda seus artifícios de simbolização artística. Desde a *mímesis* grega, podemos admitir que o artista trabalha a partir desse resto irredutível que a linguagem, em sua pretensão de significação, acredita poder superar e domar, anulando seu impacto. O artista toma esse produto, esse vazio, e o recoloca em cena. Lacan permaneceu atento para essa questão:

> Não se deve absolutamente cair na rede. É claro que as obras de arte imitam os objetos que elas representam, sua finalidade, porém, justamente não é representá-las. Fornecendo a imitação do objeto elas fazem outra coisa desse objeto. Destarte, nada fazem senão fingir imitar. O objeto é instaurado numa certa relação com a Coisa que é feita simultaneamente para cingir, para presentificar e para ausentificar (Lacan, 1997: 176).

Se buscamos ver na escrita de Clarice Lispector o *testemunho* da posição melancólica diante da finitude, não intentamos, por outro lado, afirmar que essa autora seja melancólica ou psicótica. Acreditamos que esse gesto reduziria o longo alcance de sua obra, constrangendo sua interpretação a uma personificação ou a uma subjetivação a categorias clínicas que, nesse momento, não engrandecem a leitura que é possível ser feita de uma obra de arte. Ao se deixar atravessar pelo inconsciente em sua obra, o artista – mesmo não sendo um leitor da teoria analítica – não é mais, de modo algum, um leigo em psicanálise. A arte convida o próprio artista a transformar-se em um outro de si mesmo. Desse modo, o artista testemunha algo do inconsciente que só a arte possibilita pôr a nu, por sua composição, à guisa de oferecimento ao olhar. Essa é a aposta que fazemos no texto de Clarice Lispector. Não se trata aqui, portanto, de "compreender Clarice" ou de fazer um diagnóstico selvagem da autora, mas, ao contrário, trata-se de estar atento para o que sua obra pode nos ensinar como psicanalistas. Essa perspectiva está de acordo com o apelo que Lacan fazia a seus ouvintes: "[...] o modo sob o qual uma obra nos atinge da maneira mais profunda, isto é, no plano do inconsciente, consiste em um arranjo em sua composição. Esse é o outro segurador ao qual peço que vocês se pendurem" (Lacan, citado por Regnault, 1989: 133).

Perda, melancolia e letra

Algo se perdeu para o personagem de *Um sopro de vida (pulsações)*. Uma perda muito profunda aconteceu, e esta permanece evidente no texto, gravada nesse escrito como uma ferida profunda. "Eu sou nostálgica demais, pareço ter perdido uma coisa não se sabe onde e quando" (Lispector, 1999: 70), nos diz Ângela Pralini, a figura criada pela escrita do primeiro personagem de Clarice, chamado de "Autor". Essa nova personagem encarna a própria perda enquanto tal. Como não reconhecer aqui, na conclusão de Ângela Pralini, a perda de que nos fala Freud, constitutiva da melancolia? O melancólico sabe que perdeu alguma coisa, mas é incapaz de saber o quê. Sua ligação com seu objeto de amor o sustentava de alguma forma. A perda desse objeto carrega consigo a própria possibilidade de cicatrização da ferida criada por esse padecimento. No luto, a morte do objeto de amor provoca um redirecionamento da libido que garante, com o encerramento em si mesmo de suas moções pulsionais, uma elaboração da perda que busca divorciar a imagem do objeto do lugar que esse objeto ocupava no desejo do enlutado, isto é, o lugar de véu imaginário para a inscrição lógica da falta de objeto. Portanto, o luto toca o limite entre o simbólico e o real para desencadear posteriormente um processo que se desenvolve *eminentemente* no campo do simbólico. O luto que empreendemos pela perda de alguém amado reatualiza as coordenadas simbólicas de um luto ainda mais primordial, aquele do primeiro Outro, que nos impulsiona em direção às escolhas de objeto parciais. No caso da melancolia, no entanto, a perda abre um processo que permanece indecidível no cerne do confronto entre simbólico e real. É isso que o melancólico presentifica com sua queixa. Sem uma ancoragem capaz de situá-lo no campo do Outro, o melancólico permanece sem um lugar no simbólico. Lugar esse que poderia ofecer-lhe as coordenadas daquilo que representa para o sujeito uma identificação que – supostamente – garantiria para ele o amor do Outro. Ora, sem essa sustentação no campo do simbólico, só resta ao melancólico *mimetizar* seu objeto de amor. Impossibilitado de contar com o reconhecimento do Outro no espelho, o melancólico canibaliza seu objeto amado. Esse objeto, portanto, significa para o melancólico a única possibilidade de reconhecimento de si mesmo. É desse estranho e paradoxal reconhecimento que nos fala Clarice Lispector: "Sonhei que brincava com meu reflexo. Mas meu reflexo não estava num espelho, mas refletia uma outra pessoa que não eu" (Lispector, 1999: 27).

Evidentemente, quando da perda desse objeto tão fundamental na melancolia, o descolamento entre os traços incorpodados do objeto e o eu melancólico não pode acontecer tal qual no processo de luto. Se a perda do objeto revive, no luto, a própria falta de objeto inscrita na estrutura, ou, dito de outro modo, se a perda leva o enlutado a reelaborar a renúncia edípica do "objeto total materno", na melancolia, por outro lado, a perda do objeto não remete a nenhuma falta mais original, pois há uma unidade indissolúvel entre falta e perda. A perda do objeto na melancolia não produz uma reelaboração da falta de objeto da pulsão. O melancólico é incapaz de separar a perda daquele ente amado, da própria incrição da falta, tornando-se, portanto, incapaz de gerar um novo espaço plástico do objeto e de redirecionar novamente a pulsão à realidade. A perda desse objeto amado representa para o melancólico a fuga da própria possibilidade de estabelecer novamente qualquer laço com um objeto. Incorporar o objeto perdido significa incluir em si a própria perda, ou seja, anular, com essa incorporação, a potência plástica e criativa da falta de objeto: a falta é eclipsada pela perda do ente amado e o vazio que move o desejo se desfragmenta em ruínas.

Sem um amparo no campo do simbólico, o melancólico passeia entre esse registro e o registro do real, denunciando os limites entre esses dois campos. A escrita de Clarice Lispector, tal qual a queixa melancólica, configura-se como um elaborado artifício que busca "encontrar palavras para dizer do fracasso das palavras" (Leader, 2010: 204). O que a melancolia exibe em suas lamentações é um impulso que busca exprimir o impossível, denunciando a condição de finitude da linguagem e se apropriando no significante como letra. O melancólico, em sua fala, tenta presentificar o vazio. Suas queixas positivam o que permaneceria negativo: elas trabalham com a própria matéria de que é feita a falta. "Não é que eles tenham um problema e buscam exprimi-lo; mas na realidade, essa vontade de expressão [que *comunica* sempre esta impressão de impasse] [...] participa precisamente do problema" (Leader, 2010: 201), afirma Darian Leader. É Clarice quem nos revela esse empreendimento: "Eu queria escrever um livro. Mas onde estão as palavras? Esgotaram-se os significados. [...] Eu queria que me dessem licença para eu escrever ao som harpejado e agreste, a sucata da palavra" (Lispector, 1999: 14).

A literatura de Clarisse Lispector toca esse litoral em que as palavras encontram um limite para além de sua pura pretensão de significar. Por vezes, seu texto desliza para uma justaposição de palavras que se assemelha a uma queixa monocórdia e que passa a desrespeitar gradualmente o léxico gramatical, até cair no não-sentido: diante do impulso de escrita que deve comunicar a experiência-limite do Autor, eis o fracasso anunciado de exprimir com palavras o choque do símbolo com aquilo que não se escreve.

Culpa, perda e angústia

Como anteparo e como efeito do não sentido traumático que está na nascente de uma experiência tão angustiante quanto a perda de alguém amado, temos, justamente, a culpa. A culpa, sendo a "variação topológica" da angústia, conforme pensava Freud, é capaz de oferecer, na neurose e no luto, uma mínima sustentação de sentido possível – por mais agressivas e infundadas que pareçam ser as acusações feitas a si mesmo – contra a presença avassaladora do real, do qual a angústia é sinal (Jorge, 2001). Lacan sustenta que "é por isso, como a experiência mostra a vocês, que a culpa é sempre preferida à angústia" (Lacan, 2005b: 33). Se o supereu surge a partir desse primeiro confronto com o real como limite (castração), ele salienta ainda que "é mais cômodo sujeitar-se ao interdito [do supereu] do que incorrer na castração" (Lacan, 1997: 367). Na melancolia – como no luto e na neurose de uma maneira geral – é também a culpa que surge como efeito da presença devastadora do real no momento da perda. No melancólico, porém, a culpa vem revelar e reforçar sua condição-limite. Diante da sombra que se alastra, tomando todas as dimensões da vida psíquica na melancolia, é a culpa, como um recurso paradoxal de simbolização, que surge como resposta. Na culpa que martiriza, humilha, zomba e extrai gozo da exibição devassada das falhas e imperfeições do melancólico, já não há angústia. A angústia como temor de que a "falta falte" não está presente na melancolia precisamente porque para o sujeito melancólico a falta já faltou e foi identificada à própria perda do objeto. Não há angústia quando o sujeito tem a *certeza* de não ser digno do amor do Outro. Sem um ponto de ancoragem no campo do simbólico, não existe a pergunta sobre o desejo do Outro – pergunta que anuncia a angústia.

Quando o sujeito conta sua história, a soma dos acontecimentos do passado parece um acúmulo de informações anônimo. Contudo, os melancólicos são capazes de se deterem durante longos períodos em uma lamentação sobre as atitudes cotidianas mais triviais. Cada ação e cada acontecimento serve, na melancolia, unicamente como fonte de culpabilização. Nesse eterno presente, marca fundamental de seu tédio de viver, nesse tempo que não passa, é a culpa, precisamente, que alimenta a monotonia das lamentações melancólicas, característica mais evidente dessa afecção. Portanto, a culpa deve manter uma forte ligação com essa estagnação radical do tempo, queixa típica do melancólico. Essa estagnação torna-se evidente na queixa do Autor de Clarice Lispector:

> De agora em diante o tempo vai ser sempre atual. Hoje é hoje. [...] E amanhã eu vou ter de novo um hoje. Há algo de dor e pungência em viver o hoje (Lispector, 1999: 14).
>
> Para que eu não seja engolido pela voracidade das horas e pelas novidades que fazem o tempo passar depressa – eu cultivo um certo tédio (Lispector, 1999: 14).
>
> Eu compreendo melhor a morte. Ser cotidiano é um vício (Lispector, 1999: 19).

A culpabilização melancólica, ao mesmo tempo que revela sua posição de objeto dejeto, oferece, por outro lado, significantes aos quais o melancólico se agarra, numa lamentação que se converte numa queixa pobre e infindável. Uma vez mais, Clarice:

> Tenho preguiça moral de viver (Lispector, 1999: 30).
>
> Tenho grande necessidade de viver de muita pobreza de espírito e de não ter luxo de alma. [...] Escolhi hoje para vestir umas calças muito velhas e uma camisa rasgada. Sinto-me bem em molambos, tenho nostalgia de pobreza (Lispector, 1999: 41).
>
> Hoje matei um mosquito. Com a mais bruta das delicadezas. Por quê? Por que matar o que vive? Sinto-me uma assassina e uma culpada. E nunca mais vou esquecer esse mosquito. Cujo destino eu tracei. A grande matadora (Lispector, 1999: 65).
>
> Sou fraca, dúbia, há uma charlatã dentro de mim embora eu fale a verdade. E sinto-me culpada de tudo (Lispector, 1999: 128).

O que é espantoso é que a escrita de Clarice e a queixa melancólica permaneçam nesse limite entre simbólico e real, sem serem capazes de decidir por um dos campos. No texto de Clarice parece haver uma busca de uma espécie de luto de si mesmo[1]. Um processo de luto, além da elaboração do lugar vazio deixado pelo objeto perdido, é também uma manutenção dos vínculos simbólicos que nos ligavam ao objeto. Isso quer dizer

---

1 Poderíamos oferecer como exemplo para essa suposição passagens como: "Estou caindo no discurso? que me perdoem os fiéis do templo: eu escrevo e assim me livro de mim e posso então descansar", nesse mesmo livro.

que, quando perdemos algo ou alguém que amamos, perdemos com ele o *status* simbólico que esse laço de amor nos oferecia. Desse modo, ao fim de um processo de luto, além de sermos capazes de afirmar a ausência daquele que amamos, perdido para sempre, devemos, além disso, ser capazes de afirmar a perda dos significantes que essa relação com o objeto nos oferecia e que nos marcavam para o Outro. Uma mãe que lamentava a morte de seu único filho se deu conta, em determinado momento de seu processo de luto, que a partir dessa perda talvez ela nunca mais fosse chamada de *mãe* novamente. Essa mulher fazia, portanto, o luto de seu filho amado, mas *também* desenvolvia o luto de seu lugar de mãe. Ora, o Autor de Clarice Lispector, nessa última obra escrita pela autora, parece fazer aqui o luto de sua atividade de *escritor*... no ato mesmo de escrever! Talvez possamos pensar que o Autor/Clarice perde a si mesmo e se vê como perda positivada. Ao tocar o limite do simbólico, a melancolia também visa tocar o real e dar presença ao vazio. A culpa, precisamente, permite tecer uma borda para a sombra que transborda e ameaça engolir o melancólico: é esse o uso que ele faz dos significantes da culpa. Como alertou Lacan: o sofrimento "é apenas o significante de um limite" (Lacan, 1997: 316). Escreve o "Autor":

> Este livro é a sombra de mim (Lispector, 1999: 13).
> Para escrever tenho que me colocar no vazio. Neste vazio é que existo intuitivamente. Mas é um vazio terrivelmente perigoso: dele arranco sangue. [...] Meditação leve e terna sobre o nada (Lispector, 1999: 15).
> Este é um livro silencioso. E fala, fala baixo. Este é um livro fresco – recém saído do nada (Lispector, 1999: 16).
> Tudo o que aqui escrevo é forjado no meu silencio e na penumbra. [...] Minha nascente é obscura. Estou escrevendo porque não sei o que fazer de mim (Lispector, 1999: 18).

O caráter indecidível da produção melancólica, comunicando seu lugar limítrofe entre simbólico e real, já foi identificado e sublinhado por muitos autores. A associação entre melancolia e escrita, contudo, foi por vezes o lugar privilegiado para esse trabalho. Ora, a partir daquilo que não se inscreve (e que não cessa de não se escrever) o melancólico simplesmente escreve:

> Um dos traços da melancolia realçados durante os séculos foi sua associação com a escrita e a criação artística. Com efeito, em certos períodos da história, os estudos da melancolia destacaram muito mais esse aspecto criativo do que os elementos depressivos. O melancólico é vítima de um dilema singular. Ele quer desesperadamente exprimir seu estado, mas como ele pode descrevê-lo se ele habita dois lugares ao mesmo tempo? [...] Há sempre referência a um tipo de impossibilidade, a uma coisa que se deve fazer, a uma tarefa impraticável. [...] Questão crucial, eles *comunicam* esta impressão de impasse. Isso significa que uma parte de seus esforços está ligada à linguagem, à busca de um meio de exprimir o impossível (Leader, 2010: 200-201).

Freud também identificou, na clínica psicanalítica, essa "insistente comunicabilidade que acha satisfação no desnudamento de si próprio" (Freud, 1917/2010: 177) e que domina a queixa melancólica. Esse impulso de desnudamento de si próprio se alastra facilmente, no discurso melancólico, a conceitos universais[2], chegando a contestar o próprio sentido do que é possível ser dito. O criador da psicanálise não deixou de salientar o estranho compromisso que a melancolia tem com a reflexão lógica e ordenada... com o intuito de tornar evidente o caráter inconstante e fugidio da própria linguagem. Clarice Lispector encerra seu livro com um novo mergulho no silêncio. Diante de sua tarefa de tocar o real com sua escrita, suas últimas palavras silenciam sem a pretensão de encontrar sentido. Cito as últimas linhas do escrito de Clarice Lispector: "Quanto a mim também me distancio de mim. Se a voz de Deus se manisfesta no silêncio, eu também me calo silencioso. Adeus. [...] Quanto a mim, estou. Sim. 'Eu... eu... não. Não posso acabar'. Eu acho que...". (Lispector, 1999: 159).

Interrompendo suas próprias palavras, é encerrada sua obra. Fim do livro. Fim da vida de Clarice Lispector... mas persistência do escrito.

---

2 Ver o comentário de Marie-Claude Lambotte sobre a tendência da fala melancólica de fazer uso de grandes ideias gerais (pseudofilosóficas) no intuito de ruir com esses conceitos universais ou gerais ("não existe verdade, não tem sentido, você há de concordar..."). Cf. Lambotte, M.-C., A deserção do Outro. 2001, p. 87.

Referências bibliográficas

BERCHERIE, P. (2009). *Los fundamentos de la clínica: história y estructura del saber psiquiátrico.* Buenos Aires: Manantial.

FREUD, S. (1917/2010). Luto e melancolia. *Obras completas,* v. XII. Rio de Janeiro: Companhia das Letras.

HASSOUN, J. (2002). *A crueldade melancólica.* Rio de Janeiro: Civilização Brasileira.

JORGE, M. A. C. (2001). Luto e culpa na análise e na vida cotidiana (sobre as resistências do analista ou "vamos falar da morte?"). In: PERES, U. T. (org.). *Culpa* (pp. 121-133). São Paulo: Escuta.

————. (2009). Testemunhos do inconsciente. In: JORGE, M. A. C & MELLO, M. (orgs.). *Saber fazer com o real: diálogos entre psicanálise e arte* (pp. 41-55). Rio de Janeiro: Cia. de Freud/PGPSA UERJ.

LACAN, J. (1997). *O seminário, livro 7: a ética da psicanálise.* Rio de Janeiro: Jorge Zahar.

————. (1992). *O seminário, livro 8: a transferência.* Rio de Janeiro: Jorge Zahar.

————. (2005a). *O seminário, livro 10: a angústia.* Rio de Janeiro: Zahar.

————. (2005b). *O Simbólico, O Imaginário e o Real.* In: LACAN, J. *Nomes-do-Pai.* Rio de Janeiro: Jorge Zahar.

LAMBOTTE, M.-C. (1993). *Le discours mélancolique: de la phénoménologie à la métapsychologie.* Paris: Anthropos.

————. (2000). *Estética da melancolia.* Rio de Janeiro: Companhia de Freud.

————. (2001). A deserção do Outro. *Revista da Associação Psicanalítica de Porto Alegre, 20,* 84-101.

LEADER, D. (2010). *Au-delà de la dépression: deuil et mélancolie aujourd'hui.* Paris: Éditions Payot & Rivages.

LIMA, L. C. (2000). *Mímesis: desafio ao pensamento.* Rio de Janeiro: Civilização Brasileira.

LISPECTOR, C. (1977/1999). *Um sopro de vida (pulsações).* Rio de Janeiro: Rocco.

MÉNARD, A. (1982). Sur le deuil et la mélancolie: à partir de la réference métaphorique au schéma optique. *Analytica, 29,* 47-61. Paris: Navarin.

PIGEAUD, J. (1989). Apresentação. In: ARISTÓTELES. *O problema XXX: o homem de gênio e a melancolia*. Rio de Janeiro: Lacerda Editores.

REGNAULT, F. (1989). Essas esquisitices abundantes nos textos psicanalíticos. In: MILLER, G. (org.). *Lacan* (pp. 123-134). Rio de Janeiro: Jorge Zahar.

SCLIAR, M. (2003). *Saturno nos trópicos: a melancolia européia chega ao Brasil*. São Paulo: Companhia das Letras.

STEIN, E. (1976). *Melancolia: ensaios sobre a finitude no pensamento ocidental*. Porto Alegre: Movimento.

Terror e esquecimento: a literatura como salvação da figura do pai

Janine Altounian
Tradução e revisão de Alice de Barros Arruda

Resumo

Se o esquecimento é habitualmente considerado como um ato "falho", o esquecimento do terror vivido à época do traumatismo paterno e suas modalidades de transmissão serão considerados aqui como um ato, ao contrário, "bem-sucedido". Esta estratégia se repete mais tarde, na história geracional, pelo sintoma de um aparente "esquecimento", uma espécie de "memória branca".

Palavras-chave: esquecimento; memória; transmissão; pai.

Résumé

Épouvante et oubli, la littérature comme sauvetage de la figure du texte

Si l'oubli est habituellement considéré comme un acte "manqué", l'oubli de l'épouvante vécue lors du traumatisme paternel et ses modalités de transmission seront considérés ici en tant qu'un acte au contraire "réussi". Cette stratégie se répète plus tard, dans l'histoire générationnelle, par le symptôme d'un apparent "oubli", une sorte de "mémoire blanche".

Mots-clés: oubli; mémoire; transmission; père.

Como se se tratasse de preparar as imagens de um filme dos tempos arcaicos, esse texto, intitulado "Terror e esquecimento", será introduzido pelos créditos de apresentação, por alguns instantes, através de uma voz em *off*, proveniente de áreas desconhecidas. Eis, em sua tradução, algumas passagens, infelizmente truncadas:

Partimos de Boursa num carro puxado por um boi e chegamos a Alayout [...]. Levamos dez dias. Ali montamos nossa barraca [...]. Meu pai disse: “Não é bom permanecer inativo, é preciso fazer um trabalho” [...]. Permanecemos três meses nessa cidade. Então quiseram nos deportar [...]. O trem não podia ir mais longe, até Bozanti. Queriam nos fatigar. Tratava-se de uma mentira. No momento em que eles transportavam nossas bagagens em charretes, roubaram os 50 okhas de soudjouk [...]. Aquelas coisas desapareceram assim [...] a deportação recomeçou; não havia nada nesse lugar, meu pai compreendeu que eles iriam nos deixar sem bagagem. Ali vendemos a máquina de costura Singer a um policial pela soma de cinco libras. Alugamos três camelos até um lugar dito Islahié, cada camelo por uma libra [...]. Quando chegamos a Antarin, fomos torturados por um lado pela fome, e por outro, pelas imundices. Os cachorros rasgavam os mortos, ninguém os enterrava. Todo arredor cheirava mal [...]. Em Hamam constatamos que as pessoas comiam gafanhotos. Agonizantes, mortos, por todo lado [...]. Meu pai estava muito doente [...] logo não haveria mais gafanhotos, porque todo mundo os comera. E a deportação não acabava [...]. Minha mãe disse: “Nosso doente está gravemente enfermo e partirá na próxima vez” [...]. “Você ousa falar?”, disse um policial e bateu na cabeça de meu pai. Minha mãe suplicou [...] que se batesse nela e se deixasse meu pai. Nisso, o policial bateu na minha mãe [...]. Mas para quê? Que se torna um homem gravemente doente em quem se bate? Seis dias mais tarde, dia da morte de meu pai, eles novamente deportaram [...]. Eles batiam na nossa mãe. Nós dois, meu irmão e eu, chorávamos. Nada podíamos fazer, pois eles eram como uma matilha de cães [...]. Minha mãe: “Nós partiremos quando enterrarmos o morto”. Eles replicaram: “Não, vocês farão como os outros”. Os outros [...] abandonavam os mortos e à noite os chacais os devoravam. Percebi que não dava e que era preciso fazer alguma coisa. Peguei um frasco de 75 dirhan [...] e o enchi de óleo de rosa e fui ver os chefes dos policias da deportação [...]. Eu lhe entreguei o vidro que ele aceitou. Permanecemos ainda um dia. Cavamos uma fossa e pagamos 5 piastras ao padre. Assim, enterramos meu pai [...]. Quinze dias depois, a deportação recomeçou [...]. Eles queimavam tudo [...]. Eu me escondi, pois soube que mais longe eles matavam as pessoas [...] nós tínhamos muita fome e sede [...]. Não tínhamos dinheiro, por isso começamos a comer ervas [...] vimos que a gente ia morrer. Dávamos dois passos apenas e caíamos no chão. Minha mãe refletiu: "Para morrer, eu morrerei, mas vocês, não é necessário!". Foi assim que ela deu nós dois aos árabes[1].

É, então, após os créditos de apresentação de um tal filme de terror, que começa, para alguns, o filme da sobrevida; e, para aqueles que o herdam, o dos esquecimentos necessários ao prosseguimento da vida, isto é, à gênese de uma escrita. De fato, notamos como o relato desse jovem narrador, apenas alfabetizado e ignorando todos os efeitos de estilo dos contistas, soube, no entanto, "escamotear" toda alusão ao que se viveu durante seis dias da agonia paterna para recobrir essa sequência, digamos, "esquecida", com a banalidade de uma interrogação, evitando toda subjetividade – "Que se torna um homem gravemente doente em quem se bate?" –, e, em seguida, admitir deixar à morte um pai, pela simples colocação de data: "Seis dias mais tarde, o dia da morte do meu pai, eles novamente deportaram".

No decorrer do presente trabalho que se apoia, não sem receio, sobre um material autobiográfico, gostaria de mostrar o destino de tal procedimento de evitamento na transmissão aos inconscientes que o herdam e contraem a dívida de uma certa escrita.

Após ter conseguido sob terror ganhar um dia para "cavar uma fossa" e requerer um "padre" encarregado de dizer algumas palavras nesse enterro, entendemos como o autor desse resumo selvagem, retomando de algum modo, por sua conta, o ritual de sepultamento, obtido por um triz, colocou na mortalha e inscreveu pela primeira vez nas dobras de seu texto um branco que procura evitar a violência do sofrimento e o inaudito do crime. "A escrita desempenha um papel de um rito de sepultamento", escreve Michel de Certeau (2000), "ela exorciza a morte introduzindo-a no discurso.

1 *Journal de Vahram Altounian (1901-1970): "Tout ce que j'ai enduré des années 1915 à 1919"* (tradução, notas e posfácio de Krikor Beledian, escritor de língua armênia, mestre de conferências no Instituto de línguas e civilizações orientais), por mim intitulado "Terrorisme d'un génocide" quando de sua primeira publicacão em fevereiro de 1982 em *Temps modernes*, retomado integralmente em ALTOUNIAN, J., *"Ouvrez-moi seulement les chemins d'Arménie", Un génocideaux aux désert de l'inconscient* (prefácio: René Kaës), Paris, Les Belles Lettres / Confluents psychanalytiques, 1990, 2ª edição, 2003, pp. 85-115 e em uma tradução revisada em ALTOUNIAN, Vahram & Janine, *Mémoires du Génocide arménien, Héritage traumatique et travail analytique* (com a contribuição de K. Beledian, J.F. Chiantaretto, M. Fraire, Y. Gampel, R. Kaës, R. Waintrater), Paris, PUF, 2009, pp. 13-41.

Por outro lado, tem uma função *simbolizadora* [...]: 'marcar' um passado é dar um lugar ao morto [...] e, por consequência, utilizar a possibilidade de narrativa que enterra os mortos como um meio de fixar um lugar para os vivos". A lacuna presente na cadeia verbal do adolescente escritor sucede, assim, as formas rituais que presidiram sem dúvida o enterro do morto e libera seu lugar a uma nova fase de deportação para aqueles que, momentaneamente, ainda permanecem vivos: "O dia da morte de meu pai, eles deportaram novamente".

Os traços de terror no qual os despojos de um pai, que por um triz teria sido entregue aos chacais dos desertos anatolianos, vão se transmitir, me parece, nessa estratégia inconsciente, que, para preservar a sobrevida, ordena expressamente ao filho romper os laços da trama textual e portanto afetiva – ou, inversamente, os vínculos que tecem os afetos e portanto o texto; estratégia que mais tarde se repetirá na história geracional pelo sintoma de um aparente "esquecimento", duma espécie de memória "branca". Trata-se sem dúvida dos traços desse terror gerado no *a posteriori* e transmitido aos descendentes pela lembrança inconsciente de uma catástrofe, que, certamente, "falhou", mas que foi massivamente produzida por tantos outros dessa história e por muitos outros de nossa história contemporânea, quando os cadáveres dos ancestrais assassinados eram e são abandonados ao pesadelo irrepresentável do nada.

Tomando, agora, um pouco ao reverso o fenômeno do esquecimento, habitualmente considerado um ato "falho", questionarei esse esquecimento do terror e suas modalidades de transmissão como um ato, ao contrário, "exitoso", mas exitoso por um fio e habitado pela iminência do colapso e da impotência. Aliás, não designo uma tal estratégia "esquecimento" em lugar de "recalcamento" para cultivar o paradoxo e me alinhar ao tema dessa jornada. Na série das "operações falhas", Freud reaproxima, entre outras coisas, o fato de esquecer (*das Vergessen*) ao de perder (*das Verlegen*)[2], isto é, arrumar um objeto no lugar do qual a lembrança nos escapa. A reflexão de uma jovem ruandeza remete não ao "recalcamento" de um território dado por outro do inconsciente, mas sim a essa "utopia" do terror do qual

2 Cf., entre outras, Conferências introdutórias sobre psicanálise, *ESB*. Rio de Janeiro, Imago, 1994, p. 35.

o sujeito se ausenta para sobreviver (Winnicott, 2004)[3]: "Quando penso no genocídio, diz ela, eu reflito para saber onde acomodá-lo na existência, mas não acho nenhum lugar". E além disso, ela avalia em tempo de vida o ganho trazido pela ignorância daquilo que não acha lugar algum na psique: "Se nós prestamos atenção [...] no medo do genocídio, nós perdemos [...] o que conseguimos salvar da vida" (Hatzfeld, 2000)[4].

Se aquilo que no "esquecimento" fracassa, aqui, é o mesmo que consegue por um triz arrumar um espaço – tempo de sobrevida, então uma outra interface do acontecimento salvador me surgiu após meu obstáculo inicial: por que tinha eu que falar numa jornada sobre "esquecimento do pai", pois todo meu trabalho de escrita estava subentendido pela intenção, inicialmente inconsciente, de acolher seu *Diário de deportação* deslocando sua recepção insustentável para aquela de outros testemunhos traumáticos em busca de destinatários e seus criadores na literatura? De fato, sentia-me menos concernida pela figura do pai enquanto objeto "esquecido" do que pela figura do filho que era depositário e transmissor do esquecimento, tornado sujeito "esquecido" na sua própria paternidade para não contaminar o que ele transmitia de vida a seus filhos. Eu estava então completamente implicada nesse impacto de terror primordial, transmitido como tal, "desafetado", pois era sem dúvida ele que se manifestava na minha compulsão a "recolher" o que estava a ponto de não ser recolhido. Além disso, meu interesse pela literatura "como salvação da figura do pai" incidia essencialmente no trabalho psíquico que opera nos escritores que buscavam restaurar vínculos da memória e da relação com os outros; vínculos que estavam rompidos no sobrevivente, o terror da origem gerando neles uma angústia de vínculo. Para sobreviver, é necessário sem dúvida operar um entalhe na memória mas também na relação com o outro, notadamente na relação com seu filho. Dito de outro modo, pai para não esquecer e pai "esquecido" seriam um só.

---

3 Ver o comentário esclarecedor de Jacques André em "Entre angoisse et détresse", in *États de détresse* (Paris, PUF, " Petite bibliothéque de psychanalyse", 1999), notadamente a temática da inscrição psíquica de um "branco" cuja transmissão traumática é o tema central do presente trabalho.

4 Sylvie Umubyeyi, 34 anos, *in* Jean Hatzfeld (2000).

No exemplo do material estudado a angústia *a posteriori* de ter cometido a falta de abandonar o corpo paterno aos carniceiros, angústia que frequenta o aparente esquecimento do filho, se repete na verdade de uma forma inversa nesse filho, no evitamento, no contorno do lugar psíquico onde toda vinculação (Bion, 1994) susceptível de acarretar o risco de despertar o vivido aterrorizante torna-se intolerável. O terror traumático, não experimentado pelo sujeito expulsado quando da efração, atravessa, então, gerações de descendentes cavando uma distância, uma inibição do contato que constituiria uma palavra dirigida aos objetos amados. Esse impedimento de um real investimento, sintoma da falta de ser "para" si e "para" o outro, esse vínculo impotente em se envolver com a criança permanece como traço memorial de um luto impossível. O terror e a vontade de esquecimento do terror engendram na parte sobrevivente da vida psíquica descrita por Ferenczi[5], uma zona intocável e muda que a criança, na sua piedade filial, respeita espontaneamente, a fim de assumir sua pertinência e acolher fielmente a mensagem implícita. Pode até mesmo se tornar escritor para levá-lo a se explicitar, fazendo, assim, literatura, lugar de sepultura do pai, uma terra onde se inscreve e se libera sua própria herança de filho ou de filha.

Por "esquecimento do pai" é preciso então entender, numa acepção inversa do real tornado fundador, que um filho, a quem será transmitida essa paternidade de terror, permanece sob domínio de um impedimento de dialogar com todo objeto de amor, assim tornado virtual. Interiorizando a desumanidade de uma falta da qual ele teria podido se tornar culpado, ele só pode "evitar" se dirigir a seu filho. É desse desespero em toda palavra que provêm, me parece, os pretensos mutismos daqueles que sobrevivem à travessia do horror. É verdade que eles podem falar, contar, mas não falar *a* quem ocupa um lugar do outro, porque sabem que nenhum outro esteve lá no momento em que lhes foi necessário, para sobreviver, "quase" esquecer dos seres queridos, expostos ao poder total da matança. Ressentindo cruelmente a ausência de uma palavra que não pôde se emitida, alguns escritores oferecem, então, pela literatura e a contrapelo das gerações, a

[5] "Uma parte de nossa pessoa pode 'morrer', e se o resto sobreviver ao trauma, despertamos com uma lacuna na memória, uma lacuna na personalidade propriamente dita" (Ferenczi, 1990: 224).

palavra faltante numa relação em suspenso, uma palavra, em suma, que dê existência a si dando existência ao outro e que caracteriza de modo eloquente a fórmula de Michel de Certeau num “horizonte de reencontro entre a psicanálise e a mística”: “Se você me fala, eu nasço”; ou ainda: “Se você me fala, eu existo” (Certeau, 1987: 184, 187).

Não retomarei aqui, por já tê-lo feito em *La survivance* (2000), os numerosos exemplos dessa postura de engendramento simbólico do pai e de si pela escrita. Talvez seja suficiente para mim lembrar a declaração de um escritor aqui presente: “Eu quis [...] não somente dar mitologicamente nascimento a meu pai fazendo-o sair de meu cérebro e de minha voz mental, mas me dar uma voz de escritor às suas expensas [...]. Fazendo isso, eu me engendrava, pelo menos virtualmente, como escritor [...]” (Pachet, 1994a: 82). Esse engendramento passa pela restituição de uma palavra àqueles em que ela foi abortada: “A palavra de meu pai morto pedia para falar por mim, como ela jamais falara [...]. Ela me negava, pedia minha ajuda para se consagrar a ela mesma [...]” (Pachet, 1994b: 7). O que não adveio a si nos sobreviventes induz, para retomar os termos de René Kaës (2001), “à necessidade de transferir-transmitir num outro aparelho psíquico o que não pôde ser mantido e albergado no próprio sujeito”. Esse albergamento dará lugar à escrita do que será, assim, arrancado ao esquecimento. Escutemos Camus:

> Seu pai, emigrante [...] como todos aqueles que [...] viveram nessa terra sem deixar traços [...] silenciosos [...], até que a guerra o mate e o enterre, para sempre desconhecido dos seus e de seu filho, entregue [...] ao imenso esquecimento [...]. Havia um mistério neste homem [...]. Mas no fim havia apenas o mistério da pobreza que os torna seres sem nome e sem passado, que os faz entrar na imensa mistura desordenada dos mortos sem nome [...] na terra do esquecimento (Camus, 1999: 172-174).

A metabolização do material psíquico em sofrimento que o escritor depositário procura trabalhar transforma-o então em acontecimento subjetivado ocorrido em algum lugar e com alguém, o qual ele reabilita, reencarna, do qual reapropria a existência antes de poder eventualmente esquecê-lo. Pode-se, com efeito, pensar que apenas o que foi “localizado” em algum lugar no mundo dos vivos pode ser recalcado. Se a localização é impossível, o distanciamento tampouco é possível diante do que vive o herdeiro não por proximidade mas por contaminação e intrusão no sentido winnicottiano[6]. Em referência à "possibilidade de narrativa que enterra os mortos como um meio de fixar um lugar aos vivos" (Certeau, 2000), pode-se dizer que a ausência de localização psíquica do reencontro com o terror significa igualmente uma ausência de delimitação entre os mortos e os vivos. É o que exprime claramente um outro testemunho de um sobrevivente ruandez: "No sobrevivente [...] alguma coisa de misterioso é bloqueado no mais profundo de seu ser durante o genocídio [...]. Ele tende a não mais se acreditar realmente vivo" (Hatzfeld, 2000: 107-113)[7].

A lembrança traumática repetida sem cessar ou trancada no silêncio dos pais ao ego desaparecido na tormenta parece, com efeito, emanar de um outro lugar alucinado que lembra estranhamente aos ouvidos dos "vivos ingenuamente normais" o discurso das "possuídas", "conforme esse discurso se diz *falado por um outro*". "Há", observa o pesquisador que coloca em evidência *L'absent de l'histoire*[8], "indeterminação do lugar de onde falam e que se dá sempre como um 'outro lugar' que fala em mim". "Aqui, o continente é conteúdo, e o locutor desconhecido: temos nos textos da possessão a marca desse desaparecimento do sujeito" (Certeau, 2000). Haveria, então, uma certa analogia entre a visão da literatura lugar de "salvação da figura paterna" e a visão histórica, pois esta, "pela sua *possibilidade de narrativa* [...], fornece à morte uma representação que, instalando a lacuna na linguagem, fora da existência, tem valor de exorcismo contra a angustia" (Certeau, 2000). Salvo, todavia, que o escritor herdeiro opera essa instalação na linguagem a partir de uma identidade clivada: o historiador "faz falar o corpo que se cala" (Certeau, 2000), já o herdeiro dispõe de sua próprias identificações dolorosas no "corpo que se cala" e ele se inclina, coloca em perspectiva o discurso do saber histórico, talvez para atenuar o desconforto de sua clivagem interna. "Quando", escreve Camus,

---

6 Definido por D. W. Winnicott, por exemplo, em "Psicose e cuidado materno", *in Da pediatria à psicanálise*, 2000: 310.

7 Testemunho de Innocent Rwiliza.

8 Título de uma obra de Michel de Certeau, Mame (coll. Repères, sciences humaines, idéologies IV), 1973.

"sente o tempo se deslocar – esta nova ordem do tempo é a do livro" (Camus, 1999). A escrita nasce deste "deslocamento", ela opera trabalhando as palavras.

Minha última parte será anedótica e contará, à guisa de ilustração, o encaminhamento que me tornou possível uma certa "localização" do que se ouviu nos créditos de apresentação.

Notemos que de início, se a sepultura desse avô permanecia para mim não "localizável", por outro lado seu sepultamento "por um triz" oferecia a ele uma "borda", um envelope que vinha redobrar e sustentar o processo verbal de seu filho, cuja existência só me foi aliás lembrada após a sua morte, em 1970, "de passagem" – no qual encontramos, ainda uma vez, operando o evitamento de um acontecimento bem trazido ao mundo à beira do século XX e pressagiando aqueles que virão sucedê-lo. Esse primeiro envelope clamou sem dúvida em mim aqueles que, como veremos, o reduplicaram com o revestimento de uma tradução, com a publicação numa revista, depois a inserção no conjunto de uma obra[9] no seio de numerosas leituras/comentários de outras transmissões traumáticas, enfim, pelo presente trabalho.

Para dizer a verdade, foi a violência de um ato terrorista no campo político parisiense – a tomada de prisioneiros no consulado da Turquia em setembro de 1981– que, colocando em movimento o que chamamos de "terrorismo publicitário", rompeu pela primeira vez um silêncio de cerca de meio século[10] sobre o genocídio armênio de 1915, que para mim inau-

[9] *Journal* de Vahram Altounian, Cf. nota 1, p. 30.

[10] Indo do tratado de Lausanne, de 1923 – que, com a criação da Turquia republicana sobre as ruínas do antigo Império Otomano, anulou o tratado não ratificado de Sèvres, de 1920 (o qual havia previsto a independência da Armênia, cujas fronteiras reuniriam, segundo o arbítrio do presidente Wilson, as províncias históricas divididas entre os finados impérios russo e otomano), bem como sanções contra os perpetradores do genocídio armênio de 1915 –, até cerca de 1965, ano em que foi celebrado, em Everan como em diáspora, o quinquagésimo aniversário do genocídio, uma década antes da publicação de uma das primeiras obras midiatizadas: CARZOU, J. M., *Arménie 1915. Un génocide exemplaire*, Paris, Flammarion, 1975, 2006.
Esse genocídio, perpetrado pelo governo dos Jovens Turcos, no poder entre 1908 e 1918, ainda não foi reconhecido pelo estado turco atual, herdeiro do Império Otomano, que se beneficia, contudo, no Conselho das Nações – preocupadas com a manutenção de suas influências no Oriente Próximo –, do crédito concedido aos Estados ditos "democráticos" e, portanto, da caução que acompanha implicitamente essa negação.
Podemos ver uma ilustração da influência dessa negação em diferentes orientações políticas da

França na vivacidade de determinados partidos políticos em se contrapor ao projeto de lei do Parlamento francês de 29 de maio de 1998, que afirma: "A França reconhece publicamente o genocídio armênio de 1915", até o momento de sua adoção definitiva (quase dois anos e meio depois!) em 18 de janeiro de 2001 (Cf. ALTOUNIAN, J., *La survivence. Traduire le trauma collectif* (pre e posfácio de Pierre Fédida, René Kaës), Paris, Dunod / Inconscient et culture, 2000, pp. 2-3). Com efeito, o Senado francês parecia encontrar obstáculos insuperáveis para ratificar esse projeto de lei, no entanto votado com unanimidade, que, após mais de oitenta anos e com danos para as "Relações Exteriores", proporcionava aos armênios a ocasião de ver seu país de acolhimento tomar oficialmente posição quanto às circunstâncias que ali os conduziram. Eles podiam apenas se alegrar pelos efeitos inesperados, tragicômicos, dessa miraculosa declaração: esse voto tinha o duplo mérito de legalizar, pelas reações violentas que suscitou na Turquia, o autor e o lugar entretanto não designados desse genocídio e de criar assim um embaraço diplomático, revelando as bases que negavam a Realpolitik ocidental.
As mesmas peripécias agitam o Parlamento europeu que, tendo colocado em 1987 o reconhecimento deste genocídio pela Turquia como condição de sua adesão à União Europeia, votou em outubro de 2001 um relatório que não o continha e, portanto, anulando essa cláusula, a restabelecendo novamente em fevereiro de 2002. A cúpula de Copenhague de dezembro de 2002 não lhe fez nenhuma menção. Em 17 de dezembro de 2004, quando da decisão a favor da abertura das negociações de adesão da Turquia à União Europeia, esta última não a tomou absolutamente em conta, não mais que quanto ao reconhecimento do genocídio armênio, sobre o qual o Parlamento europeu havia concedido, em 15 de dezembro de 2004, seu voto em favor da abertura das negociações.
O projeto de lei votado na França pela Assembléia nacional em 12 de outubro de 2006, visando penalizar a contestação da realidade do genocídio armênio – seguindo o exemplo da lei Gayssot –, desencadeou um vivo descontentamento tanto da parte do governo turco quanto de um grupo de historiadores reunidos em torno da associação "Liberdade para a história". Nem o assassinato, a 19 de janeiro de 2007, em Istambul, de Hrant Dink, jornalista armênio, evocando em seus propósitos bastante moderados o genocídio de 1915, nem os processos regulares na Turquia contra os defensores dos direitos do homem (em aplicação do artigo 201 do código penal) puderam dar um fim a esta má polêmica. Dois eventos recentes acabaram de atacar a negação da posição oficial turca:
– A obra do socialista turco Taner Akcam, *Un acte honteux. Le génocide arménien et la question de la responsabilité turque,* Denoël, novembro de 2008, traduzido do original publicado em 2006 nos Estados Unidos.
– O número crescente de assinaturas de um abaixo-assinado lançado pela internet em dezembro de 2008 por quatro intelectuais turcos "exigindo perdão aos irmãos e irmãs armênios".
Em outubro de 2009, a Armênia e a Turquia assinaram dois protocolos visando estabelecer relações diplomáticas e "normalizar" suas relações bilaterais. Porém, desde abril de 2010, seguindo condições impostas pela Turquia para suas ratificações, estes protocolos estão parados. As autoridades turcas, quanto a isso, declararam apenas que elas assim comprovaram sua abertura e deram igualmente a chance aos partidários de sua integração na União Europeia. Os laços de força desiguais entra a Armênia e a Turquia pesam em favor desta última, que resta até o presente firmemente seu passado.
Dentre as inúmeras obras sobre o genocídio dos armênios do Império Otomano ou sobre a negação pela parte do governo turco atual, podemos nos reportar às mais recentes: TRENON, Yves, *Les Arménians, histoire d'um génocide*, Points Histoire, Paris, Seuil, 1996; DAVIS, Leslie A., *La Province de la mort*, Archives américaines concernant le génocide des arméniens (1915),

gurou, por seus efeitos no *a posteriori*, o investimento dessa configuração particular de escrita diferenciada de uma geração, onde o sobrevivente de uma catástrofe coletiva, proibido de futuro, só pôde todavia advir, escrever-se e testemunhar o aborto de seu destino singular sob a coberta e por intermédio de uma escrita transferida a seu descendente.

Aqueles que acabam por sobreviver a tais traumas que despojam os seres de toda identidade singular estão notadamente restringidos a se proteger mais ou menos no continente que lhe oferece o silêncio de seus mortos. Seus descendentes, em contrapartida, veem-se necessariamente coagidos ao destino de dever ser seu porta-voz, o tradutor, em suma, dessas "vibrações" ancestrais como nos lembra Michelet (1998): "As almas de nossos pais vibram ainda em nós pelas dores esquecidas, um pouco como o ferido sofre da mão que ele não tem mais". Um tal tipo de escrita por delegação, em que se trata de oferecer às "almas" do passado, aos sujeitos na falta deles mesmos, com que abrigar suas "dores" para não "esquecer" constitui evidentemente uma transgressão.

Protegida pela atualidade do escândalo público, numa terrível angústia, tomei completamente sozinha a decisão de uma dupla transgressão ao publicar este *Diário* de deportação do pai, inicialmente em 1982, em *Le Temps Modernes*, depois em 1990 numa coletânea[11]; publicação que, enquanto mortalha sepultando esse corpo heterogêneo em sofrimento, designava-o, assim, como cerne e referência de seu entorno textual constituído por alguns artigos sobre a transmissão traumática. Para uma garota, ainda mais criada sob o peso das tradições orientais, esse ato representava uma transgressão ao respeito filial exigido aos corpos dos ancestrais assassinados no silêncio do mundo, mas também uma transgressão com relação à ordem pública do país de acolhimento, pois ele declarava uma total aprovação a um ato terrorista que, me parecia, teria secretamente alegrado o pai se ele ainda estivesse vivo. A inversão que operava no título a dar a essa

Bruxelles, Complexe, 1994; DADIAN, Vahakn, *Histoire du génocide arménian*, Paris, Stock, 1996; KÉVORKIAN, Raymond, *Le génocide des Arméniens*, Odile Jacob/Histoire, 2006; *Revue d'histoire de la Shoah*, n. 177-178, 2003 (dossier coordenado por G. Benssousan, C. Mouradieux, Y. Ternon): *Ailleurs, hier, autrement: connaissence et reconnaissencedu genocide des Arméniens.* (NT). Agradeço à colega Cristina Kurdjian pela colaboração e esclarecimentos prestados.

11 *Journal* de Vahram Altounian. Cf. nota 1, p. 30.

publicação, "Terrorismo de um genocídio", religava a violência de meu ato àquela que o havia induzido e eu escrevia:

> O diário que meu pai redigiu provavelmente pouco depois de sua chegada à França em 1921 relata acontecimentos que ele viveu de seu décimo quarto a seu vigésimo ano. Eu conhecia a existência desse documento sem jamais ter querido vê-lo. Era impossível recebê-lo, eu não ousava me aproximar, como se essa bomba tivesse podido explodir entre minhas mãos. Foi somente oito anos após a sua morte, em 1978, que me senti em condição de afrontá-lo e o fiz traduzir [...]. Eu reencontro nessas páginas uma parte dos relatos que povoaram minha infância e a de todos os armênios de minha idade [...]. Pela memória desse avô enterrado não sei onde, pela memória de todos os armênios aos quais este ensaio reporta o calvário e o fim, com uma sobriedade perturbadora, para honrar o espírito de luta e de resistência que o adolescente de Boursa precisou descobrir nas suas profundezas, a fim de manter, nos piores momentos, a vida e seu sentido, acreditei ser de meu dever tornar publico este diário "intimo". Meu pai, que aliás nunca teve uma simpatia particular pela literatura, reprovando sua impotência, sua ambiguidade diante da falsidade dos poderosos, sem duvida quis, pelo ato da escrita estancar, manter a distância, exorcizar o terror penoso. Fixando no papel a incandescência da memória, ele tentou tornar temporal o tempo de uma geração [...]. Eu só pude afrontar a vergonha de dever assumir esta publicação após a efração violenta, espetacular, do silêncio da opinião pública sobre o genocídio dos armênios [...] com o primeiro ato "terrorista" [...]. Sem a determinação desesperada que armênios vivos ousavam escandalosamente proclamar, eu teria sentido minha *demarche* como uma profanação dos mortos. Que é uma palavra que só pode se inaugurar por uma violência? Se um campo simbólico só se abre por um "terrorismo" [...] (Altounian, 2003: 83, 81).

Pouco a pouco tomei então consciência do que, sem dúvida, determinava minhas próprias tentativas de escrita: como esse *diário* traumático e no entanto fundador constituía um *corpus* intocável expondo o corpo encerrado de um pai-adolescente, era-me forçosamente necessário deslocar e mediatizar a leitura. Instituía-se, a minha revelia, em paradigma de recepção de outras figuras parentais não advindas a sua própria palavra ou minadas pela destruição de sua língua. Trata-se, na ordem de sua aparição, das leituras de Michael Arlen, Martin Melkonian, Anne Ernaux, Eva Thomas, Nigoghos Sarafian, Jean Améry, Albert Camus, Pierre Pachet, Peter Handke[12]. Certamente o pano de fundo histórico de meu caso pessoal só está sendo considerado na qualidade de exemplo de situações semelhantes e de outras histórias catastróficas; o testemunho de diferentes descendentes-escritores induziu em mim a mesma injunção de colocar em palavras sua dolorosa recepção, para abolir a agudeza de uma leitura por demais crua, para reduzir o domínio, pela repetição, do texto primordial interdito de todo comentário, mas que na realidade eu me permiti hoje comentar pela primeira vez diante de vocês, sem dúvida para poder, enfim, esquecê-lo.

Referências bibliográficas

ANDRÉ, J. (1999). Entre angoisse et détresse. In: *États de détresse* (pp. 9-29). Paris: PUF, "Petite bibliothéque de psychanalyse".

ALTOUNIAN, J. (2000). *La survivance. Traduire le trauma collectif* (pre e posfácio de Pierre Fédida, René Kaës). Paris: Dunod / Inconscient et culture.

————. (2003). *"Ouvrez-moi seulement les chemins d'Arménie". Un génocide-aux aux désert de l'inconscient* (prefácio: René Kaës). Paris: Les Belles Lettres / Confluents psychanalytiques.

————. (2005). *L'intraduisible / Deuil, mémoire, transmission.* Paris: Dunod / Psychismes.

————. (2012). *De la cure à l'écriture / L'élaboration d'un héritage traumatique.* Paris: PUF.

BION, W. (1994). Ataque à ligação. In: *Estudos psicanalíticos revisados (Second thoughts)* (pp. 109-123). Rio de Janeiro: Imago.

[12] Ver no total, até o presente, além dos testemunhos de armênios: V. Altounian, M. Arlen, A. Arslan, K. Beledian, G. Chaliand, M. Melkonian, Z. Medzbakian, Y. Odian, N. Sarafian, estes em *Andromaque* de J. Racine; de J. Améry, A. Appelfeld, V. Bérard, A. Camus, A. Ernaux, P. Handke, R. Klüger, P. Pachet, G. Semprun, E. Thomas e de sobreviventes do genocídio desde Tutsi a Rwanda (em ALTOUNIAN, J., (2000, 2003, 2005, 2012).

CAMUS, A. (1999). *O primeiro homem*. Rio de Janeiro: Nova Fronteira.

CERTEAU, M. de. (1987). Mystique et psychanalyse. In: *Cahiers pour un temps* (pp. 183-189). Paris: Centre George Pompidou.

————. (2000). *A escrita da história*. Rio de Janeiro: Editora Forense.

FREUD, S. (1994). Conferências introdutórias sobre psicanálise. *Edição standard brasileira das obras completas de Sigmund Freud*, v. XV. Rio de Janeiro: Imago.

FERENCZI, S. (1990). *Diário clínico*. São Paulo: Livraria Martins Fontes.

HATZFELD, J. (2000). *Dans le nu de la vie. Récits des marais rwandais*. Paris: Le Seuil.

KAËS, R. (2001). O sujeito da herança. In: *Transmissão da vida psíquica* (pp. 9-25). São Paulo: Casa do Psicólogo.

PACHET, P. (1994a). L'acte d'émigrer. In: *Le Cahier d'Antigone à Grambois*. Disponível em <http://dissonancesfreudiennes.fr/Dissonances_freudiennes/Antigone_a_Grambois/Entrees/1994/7/22_Seminaire_1994.html>.

————. (1994b). *Autobiographie de mon père*. Paris: Autrement.

MICHELET, J. (1998). *L'histoire de France au Moyen Âge*, livre 6. Paris: Robert Laffont.

WINNICOTT, D. W. (2000). Psicose e cuidado materno. In: *Da pediatria à psicanálise* (pp. 305-315). Rio de Janeiro: Imago.

————. (2004). O medo do colapso. In: *Explorações psicanalíticas* (pp. 70-76). São Paulo: Arte Médica.

SOBRE OS AUTORES

Ana Costa

Doutora em Psicologia Clínica pela Pontifícia Universidade Católica de São Paulo (1997) e pós-doutora na Université Paris 13 (2002). Professora adjunta da Universidade do Estado do Rio de Janeiro, estando ligada ao PPG em Psicanálise, onde ministra disciplinas e orienta mestrado e doutorado. Psicanalista, membro da Associação Psicanalítica de Porto Alegre. Coordenadora, junto com Doris Rinaldi, da Rede de Pesquisa Interuniversitária Escritas da Experiência (CNPq). Autora dos livros *A ficção do si mesmo: interpretação e ato em psicanálise* (Companhia de Freud, 1998); *Corpo e escrita: relações entre memória e transmissão da experiência* (Relume Dumará, 2001); *Tatuagens e marcas corporais: atualizações do sagrado* (Casa do Psicólogo, 2003); *Sonhos* (Jorge Zahar, 2006); *Clinicando* (APPOA, 2008).

E-mail: ammcosta@terra.com.br

Ana Cristina Figueiredo

Professora Associada do Instituto de Psiquiatria – IPUB/UFRJ. Professora colaboradora do Programa de Pós-graduação em Psicanálise da UERJ. Membro do GT "Dispositivos Clínicos em Saúde Mental" da ANPEPP.

Ana Laura Prates Pacheco

Especialista, Mestre e Doutora pelo Instituto de Psicologia da USP, atualmente Pós-doutoranda no Programa de Pós-graduação em Psicanálise do Instituto de Psicologia da UERJ. Analista Membro da Escola de Psicanálise dos Fóruns do Campo Lacaniano/Fórum de São Paulo. Coordena a Rede de Pesquisa de Psicanálise e Infância do FCL-SP. Autora de *Feminilidade e experiência psicanalítica* (Hacker Editora) e de *De la fantasia de infância a lo infantil de la fantasia* (Letra Viva), além de inúmeros artigos em revistas e livros de psicanálise.

André Luis de Oliveira Lopes
Psicanalista. Mestre em Ciência da Arte pela UFF. Doutorando do Programa de Pós-Graduação em Psicanálise da UERJ. Prof. do curso de Pós-Graduação em "Psicanálise com Crianças: Intervenção Precoce" da Santa Casa da Misericórdia.
E-mail: andreluislopes@gmail.com

Angela Lancaro Becker
Psicanalista da Associação Psicanalítica de Porto Alegre. Graduada em Filosofia e Psicologia pela UFRGS, mestre em Psicologia Social e Institucional da UFRGS, com a dissertação "Adolescência e Instituições". Doutora em Psicanálise pela Paris XIII com a tese "A dança como expressão da voz e do olhar". Vários artigos publicados em Revistas e capítulos de livros. Atualmente trabalha com clínica privada e coordena Seminários sobre Adolescência e Artes Cênicas.

Beatriz Guimarães
Psicanalista, membro da Associação Psicanalítica de Porto Alegre (APPOA). Professora do Curso de Psicologia do Complexo de Ensino Superior de Santa Catarina (CESUSC). Mestre em psicologia pela Universidade Federal de Santa Catarina (UFSC). Doutoranda do PPG em Psicologia da UFSC.

Claudia Escórcio do Amaral Pitanga
Psicóloga da Associação Fluminense de Reabilitação. Doutoranda do Programa de Pós-Graduação em Psicanálise da UERJ. Mestre em Pesquisa e Clínica Psicanalítica pelo Programa de Pós-graduação da UERJ. Professora da Pós-graduação em Psicanálise e Saúde Mental do La Salle. Psicanalista.

Daniela Costa Bursztyn
Doutora e Mestre em Pesquisa e Clínica em Psicanálise pelo Programa de Pós-graduação em Psicanálise (UERJ). Especialização em Clínica Psicanalítica pelo IPUB|UFRJ. Assessora da Coordenação de Saúde Mental da Secretaria de Saúde da Cidade do Rio de Janeiro (SMSDC|RJ). Supervisora clínico-institucional do CAPS III Doutor Jair Nogueira (Secretaria de Saúde da Cidade de Nova Iguaçu).

Doris Rinaldi

Psicanalista. Doutora em Antropologia Social – Museu Nacional/UFRJ. Professora Associada do Instituto de Psicologia da Universidade do Estado do Rio de Janeiro, vinculada ao Programa de Pós-graduação em Psicanálise. Procientista da UERJ. Pesquisadora do CNPq. Coordenadora, junto com Ana Maria Medeiros da Costa, da Rede de Pesquisa Interuniversitária Escritas da Experiência (CNPq). Autora do livro *A ética da diferença: um debate entre psicanálise e antropologia* (Jorge Zahar, 1996/1999) e de diversos artigos. Membro de Intersecção Psicanalítica do Brasil.

Eliane Allouch

Psicanalista. Professora emérita da Universidade Paris 13.
E-mail: elianeallouch@hotmail.fr

Ester Trevisan

Psicanalista, membro da APPOA. Funcionária da prefeitura municipal de Porto Alegre no Centro de Atendimento Psicossocial Cais Centro.

Felipe Castelo Branco

Psicanalista. Doutorando em Psicanálise pelo Programa de Pós-graduação em Psicanálise da UERJ. Membro do Corpo Freudiano, seção Rio de Janeiro. Formado em Filosofia pelo IFCS/UFRJ. Bacharel em Comunicação Social pela UFF.

Heloisa Caldas

Psicanalista. Membro da Escola Brasileira de Psicanálise – EBP e da Associação Mundial de Psicanálise – AMP. Professora adjunta do Instituto de Psicologia e do Programa de Pós-Graduação em Psicanálise da UERJ. Autora do livro *Da voz à escrita. Clínica psicanalítica e literatura* (Contra Capa, 2007). Membro da Rede Interuniversitária de Pesquisa Escritas da Experiência.
E-mail: helocaldas@terra.com.br

Ivanir Barp Garcia

Psicanalista. Doutora em Psicologia pela Universidad Del Salvador (Buenos Aires). Membro de Mayéutica Institución Psicoanalítica (Buenos Aires). Psicóloga (CEUB – Brasília). Mestre em Linguística pela Universidade Federal de Santa Catarina (UFSC). Ex-professora do Departamento de Psicologia da UFSC, nos cursos de graduação e mestrado. Professora e Coordenadora do Curso de Psicologia da FCSF/CESUSC.

Janine Altounian

Ensaísta, cotradutora de Freud desde 1970 e responsável pela harmonização na equipe editorial das *Obras completas* de Freud na PUF. Um dos membros fundadores da AIRCRIGE (Associação Internacional de Pesquisa sobre os Crimes contra a Humanidade e Genocídios). Publicou numerosos artigos sobre a língua de Freud, a transmissão traumática e as seguintes obras: *"Ouvrez-moi seulement les chemins d'Arménie" / Un génocide aux déserts de l'inconscient* (1990); *La Survivance/ Traduire le trauma collectif* (2000); *L'écriture de Freud / Traversée traumatique et traduction* (2003); *L'intraduisible / Deuil, mémoire, transmission* (2005); *Ricordare per Dimenticare / Il genocidio armeno nel diario di un padre e nella memoria di una figlia* (2007); *Mémoires du Génocide arménien / Héritage traumatique et travail analytique (2009); De la cure à l'écriture/ L'élaboration d'un héritage traumatique* (2012).

Luciana Brandão Carreira Del Nero

Psiquiatra e Psicanalista. Doutora em Psicanálise pelo Programa de Pós-graduação em Teoria e Clínica Psicanalítica da Universidade do Estado do Rio de Janeiro (UERJ). Professora Adjunta da Universidade do Estado do Pará (UEPA).
E-mail: lucianabrandaocarreira@gmail.com

Marco Antonio Coutinho Jorge

Psicanalista e médico psiquiatra. Professor Adjunto do Instituto de Psicologia da Uerj, onde é igualmente Professor do Programa de Pós-Graduação em Psicanálise e Pesquisador Procientista. Pesquisador do CNPq. Diretor do Corpo Freudiano Escola de Psicanálise, Seção Rio de Janeiro. Membro da Associação Insistance (Paris/Bruxelas). Membro da Sociedade Internacional

de História da Psiquiatria e da Psicanálise. Membro da Associação Brasileira de Psiquiatria. Autor de *Fundamentos da psicanálise v.1: as bases conceituais* (Zahar, 2000); *v.2: a clínica da fantasia* (Zahar, 2010). Co-autor de *Freud – o criador da psicanálise* (Zahar, 2002) e *Lacan – o grande freudiano* (Zahar, 2005). Organizador da coletânea *Lacan e a formação do psicanalista* (Contra Capa, 2006). Co-organizador das coletâneas *Saber, verdade e gozo – leituras de O Seminário, livro 17 de Jacques Lacan* (Rios Ambiciosos, 2002); *Saber fazer com o real – diálogos entre psicanálise e arte* (Companhia de Freud, 2009) e *Dimensões do despertar na psicanálise e na cultura* (Contra Capa, 2011).
Endereço eletrônico: macjorge@corpofreudiano.com.br
Site pessoal: www.macjorge.pro.br

Maria Cristina Poli

Psicanalista, membro da APPOA. Professora adjunta da Universidade Federal do Rio de Janeiro (UFRJ). Desenvolve trabalho de orientação e pesquisa no Programa de Pós-Graduação em Teoria Psicanalítica (UFRJ), no Programa de Pós-Graduação em Psicologia Social e Institucional (UFRGS) e no Mestrado Interdisciplinar Psicanálise, Saúde e Sociedade (UVA-Rio). Pesquisadora do CNPq.

Mariana Lange

Psicanalista. Graduada em Psicologia pela Universidade Regional do Noroeste do Estado do Rio Grande do Sul (Unijuí). Mestre em Letras pela Universidade Federal de Santa Catarina (UFSC). Doutoranda na área de Teoria Literária – Intertextualidades Contemporâneas pela UFSC. Professora de Pós-graduação em Psicopedagogia Clínica e Institucional (IPGEX). Pesquisadora da Rede de Pesquisa Escritas da Experiência (Brasil/França – CNPq). Integrante do grupo de pesquisa "Psicanálise, políticas e cultura" (CNPq). Coordenadora, juntamente com Rosi Isabel Bergamaschi, do *Projeto Escriturando* (Florianópolis/SC): <www.projetoescriturando.com.br>.

Maritza de Magalhães Garcia

Pós-doutoranda no Programa de Pós-graduação em Psicanálise da UERJ. Doutora em Psicologia Clínica pela PUC-Rio. Coordenadora de Projetos Especiais na Secretaria Municipal de Cultura de Teresópolis e Diretora do

Instituto OCA, onde realiza e supervisiona atendimentos psicanalíticos e oficinas de escrita com crianças e adolescentes.

Renata Mattos de Azevedo

Psicanalista. Doutora em Pesquisa e Clínica em Psicanálise pela Universidade do Estado do Rio de Janeiro com estágio de doutorado com bolsa PDEE/CAPES na Université de Nice Sophia-Antipolis. Publicou artigos referentes à sua pesquisa sobre o enlace entre psicanálise e música a partir da musicalidade na constituição do sujeito.

Rita Maria Manso de Barros

Psicanalista. Doutora em Teoria Psicanalítica pela Universidade Federal do Rio de Janeiro, apoio da FAPERJ. Professora Adjunta do Programa de Pós-graduação em Psicanálise da UERJ. Diretora do Instituto de Psicologia da UERJ. Professora Associada da Universidade Federal do Estado do Rio de Janeiro (UNIRIO). Membro do Grupo de Trabalho (GT) "A Psicanálise e o discurso da ciência", da Associação Nacional de Pesquisa e Pós-graduação em Psicologia (ANPEPP). Organizadora do livro *Subjetividade e educação* (Contra Capa, 2009). Membro da Rede Interuniversitária de Pesquisa Escritas da Experiência. Pesquisadora CAPES/COFECUB.

Sergio Scotti

Psicanalista. Professor colaborador do Programa de Pós-graduação em Psicologia da UFSC e do Núcleo de Estudos em Psicanálise. Pesquisador do grupo de pesquisa "Escritas da Experiência" (CNPq). Coordenador do Fórum do Campo Lacaniano de Florianópolis (em formação).

Simone Monschen Rickes

Psicanalista, membro da APPOA. Professora do Pós-Graduação em educação e do Pós-Graduação em Psicologia social e institucional, ambos da UFRGS.

Sonia Alberti

Profa. Associada do Instituto de Psicologia / UERJ; Procientista UERJ e Pesquisadora do CNPq. Analista Membro da Escola de Psicanálise dos Fóruns do Campo Lacaniano.

Sonia Leite

Psicanalista. Professora Visitante do Programa de Pós-graduação em Psicanálise da Universidade do Estado do Rio de Janeiro. Coordenadora da Oficina Clinica e de Pesquisas sobre Psicoses do Centro Psiquiátrico do RJ. Doutora em Psicologia Clínica pela PUC-Rio. Analista Membro do Corpo Freudiano Escola de Psicanálise – Seção RJ.

Impresso nas oficinas da
SERMOGRAF - ARTES GRÁFICAS E EDITORA LTDA.
Rua São Sebastião, 199 - Petrópolis - RJ
Tel.: (24)2237-3769